사례로 배우는 취업마케팅 성공전략
낙타, 바늘구멍 통과하다

| 일러두기 |
이 책에 나오는 취업마케팅 사례는 대학생들이 직접 작성한 순수 창작물이므로 최대한 원문 그대로를 살렸다.

낙타,
바늘구멍
통과하다

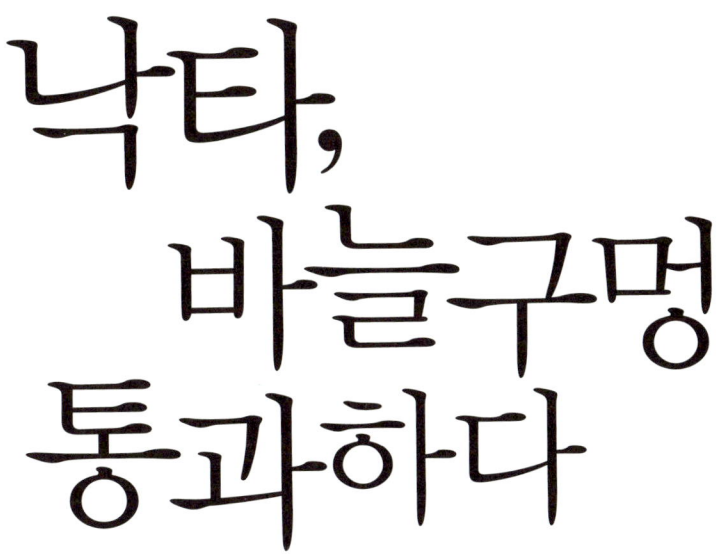

사례로 배우는 취업마케팅 성공전략

임문수, 정해영 지음

이코_북
Eco. BooK

사례로 배우는 취업마케팅 성공전략

낙타, 바늘구멍 통과하다

초판 1쇄 인쇄   2006년 11월   9일
초판 1쇄 발행   2006년 11월 11일

지은이 임문수, 정해영
기획·편집 박윤희
일러스트 아메바피쉬
펴낸이 박종홍
펴낸곳 이코북

주소 서울시 마포구 동교동 153-18 2층
전화 02)335-6936
팩스 02)335-0550
E-메일 ecobook@paran.com

ISBN 89-90856-20-5 13320

낙타가 바늘구멍을 통과하는 방법

현재 한국의 채용시장에는 급격한 변화의 바람이 불고 있다. 과거 외환위기를 겪은 기업들이 '상시 구조조정 제도'를 도입하면서 '삼팔선', '오륙도', '이태백'이라는 신조어들이 이제는 낯설게만 들리지 않는다. 이제 채용시장은 경력자 중심의 채용시장으로 바뀌고 있다. 기업들은 더 이상 신입사원을 뽑으려 하지 않고 있거나 그 수를 줄이고 있다. 과거처럼 한 번 회사에 들어가면 정년퇴직까지를 보장받는 시대는 이미 물 건너간 지 오래다.

상황이 이와 같은데도 대다수의 취업 준비생들은 자신의 적성이나 능력을 고려하지 않은채 오로지 '많은 연봉'과 '사회적 인정'을 받는다는 이유로 대기업에 무작정 지원하고 있거나, 직업의 안정성만을 생각하고 공무원이 되기 위해 매달린다.

얼마 전 있었던 '2006년 하반기 서울시 공무원 임용 필기시험'에는 932명을 뽑는 시험에 15만 1,150명이 몰려 162대1의 경쟁률을 기록했다. 한번에 몰려드는 응시생들을 위해 서울시는 KTX 임시 열차를 편성하는 등 비상 대책까지 마련했다. 또한 대기업들의 공채에 너무 많은 사람들이 일시에 인터넷에 접속하는 바람에 기업의 서버가 다운되어서 마감 일자를 연기하는 사태가 심심찮게 목격될 정도로 현재 국내 취업 경쟁률은 최고치를 달리고 있다.

이런 어려운 현실 속에서 자신이 원하는 기업에 취업을 희망한다면 자신만의 전략을 통해 '취업 경쟁력'을 높여야 할 것이다. 취업 경쟁력을 높이려면 다음과 같은 준비가 필요하다.

첫째, 취업에 앞서서 '자기 진단'을 해보아야 한다. 단순히 대기업이라는 이유 하나만으로 입사지원서를 내면 낭패를 보기 십상이다. 내 능력을 가장 잘 활용할 수 있는 분야가 어떤 분야인지, 내가 가장 즐거운 마음으로 잘 할 수 있는 일이 무엇인지 고려해 보아야 한다. 즉 단순한 취업이 아닌 장기적인 경력 관리라는 차원에서 자신의 능력과 적성에 맞는 분야에서 전문 영역을 넓혀갈 수 있도록 자신의 커리어를 설계하는 것이 무엇보다 중요하기 때문이다.

자기 진단은 여러분의 개인적 특성, 관심사, 가치관 그리고 재능 및 역량 등을 파악할 수 있는 도구이며, 구직자들의 강점과 단점을 제시해주고 이러한 요소들과 자신이 고려하고 있는 직업과의 적합 정도를 살펴볼 수 있는 척도로 활용할 만 하다.

이런 과정은 구직자들이 이력서를 쓰거나 구직활동을 시작하기 전 단계에 반드시 이루어져야 하는 가장 중요한 단계로써 실제 자기 진단 과정을 거친 후 이력서를 쓰고 인터뷰를 준비하는 일이 훨씬 수월하다.

나는 무엇을 잘하는가?

나는 무엇에 재능이 있는가?

내가 좋아하는 일은 무엇인가?

무엇이 날 흥분하게 만들고 열정을 느끼게 하는가?

위의 질문에 대한 답변을 스스로 해봄으로써 자신의 강점을 파악할 수 있고 그 강점을 활용해 자신에게 딱 맞는 직업을 찾는데 많은 도움을 얻을 수 있다.

둘째, 자신의 경력을 발전시켜 나갈 분야를 찾았다면 앞으로 필요한 것이 무엇인지 구체적인 전략을 세워야 한다. 이 때는 '맨파워'와 같은 취업 관련 전문회사나 경력 관리 계통의 전문가 도움을 받는 것이 좋은 방법이다. 해당 전문가를 통해 취업에 필요한 자기계발 계획을 구체적으로 세우고 꾸준한 준비와 노력을 기울여야만 기회가 왔을 때 자신이 원하는 곳으로 성공적인 취업을 할 수 있다.

셋째, 취업 준비생들에게는 '인간관계'도 소홀히 해서는 안 되는, 취업 경쟁력을 높일 수 있는 중요한 전략 중의 하나다. 최근 기업 채용이 '수시 채용'으로 바뀌면서 경력 직원들뿐만 아니라 신입 직원들의 채용에서도 '사내 추천제도'를 이용해 채용하는 경우도 많아졌다. 따라서 보다 능동적인 태도로 인맥 네트워크를 넓히는 노력이 절실한 때다.

취업난 속에서 많은 기업들은 우수 인재 채용을 경쟁력 강화의 핵심 요소로 판단하고 우수 인재 확보에 심혈을 기울이고 있다. 따라서 기업들의 채용 트렌드에 변화가 오는 것은 당연지사다. 과거에는 기업들이 학력이나 경력, 능력 면에서 '최고의 인재'를 채용하려는 경향이 강했으나 요즘은 기업이 요구하는 능력과 적성을 갖춘 '최적의 인재'를 오히려 더 선호하고 있다. 따라서 이렇게 바뀌고 있는 기업들의 요구에 맞추어 자신이라는 브랜드를 마케팅 할 수 있는 전략이 필요하다고 하겠다.

이 책은 그러한 점에서 취업을 원하는 구직자들에게 가야 할 방향을 제시해 주는 나침반 역할을 할 수 있다고 확신한다. 이 책의 저자인 임문수, 정해영은 취업과 마케팅 분야의 전문가로서 많은 세월 현장에서 그 경험을 쌓고 탁월한 능력을 인정받은 전문가들이다. 이 책을 정독하면서 저자들의 친절한 안내에 따라가다 보면 여러분은 바늘구멍 같은 취업의 관문을 무사히 통과할 수 있을 것이다.

㈜맨파워코리아
대표이사 문용기

프롤로그 | 나를 디자인하고 브랜딩하고,
마케팅하자

요즘 대학생들의 일과를 살펴보자. 아마 취업을 앞둔 많은 대학생들이 비슷한 경험을 하고 있을 것이다.

새벽같이 일어나 대충 밥을 먹고 서둘러 학교에 간다. 이렇게 일찍 학교에 가는 이유는 도서관 자리를 맡기 위해서다. 대충 책 좀 보다가 커피 한 잔 마시기도 하고 졸기도 하다가 수업에 들어간다. 수업시간에 교수님의 말씀은 귀에 들어오지 않는다. 수업시간 중에 토익 공부나 인·적성 검사 공부를 한다. 나만 그런 것이 아니라 다른 친구들도 대부분 그렇게 한다. 교수님들도 그런 현실을 알고 있는 듯 크게 신경 쓰지 않으신다. 대충대충 수업을 듣고 도서관에서 책을 펼친다. 하지만 책이 눈에 잘 들어오지 않는다. 마음만 심란하다. 이럴 바에는 집에 빨리 가서 자기소개서를 수정해야겠다는 생각으로 도서관을 나선다. 컴퓨터를 켜고 자기소개서를 훑어 보지만 어떻게 수정해야 할 지 막막하기만 하다. 오후 7시에 있을 지난 번 원서를 냈던 대기업의 서류 전형 결과 발표를 기다린다.

이번에는 서류 전형이라도 꼭 통과되면 좋으련만…….

우리나라 대학생들은 정말 불쌍하다. 유치원 다닐 때부터 음악 학원, 태권도 학원에 다니기 시작하면서 바쁘게 지낸다. 중·고등학교는 오로지 대학 진학을 위해 밤낮으로 공부만 한다. 대학에 오면 끝날 줄 알았던 공부는 점점 심해지는 청년 실업 문제로 신입생들부터 취업 공부에 몰두한다. 하지만 대부분 그런 공부가 재미있지 않고 힘들다. 왜 그럴까?

그건 본인의 비전이나 목표가 명확하지 않기 때문이다. 우리는 어렸을 때 원대한 꿈을 가지고 있었다. 그 꿈은 정형화 되어 있고 입시에 중점을 둔 교육으로 인하여 서서히 잊혀져 간다. 그렇다고 꿈이 없는 것은 아니다. 하지만 그 꿈은 어렸을 때 품었던 자신의 꿈이 아니라 부모님과 학교의 선생님 그리고 사회가 만들어 준 꿈으로 바뀌었을 뿐이다. 그리고 자신의 꿈은 서서히 잊혀지고 다른 사람이 만들어 준 꿈을 자신이 원했던 꿈인 줄 알고 착각하며 성장한다. 그리고 그 꿈은 원하는 대학에 입학하면 다 이루어질 거라고 생각한다.

하지만 대학에 들어오면 그것이 아니라는 것을 알게 되고 방황한다. 처음부터 다시 시작해야 하는 것이다. 물론 명확한 비전이나 꿈을 가지고 있는 사람들도 많다. 하지만 명확한 비전이 있더라도 그 비전을 찾아가지 못하고 안정적인 취업을 선호해 공무원이나 대기업에 몰리는 경우가 다반사다.

여기서 비전은 '꿈'을 말한다. 그것은 내가 나아가야 할 '방향'을 의미한다. 비전이 없는 삶은 목적지 없이 떠나는 여행과 같다. 어디로 가야 할 지도 모르겠고 어디로 가도 상관없다.

예전과 많이 달라진 대학의 풍속도는 요즘 각 대학에서는 취업 관련 수업이 많아지고 있고, 학교에서 주관하는 취업 캠프나 세미나가 방학이나 학기 중에 자주 열린다는 점이다. 그런 수업과 세미나에 상당히 많은 학생들이 적극적으로 참석하고 그 열기도 정말 대단하다. 그만큼 최근 청년 취업의 어려움을 반영하는 하나의 단면이다. 저자들에게 '이런 열기가 진정으로 바람직한가?'라고 묻는다면 '아니오!'라고 말하고 싶다. 대학교 3학년이나 4학년이라면 몰라도 1학년, 2학년 학생들까지도 취업 준비를 하기에 정신이 없다는 것을 어찌 좋은 현상이라고 하겠는가?

하지만 현실은 현실이다. 그것은 누가 시켜서 그런 것이 아니라 학생들이 미리미리 준비하지 않으면 안 된다는 위기감을 가지고 있기 때문이다. 따라서 정치권이나 교육계에서 해야 할 일은 이런 현상을 문제로만 볼 것이 아니라 이런 현실을 인정하고 대학생들이 자신들의 직업을 올바르게 찾아갈 수 있도록 전문적인 교육과 상담을 통해 학생들 스스로 직업에 대한 가치관을 확립하고 이해를 높일 수 있도록 유도해야 한다. 즉, 너무나 정형화 된 공무원이나 특정 대기업으로 몰리는 현상에서 벗어나 학생들 자신의 능력과 적성에 맞는 직업을 찾을 수 있도록 도움을 주어야 한다.

저자들은 다년간 대학에서 직업과 취업에 관련된 강의를 하면서 현재 대학생들이 당면하고 있는 어려움을 안타깝게 생각하고 있었고 기회가 된다면 취업을 준비하는 대학생들에게 도움이 될 수 있는 실제 사례를 담은 책을 쓸 계획을 갖고 있었다. 이 책의 사례에 나오는 대학생들은 저자 중의 한 명인 정해영의 수업을 들었거나 취업 캠프에 참가했던 학생들이다.

호텔리어, 브랜드 전문가, 직업군인 등 다양한 분야로의 취업을 준비하는 친구들이 모여 자발적으로 취업 클럽을 만들었고, 저자들이 그 모임을 지원하는 형태로 시작되었다. 그 클럽의 이름은 '이브올루션(EVEoultion)' 이다.

이브올루션은 미국의 유명한 미래학자 페이스 팝콘(Faith Popcon)이 만든 신조어로 여성을 나타내는 'Eve' 와 진화를 뜻하는 'evolution' 의 합성어로 세상의 움직임을 좌우할 여성으로 '진화(Evolution)' 하겠다는 뜻이다.

저자들과 클럽 멤버들은 매주 일요일마다 모여 저자들과의 상담 및 관련 교육을 통해 체계적인 취업 준비를 했고, 그 과정의 결과물이 바로 이 한 권의 책으로 묶였다.

이 책에 나와있는 사례들은 가공의 인물도 아니고, 우리가 어디에서나 쉽게 볼 수 있는 평범한 대학생들이 담았다. 그래서 그들이 자신의 꿈과 목표를 설정하고 그것을 이루어 나가는 과정을 솔직하게 담았다.

따라서 이 책을 읽다 보면 직업에 대한 명확한 꿈과 비전을 가진 사람들에게는 그것을 더 꼼꼼히 정리할 수 있는 계기가 될 것이고, 그렇지 못한 사람들에게는 인생의 꿈과 목표를 체계적으로 설정할 수 있는 자극제가 될 것이라 믿는다.

이 책은 총 6장으로 구성했다.

우선 1장은 비전과 목표 설정에 관한 것이다. 이 장에서는 다양한 비전 및 목표 설정에 관한 방법과 사례를 담아 놓았다. 독자들은 이 장을 통해 비전과 목표를 쉽게 설정해 볼 수 있을 것이다.

2장은 환경 분석에 관한 것이다.

환경 분석은 크게 '거시 환경 분석' 과 '3C 분석' 으로 나뉜다. 거시 환경 분석이란 현재 우리 주변에서 발생하고 있는 변화에 관한 것으로 거시 환경 분석을 통해 정치, 경제, 사회, 문화, 기술 등의 변화를 파악하고 그 변화가 자신들의 꿈과 목표를 달성하는데 어떠한 영향을 줄 수 있는지 파악할 수 있는 통찰력을 얻을 수 있다.

3C 분석이란 고객(Customer), 경쟁자(Competitor), 자기 자신(Me-Company)을 분석한 것으로 이 분석을 통해 자기 자신의 상대적인 강점과 약점을 파악하게 된다.

3장은 TOWS 분석 및 전략 방향 설정에 관한 것이다.

TOWS 분석이란 위협(Threat), 기회(Opportunity), 약점(Weakness), 강점(Strength)의 약자로써 우리가 흔히 SWOT 분석이라고 부르는 것이다. 환경 분석을 통해 기회, 위협, 강점, 약점을 도출해서 그것들을 통해 전략 방향을 설정한다.

4장은 취업 STP 분석이다.

기업들은 다수의 대중시장을 목표로 제품을 생산하고 마케팅 활동을 하다가 경쟁이 치열해지고 고객의 욕구가 다양화 되면서 시장을 세분화해서 단일 시장을 선정해 집중적인 마케팅 활동을 벌인다.

취업도 마찬가지로 많은 기업들 중에서 본인의 적성이나 선호도를 고려해 목표 기업을 선정하고, 그 기업을 철저하게 분석해 기업의 욕구를 맞출 수 있다면 취업 성공률은 상당히 높아질 것이다. 이 장에서는 그 방법에 대한 것을 설명해 놓았다. 여기서 STP는 기업 시장세분화(Segmentation), 목표 기업 선정(Targeting), 포지셔닝(Positioning)을 의미한다.

5장은 취업 4P 전략 및 실행 계획 수립에 관한 것이다.

기업의 마케팅 전략 중에서 4P Mix라는 것이 있다. 제품의 목표 고객이 선정되면 그 고객에 대한 제품(Product)은 어떻게 만들 것인지, 가격(Price)은 어떻게 정할 것인지, 어떤 방식으로 유통(Place)할 것인지, 또한 광고나 PR 등의 프로모션(Promotion)을 어떻게 할 것인지를 결정하는 것을 말한다.

취업에서도 마찬가지로 목표기업으로의 취업을 위해서는 이력서 및 자기소개서 작성, 네트워킹 전략 그리고 인터뷰 전략 등의 통합된 전략과 기술이 필요하다. 이 장을 통해서 독자들은 그 방법과 기술에 대해 자세히 알 수 있을 것이다.

또한, 마지막으로 실행 계획을 수립해야 한다. 전략 수립 과정에서 도출된 자신의 비전과 목표를 달성하기 위해 필요한 교육이나 역량 계발에 대한 계획표를 작성하고 그 내용을 실행에 옮겨야 한다. 이 책에서는 흔히 마일스톤(Milestone)이라고 불리는 양식을 사용했다.

6장은 그야말로 사례로 배울 수 있는 취업 마케팅 성공전략이다.

7명의 학생이 오랜 고민과 수많은 토론 과정을 거치면서, 각자의 비전을 만들고 목표를 설정해서 분석하고 계획한 취업 전략의 산물이다. 독자들은 이 학생들의 다양한 꿈과 희망의 증거를 좇아 따라 한다면 인생과 취업을 보는 새로운 시각을 가질 수 있을 것이다.

이 책은 되도록이면 신변잡기들의 내용을 배제하도록 노력했다. 물론 취업을 준비하는 사람들의 고민과 준비과정들도 많은 도움이 되겠지만 실제 이 책을 읽는 독자들도 쉽게 자신만의 취업 전략을 수립할 수 있도록 실용적인 요소들로만 구성하려는 것이 저자들이 이 책을 쓴 목적이기 때문이다.

또한 이 책의 사례는 모두 여학생들의 사례이지만 특별히 여학생들에 국한된 내용은 없다. 남학생들 또한 쉽게 접근할 수 있다. 더불어 취업을 준비하는 대학생들뿐만 아니라 이직을 준비하는 직장인들도 이 책의 내용에 따른다면 전략적인 전직을 준비하는데 큰 도움을 얻을 수 있을 것이다.

그리고 무엇보다도 이 책의 사례가 되어주고 부족한 선생들을 믿고 따라와 주었던 이브올루션의 멤버 안나미, 변현정, 노다은, 최유리, 이나연, 이희영, 김지현, 서기연에게 저자가 처음에 멤버들을 만났을 때 했던 말로 다시 한번 감사와 사랑을 전한다.

"친구들, 너희들과의 만남은 기적이었어!"

2006년 11월

임문수

차례

1장 비전 및 목표 설정

2장 환경 분석

3장 TOWS 분석 및 전략 방향 설정

4장 취업 STP 분석

5장. 취업 4P 전략 및 실행 계획 수립

6장. 사례로 배우는 취업마케팅 성공전략

1장
비전 및 목표 설정

 # 비전 설정하기

> **앨리스** : 내가 어느 곳으로 가야 하지?
>
> **고양이** : 그것은 네가 어느 곳으로 가려고 하는지에 따라 다르지.
>
> **앨리스** : 나는 어느 곳으로 가야 할지를 모르겠어
>
> **고양이** : 그렇다면 어느 길로나 가도 돼.
>
> – 루이스 케롤의 〈이상한 나라의 엘리스〉 중에서

"어떤 직장에 들어가고 싶나요?"

"삼성전자입니다!"

"왜 삼성전자에 들어가고 싶나요?"

"연봉도 높고 국내 최고의 회사잖아요."

"만약에 복권이 당첨돼 400억 원이 생긴다면 그 회사에 들어가실 겁니까?"

"아니요, 그럼 왜 취업을 합니까? 고생만 하지!"

"그럼 들어가지 마세요!"

"……"

위의 대화는 저자가 모 대학교에서 강의하던 중 수업을 듣는 한 학생과의 대화 내용이다.

저자들은 컨설턴트와 코치라는 직업 상 많은 사람들과 상담을 한다. 상담과 대화를 나누면서 가장 놀란 것은 명확한 자신의 꿈이나 비전을 가지고 있

는 직장인들이 그리 많지 않다는 것이다. 대학생들도 마찬가지였다. 자신의 꿈에 대한 소개를 부탁하면 대부분은 단순한 특정 회사의 취업이나 특정 직업에 국한된 대답을 했다. 취업은 비전을 이루기 위한 하나의 수단과 과정일 뿐인데도 말이다.

비전은 개인이 미래에 이루고자 하는 꿈과 열망을 말한다. 따라서 비전은 자신에게 동기를 부여하고 삶의 방향을 확립하게 하며 자신이 하는 행동의 기준을 제공함으로써 개인의 존재 이유에 대한 답을 얻게 해주고, 지속적인 성장의 밑거름이 되는 것이다.

비전은 내가 마지막으로 도달해야 하는 목적지이다. 비전은 방향에 관한 것이다. 어디로 가야 하는지를 아는 즉, Know-Where에 관한 것이다. 비전이 없는 삶은 목적지 없이 떠나는 여행과 같다. 그렇게 되면 자신의 삶이라는 여행의 목적지는 강원도 경포대인데도 도착한 곳은 부산의 해운대일지도 모른다. 결국에는 본인이 잘못 온 것을 알게 된다. 이 지구별의 여행이 끝날 때쯤에 말이다.

그렇다면 비전을 어떻게 만들 것인가?

먼저 조각가의 마음을 가져야 한다! 우리는 우리 인생의 조각가이다. 위대한 조각가는 무작정 조각칼을 들고 조각을 시작하지 않는다. 우선 조각가가 만들고자 하는 작품의 이미지를 그려본 후 서서히 그 모습을 만들어 간다. 그것이 일반 사람들과 예술가들의 차이다.

당신이 만들고 싶은 작품을 우선 마음속으로 그려보라. 그런 후 조각을 시작하라. 한번으로 작품을 완성 할 수는 없다. 원하는 작품을 상상하고 자신의 모든 열정과 꿈을 가지고 최선을 다해 조각을 하다 보면 결국 멋진 '걸작 (Master Piece)' 을 만들 수 있게 될 것이다.

| 당신을 흥분시키는 것은 무엇인가? |

비전을 설정하는 방법 몇 가지를 소개하겠다. 첫 번째 방법은 당신이 열정을 가지고 있는 주제를 찾아서 그것을 통해 비전을 설정하는 것이다. 다음 질문에 답을 적어보라.

✐ **비전 설정 방법 1 – 열정 확인**

1. 세상에서 당신을 가장 흥분시키는 것은 무엇인가?

----

2. 세상에서 당신을 가장 흥분시키는 것을 학생들에게 가르친다면 무엇을 가르치겠는가?

----

3. 만약 당신을 일요일 아침 6시에 벌떡 일어나게 하는 것이 있다면 그것은 무엇인가?

----

4. 당신은 어떤 주제를 가지고 이야기를 할 때 흥분되고 끊임없이 이야기 할 수 있는가?

● **호텔리어를 꿈꾸는 안나미의 열정 확인**

1 세상에서 당신을 가장 흥분시키는 것은 무엇인가?

➡ 나로 인해 미소 짓고 행복해 하는 사람들

2 만약에 당신이 세상에서 당신을 가장 흥분시키는 것을 가르친다면 무엇을 가르칠 것인가?

➡ 자신을 가꾸고 자신감을 키우는 방법

3 만약에 일요일 아침 6시에 당신을 잠자리에서 벌떡 일어나게 하는 것이 있다면 그것은 무엇인가?

➡ 새로운 곳으로의 여행

4 어떤 주제를 가지고 이야기할 때 당신은 흥분되고 끊임없이 이야기할 수 있는가?

➡ 남들은 하지 못했던 나만의 특별한 경험

| 미래의 자기 모습을 상상하라 |

두 번째 방법은 자신이 꿈꾸는 미래를 상상해 보는 것이다.

전문가들에 의하면 뇌, 정확히 말하면 우리의 무의식은 현실과 상상을 구분하지 못한다고 한다. 우리는 '레몬'이라는 말만 들어도 입에 침이 고이게 된다. 실제 레몬을 먹거나 레몬을 직접 보지 않았는데도 말이다.

이 책을 읽는 독자도 아래의 그림만 보고도 입에 침이 고이고 있는 것을 느낄 것이다. 우리가 보통 '알레르기'라고 하는 것도 뇌의 착각에 의해서 만들어 진다고 한다. 복숭아 알레르기가 있는 사람은 복숭아 사진만 봐도 알레르기 증상이 나타나는 것도 그 이유 때문이다.

바로 이런 무의식의 약점을 이용해 자신이 원하는 미래를 구체적으로 상상하게 되면 뇌는 그것이 실제인줄 알고 신체의 모든 부분을 움직여 자신이 상상하는 미래로 만들어 갈 것이다. 그 방법은 다음과 같다.

✐ 비전 설정 방법 2 – 이미지 트레이닝

안락하고 방해 받지 않은 장소에서 눈을 감고 깊은 호흡을 하라. 10회 정도 심호흡을 한 후 몸과 마음을 편안한 상태로 유지하라. 그 다음에 본인의 과거 일들을 상상해 보라. 본인의 과거 사건들은 어디에 있는가 확인하라. 본인의 오른쪽에 있는가? 왼쪽에 있는가? 아니면 앞에 있는가 아니면 뒤에 있는가? 과거 사건의 방향을 확인했으면 본인의 미래도 같은 방법으로 확인하라.

이제 본인이 직선으로 공중에 날아오르는 상상을 하라. 구름 위까지 날아가라. 그리고 미래의 방향으로 몸을 돌려 미래의 특정한 시간으로 날아가라. 되도록이면 본인의 80세 정도의 생일잔치로 날아가라. 그리고 그 곳에 내려라.

그곳은 당신의 80세 생일을 축하하는 장소다. 당신은 당신의 가족, 친구, 주변 사람에게 둘러싸여 당신의 80세 생일을 축하 받고 있다. 그들은 누구인가? 주변을 둘러보라.

당신의 집은 어떻게 생겼는가? 아름다운 정원이 있는가? 넓은 잔디가 있고 나무가 우거져 있는가?

이제 당신을 둘러싸고 있는 사람들이 당신에게 하고 있는 이야기를 들어보라. 그들은 당신이 어떻게 그들의 삶에 영향을 주었는지, 어떻게 당신이 세상에 기여했는지 말하고 있다. 당신은 어떻게 그들을 도왔는가? 당신은 그들의 삶에 어떤 영향을 미쳤는가? 당신의 주변 사람들은 당신의 어떠한 점이 남들과 달랐다고 말하는가?

당신은 당신의 주변 사람들에게 많은 영향을 주었고 이 세상에 많은 공헌을 했으며, 당신은 아주 훌륭한 삶을 살았다. 그래서 당신은 무척 행복하다. 그 행복한 느낌을 가지고 다시 공중으로 날아 오른 후 현재로 돌아오라.

실제로 이 방법은 매우 효과가 크다. 저자들은 이 방법을 통해 많은 사람들이 구체적인 자신의 미래 모습을 그려보고 자신감을 갖는 것을 보았다. 명확한 비전이나 목표가 없었던 최유리의 경우 저자의 유도에 따라 이 방법을 활용해 본인의 미래를 그려 볼 수 있었다. 보통 최면적 기법을 활용하면 보다 수월하게 할 수 있지만 그런 지식이 없어도 위의 내용만 충분히 숙지하면 혼자서도 충분히 가능하다. 이때 주의할 점은 주위가 산만하지 않고 편안한 분위기에서 하는 것이 효과적이다. 한 번에 잘 되지 않을 경우에도 실망하지 않고 여러 번 시도하다 보면 자신의 미래를 그려 볼 수 있을 것이다.

위의 방법을 통해 자신의 미래를 상상하고 눈을 뜬 최유리의 감격에 찬 모습과 저자들에게 했던 말이 아직도 생생하다. 홍보 전문가를 꿈꾸는 최유리는 자신의 미래 상상을 끝낸 후 눈을 뜨고 행복한 미소를 지었지만, 그녀의 눈에는 눈물이 고여 있었다. 그리고 이런 말을 했다.

"선생님! 정말 그렇게 되었으면 좋겠어요!"

지금 당장 여러분들도 한번 시도해 보라. 여러분들의 이해를 돕기 위해 최유리의 사례를 소개 하겠다.

● 홍보 전문가를 꿈꾸는 최유리의 미래 모습

눈부신 햇살에 시원한 바람이 기분 마저 상쾌하게 해주는 스위스의 작은 마을. 남편과 나는 손님들을 맞이하려는 준비로 바쁘다. 나의 80번째 생일을 맞이하여 이 곳에서 생일파티를 계획했기 때문이다. 초대장에 깜짝 항공권을 같이 보내서 손님들은 부담 없이 올 수 있었다.

남편과 나는 노후를 스위스에서 보내고 있기 때문에 친구들과 자식들을 자주 볼 수 없는 현실이라 가끔 안타까워 했기에 이번 기회에 생일파티도 할 겸 가족이 모두 모이는 자리를 마련하였다.

나의 여동생 가족과 아들,딸 가족 그리고 나의 오래 벗들이 모두 도착하였다. 그동안 못했던 이야기들을 하며 즐거운 저녁식사를 한다. 나의 아들,딸은 고맙다는 말을 하며 준비해 온 선물을 건네 준다. 나는 아이들 교육에 관심이 많은 엄마였다. 그래서 처음엔 공부하기 싫어하는 아이들과 실랑이를 벌일 때도 있었지만 성장하여 자신들이 원하는 일을 하고 있는 지금 나에게 고맙다는 말을 하는 것이다. 그렇게 키운 아이들이 이렇게 컸다니. 갑자기 지난 세월들이 파노라마처럼 그려진다.

나의 인생에는 세가지 중요한 기회가 있었다. 취업에 대해 걱정하던 23살, 홍보팀장으로서 중요한 프로젝트를 맡아 성공을 거두게 되었던 27살, 그리고 내가 코치로서 거듭나 제 2의 삶을 시작하게 되었던 32살.

지금 그 세 가지 갈림길에서 만났던 고마운 사람들이 모두 이 자리에 모여있다. 이렇게 나같이 행복한 사람은 어디에도 없을 것이다.

눈을 감고 편안한 상태로 상상했던 나의 80번째 생일 파티의 모습이었다. 한적한 시골마을에서 가족들이 모두 모여 파티를 하는 장면은 나도 모르게 행복한 미소를 짓게 하였다. 이런 그림이 그려질 줄 몰랐는데 나의 잠재 의식 속엔 벌써 미래를 구상하였던 것이었다. 상상 속의 상황을 가슴 깊이 간직한 채 한걸음씩 가까워 지도록 노력해야겠다는 생각이 들었다. Dreams come true !!

| 나는 무엇에 대해 가치를 느끼는가? |

음악가는 음악을 만들고, 미술가는 그림을 그리고

시인은 시를 써야 한다. 자기 자신과 궁극적으로 평화롭게

지내기 위해서는.

– 아브라함 매슬로우

비전 설정을 하는 세 번째 방법은 본인의 가치관을 파악하는 일이다.

가치관이란 무엇인가? 세계 최고의 성공 코치인 앤서니 라빈스는 자신의 저서 〈무한능력〉에서 가치관에 대한 훌륭한 정의를 내리고 있다. 그는 가치관이란 간단히 말해서 자기 자신에게 무엇이 가장 중요한가에 대한 개인적인 믿음이라고 하였다. 즉 옳고, 틀리고 좋고, 나쁨에 대한 개인적인 믿음이자 우리가 살아가면서 시시각각 만나는 모든 상황에 대한 반응을 결정하는 기준이라고 하였다.

자신의 가치관이 무엇인지 아는 것은 매우 중요하다. 왜냐하면 우리는 자신의 가치관에 따라 살아가면 행복을 느끼지만 가치관에 맞지 않는 삶을 살거나 직업을 가진다면 불편하고 불행한 삶을 살고 있다고 느낄 수 있기 때문이다.

사람들의 인생에서 겪고 있는 대부분의 갈등은 가치관의 갈등에서 비롯된다. 만약에 '봉사'나 '헌신'이라는 가치관을 가지고 있는 사람이 사채업을 한다면 돈을 많이 벌 수 있을지는 모르지만, 그 사람은 전혀 자신의 일에 대한 가치와 행복을 느끼지 못할 것이다.

✏ 비전 설정 방법 3 – 가치관 파악

아래에 당신이 생각하는 성공적인 삶을 위해 필요한 것 10가지를 적어보라.

1.

2.

3.

4.

5.

_____

6.

_____

7.

_____

8.

_____

9.

_____

10.

_____

만약 10가지를 다 적었다면 그 다음에는 이 가치들을 자신에게 중요한 순서대로 정렬해 보라. 여기서는 1번이 제일 중요한 가치이고, 10번이 가장 덜 중요한 것이다. 억지로 10가지를 다 채우려고 애쓸 필요는 없다. 하지만 적어도 5개 이상을 적어 보는 것이 효과적이다.

세계적인 컨설턴트이자 명강사인 브라이언 트레이시는 자신의 저서 〈성취 심리〉에 성공적인 삶을 위해 필요한 것 10가지를 소개했다.

그것은 '마음의 평화, 건강과 에너지, 사랑의 관계, 경제적 자유, 가치 있는 목표와 이상, 자기 자신을 아는 것과 이해하는 것'이다. 이 내용을 참고로 자신의 가치관을 파악해 보자.

● **직업 군인을 꿈꾸는 서기연의 성공적인 삶을 위해 필요한 것**

1. 건강 — 모든 것을 이루었다고 해도 건강이 없으면 누릴 수 없다.

2. 가족 — 가족이라는 사랑과 울타리가 있어야 마음의 안정이 있다.

3. 친구 – 만나서 대화하고 믿고 의지하는 친구는 힘을 준다.

4. 경제적 능력 –넉넉한 경제력은 안정된 생활을 할 수 있는 바탕이 된다.

5. 직업 – 나의 위치가 있는, 내가 할 수 있는 일은 나를 발전시킨다.

6. 독서– 경험은 중요하다! 직접 해볼 수 없다면 간접적으로라도 많은 경험을!

7. 취미생활 – 직업 외에 집중할 수 있는 것.

8. VISION – 평생을 두고 함께 해야 하는 것으로 삶의 동기를 부여한다.

| 절대자에게 기도를 하라 |

비전을 설정하기 위한 마지막 방법은 자신의 기도문을 작성해 보는 것이다. 굳이 특정한 종교를 가지고 있지 않아도 상관은 없다. 본인이 믿는 종교의 절대자에게 기도한다면 어떤 기도를 하겠는가? 어떤 삶을 살게 해달라고 기도하겠는가?

역시 형식은 상관이 없지만 여러분들의 편의를 위해서 한 가지 방법을 소개한다.

🖋 비전 설정 방법 4 – 기도문

_____에 감사합니다.

_____하도록 도와주십시오.

다른 사람들을 축복하시고, 특히 _____가

_____하게 해주십시오.

평생 _____하며 살게 해주십시오.

● 브랜드 전문가를 꿈꾸는 변현정의 기도문

항상 나에게 깨달음과 각오를 하게 해주는 모든 것에 감사합니다.

실패의 쓴맛도 중요하지만 성공의 기쁨을 느끼도록 도와주십시오.

다른 사람들을 축복하시고, 특히 나 자신이

원하는 모든 일들이 원활하게 잘 풀리도록 해주십시오.

평생 배움이 있고 보람이 있는 삶을 살게 해주십시오.

| 비전 선언문(Vision Statement) 작성 |

앞에서 비전 설정에 필요한 4가지 방법을 소개했다. 자신의 열정 확인, 미래에 대한 이미지 트레이닝, 행복한 삶의 가치관 파악 그리고 기도문이 그것이다.

이제는 작성한 것을 토대로 자신의 비전 선언문을 작성해 보자. 자신이 작성한 것들을 꼼꼼히 확인하고 그것들을 압축한 선언문을 작성해 보라. 길이와 형식은 상관 없지만 되도록 짧으면 좋다. 처음부터 짧게 만드는 것이 쉽지 않기 때문에 일단 조금 길더라도 작성을 해본 후 그것을 조금씩 줄여보라. 결국에는 자신이 항상 마음에 품을 수 있는 자신만의 멋진 비전 선언문을 작성할 수 있을 것이다.

● **홍보 전문가를 꿈꾸는 유리의 비전 선언문**

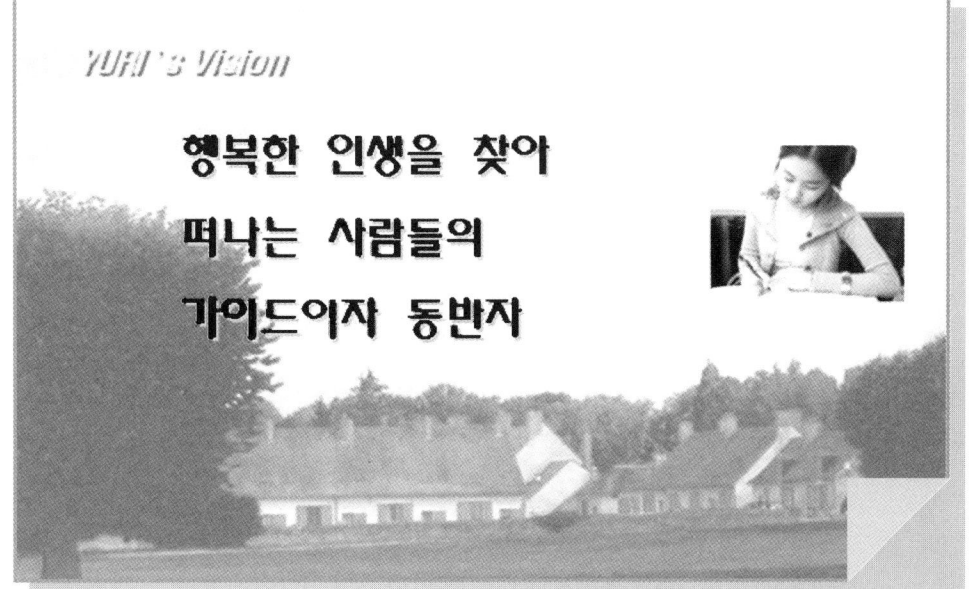

2 목표 설정

비전이 우리가 가야 할 최종 목적지에 관한 것이라면, 목표는 그 목적지에 도달하는 방법에 관한 것이라고 할 수 있다. 즉, 자가용을 탈 것인지, 기차를 탈 것인지, 아니면 버스를 탈 것인지에 관한 것이다. 또는 고속도로로 갈 것인지 국도로 갈 것인지, 고속도로로 간다면 경부선으로 갈 것인지 호남선으로 갈 것인지에 관한 것이다. 명확한 목표를 설정하는 것은 비전을 수립하는 것만큼이나 중요하다. 다음의 사례를 보면 그 이유를 알 수 있다.

1953년에 예일대 졸업생들을 대상으로 설문조사를 했다. 그 내용은 그들이 구체적인 목표를 글로 써서 소지하고 있는가에 관한 것이었다. 조사 대상 졸업생들 중 오직 3%만이 그렇다고 응답했다. 나머지 97%는 목표를 생각만 하거나 구체적인 목표를 갖고 있지 않다고 응답했다.

20년 뒤 1973년 예일대학교 졸업생 중 생존자를 대상으로 경제적인 부유함 정도를 조사했다. 그 결과 목표를 글로 써 놓은 3%의 졸업생들 재산이 나머지 97%의 졸업생들 재산보다 많았다고 한다.

외국의 유명한 영화배우의 사례도 그 좋은 예다.

캐나다 출신의 한 거지 청년이었던 제임스(James)는 영화배우가 되려는 청운의 꿈을 품고 미국 L.A로 왔습니다. 하지만 너무 가난해서 한동안 집도 없이 지내야 했습니다.

하루 한 개의 햄버거를 먹고 낡은 50달러짜리 중고차에서 자며, 호텔이나 빌딩의 화장실에서 세수를 하는 것으로 하루하루를 보내고 있었습니다. 그의 아버지는 그가 어렸을 때 죽었으며, 어머니는 병환으로 누워 있었습니다.

그러던 어느 날, "이대로 하루하루를 지내는 건 무의미해. 말 그대로 살아 있을 뿐이잖아. 뭔가 미래에 대해 생각해 봐야겠어. 내 스스로 나에게 힘을 북돋아 줄 무언가가 없을까?"라는 생각이 스쳤습니다.

그의 나이 28살이었던 1990년 어느 날, 차를 몰고 도시를 한 눈에 내려다 볼 수 있는, 할리우드에서 가장 높은 언덕으로 올라갔습니다. 그리고는 하염없이 도시를 바라보다가, 갑자기 수표책을 꺼내 스스로에게 천만 달러를 지급한다는 서명을 했습니다.

지급 일자는 5년 뒤인 1995년의 추수감사절이라고 적고 5년 동안 그 가짜 수표를 항상 품에 지니고 다녔습니다.

그리고 마침내 1995년이 되었습니다.

그는 〈덤 앤 더머〉라는 영화의 출연료로 약 7백만 달러를 받았습니다.

그 해 연말에는 〈배트맨〉의 출연료로 약 천만 달러를 받았습니다.

그의 이름은 이미 우리가 잘 알고 있는 할리우드 최고의 영화배우 '짐 캐리' 입니다.

위의 사례들을 통해 목표 설정의 중요성을 알게 되었을 것이다.

리더십 포털 서비스를 하고 있는 '리더피아'의 홈페이지(http://vision. leaderpia.com/mails/jimcarrey.htm)에서 짐 캐리의 사례를 플래시 화면으로 볼 수 있으니 그 감동을 직접 느껴보기를 바란다.

말하지 않았던가? 무의식은 글보다는 이미지를 더욱 현실처럼 받아들인다고!

목표 설정이 어려운가?

아니다! 절대 그렇지 않다!

당신도 짐 캐리처럼 자신에게 지급하는 수표를 만들거나 자신의 목표를 글과 그림으로 만들어 놓는 일 정도는 얼마든지 할 수 있지 않은가?

| 목표 설정 때 유의 사항 |

목표는 비전을 달성하기 위한 것으로 도전 가능하면서 성취 가능한 것이어야 한다. 목표 설정의 방법에는 일반적으로 SMART 원리를 따르는 것이 좋다.

- Specific(구체적일 것) : 정확히 무엇을 달성하려는가?
- Measurable(측정할 수 있을 것) : 목표 달성 여부를 어떻게 판단할 것인가?
- Achievable(달성할 수 있을 것) : 현실적으로 달성 할 수 있는가?
- Realistic(현실성) : 해당 상황에서 가능한 일인가?
- Time-based(시기) : 언제쯤 목표를 달성할 것인가?

하지만 반드시 이 원칙에 맞출 필요는 없다. 목표는 본인의 특성에 맞게 다양한 형식으로 설정할 수 있다. 단 목표 설정에는 본인의 능력, 잠재능력, 바람직한 성과 수준을 고려해서 설정해야 한다는 것만은 명심하자!

목표 설정 시 유념해야 할 것은 반드시 긍정적인 문장으로 표현하라는 것이다. 이 말은 당신이 원하지 않는 것으로부터 '회피' 하는 것이 아니라 원하는 것을 향해 나아가는 '접근'을 의미한다. 즉 부정적인 것이 아니라 긍정적인 방식으로 표현해야 한다.

예를 들어, "가난에서 벗어나고 싶다."가 아니라 "돈을 많이 벌고 싶다."로, "살을 빼고 싶다."가 아니라 "건강해지고 싶다."라고 표현하는 것이 바람직하다.

그리고 반드시 그 목표를 머리 속으로 생각하는 것이 아니라 글과 이미지로 작성해야 효과적이다. 왜냐하면 앞에서 설명했듯이 우리의 무의식은 현실과 상상을 구분하지 못하고 단순히 글로 쓴 것 보다 이미지로 된 것을 더 현실적으로 느끼기 때문이다.

국내 최고의 NLP 및 최면 치료의 최고 권위자인 설기문 박사의 저서 〈설기문의 자기혁신을 위한 NLP 파워〉에는 효과적인 목표 설정 방법에 대해 자세히 소개되어 있다. 그 방법을 소개하면 다음과 같다.

| 목표 설정 방법 |

목표 진술

목표는 긍정적이고 구체적인 문장으로 표현되어야 한다. 즉, 목표를 "~을(를) 하고 싶다."는 차원에서 구체적인 긍정문으로 진술하라. 당신이 원하는 바를 긍정문으로 진술해 보자.

해야 할 일 정하기

목표 성취를 위해 당신이 할 수 있는 일, 또는 당신이 할 수 없는 일은 무엇인가? 그리고 목표를 달성하기 위해 활용 가능한 자원은 무엇인가? 구체적으로 생각해 보라.

결과 진술

목표가 달성되었을 때 경험할 수 있는 결과를 구체적으로, 즉 오감에 토대한 감각적 용어를 사용해 진술하라. 즉 당신이 그것을 성취할 때 무엇을 보고 듣고 느낄 것인가? 목표가 마치 현재 이루어진 것처럼 설득력 있게 진술하라.

증거 제시

목표가 달성되었음을 보여주는 구체적이며 최종적인 증거가 무엇인가? 그 증거는 확실히 목표가 달성되었음을 보여주는 것이어야 한다. 그 증거를 제시하라.

위의 방법을 충분히 숙지한 후 아래의 표에 자신의 단계별 목표를 정리해보라.

목표 진술	
해야 할 일 정하기	
결과 진술	
증거 제시	

이때 하나의 단순한 목표를 설정하기 보다는 기간별 목표를 설정하는 것이 더욱 좋다. 즉, 1년 정도의 단기적인 목표와 10년 정도의 중기 목표, 30년 이후의 장기 목표로 나누어서 작성해 보자. 그리고 그 목표는 되도록이면 크고 원대하게 만들어 보라! 성공한 사람들의 공통된 특징 중의 하나는 현재의 자신은 초라하고 형편 없을지라도 원대한 꿈을 가지고 있었다는 것이다.

자신의 꿈이 현실적으로 이루어지기 힘들다고?

그 현실이라는 것이 불변의 진리인가, 당신의 생각인가?

● 브랜드 전문가를 꿈꾸는 변현정의 목표 설정

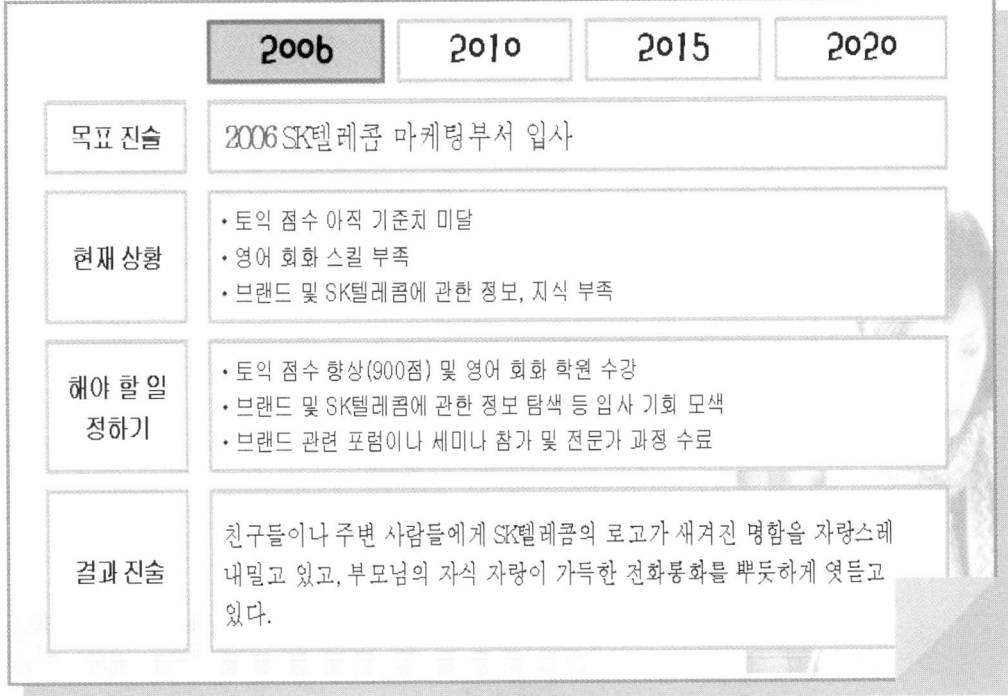

	2006	2010	2015	2020
목표 진술	2006 SK텔레콤 마케팅부서 입사			
현재 상황	• 토익 점수 아직 기준치 미달 • 영어 회화 스킬 부족 • 브랜드 및 SK텔레콤에 관한 정보, 지식 부족			
해야 할 일 정하기	• 토익 점수 향상(900점) 및 영어 회화 학원 수강 • 브랜드 및 SK텔레콤에 관한 정보 탐색 등 입사 기회 모색 • 브랜드 관련 포럼이나 세미나 참가 및 전문가 과정 수료			
결과 진술	친구들이나 주변 사람들에게 SK텔레콤의 로고가 새겨진 명함을 자랑스레 내밀고 있고, 부모님의 자식 자랑이 가득한 전화통화를 뿌듯하게 엿듣고 있다.			

	2006	**2010**	2015	2020

목표 진술	2010 인테리어 공부 시작 / 브랜드 책 집필
현재 상황	• 인테리어에 관한 전문 지식 및 실무 경험 부족 • 인테리어 공부를 처음부터 시작하기엔 다소 많은 나이 • 많은 독서 및 SK텔레콤 경력이 책 집필에 도움이 될 것.
해야 할 일 정하기	• 실내건축기사 자격증 준비 / 실기시험을 위해 미술학원 등록 • 책 집필을 위한 계획 수립 및 원만한 대인관계 유지
결과 진술	내 책이 베스트셀러에 오르고 초청된 강연장에는 사람들이 가득하다. 실내건축기사 자격증 시험에 합격하여 합격통지서를 받고 행복해하고 있고, 시험 삼아 우리 집을 멋지게 인테리어 하고 있는 나의 모습이 거기에 있다.

	2006	2010	**2015**	2020

목표 진술	2015 SK텔레콤 브랜드 관리자로 승진 / 브랜드 개발
현재 상황	• 브랜드에 관한 실질적인 업무 경력 9년 차 • 브랜드 개발 부서에 몸담으며 틈틈이 쌓아온 아이디어 보유
해야 할 일 정하기	• 브랜드 관련 독서 및 인터넷 서핑을 통한 브랜드 개발 논문 등 관련 사례 습득 • 브랜드 전문가 및 단체와 교섭, 모임 참여 등으로 인적 네트워킹 구축
결과 진술	동료, 친구들과 함께 승진 축하 파티를 하며 많은 축하 선물을 받고 있다. 내가 만든 브랜드가 대한민국 최고의 브랜드로 선정되어 표창을 받고, 해외 유명업체로부터 계약 의뢰가 쏟아지고 있다.

	2006	2010	2015	2020

목표 진술	2020 인테리어 컨설팅 회사 설립 / 브랜드 코치
현재 상황	• 인테리어 감각 능력 검증 받음. • 사업 등록을 위한 법적 절차 등의 정보가 아직 미숙 • 브랜드코치로서의 능력은 아직 검증 받지 못한 상태
해야 할 일 정하기	• 사업 등록을 위한 조언자 탐색이나 인터넷을 통한 등록절차 확인 및 실행 • 인테리어 컨설팅 회사 개업을 위한 온라인, 오프라인 공간 확보 및 홍보 • 브랜드 코치 과정 수료
결과 진술	온라인, 오프라인을 통해 개업한 컨설팅 회사에 내 이름을 알고 있는 사람들을 통해 입소문이 나기 시작했다. 브랜드 코치로서 임문수 선생님을 통해 얻은 강의를 성공적으로 끝내고 선생님께 칭찬을 받고 있다.^^

3 비전 및 목표 설정 시각화하기

이제는 앞에서 작성했던 설정된 비전 및 목표에 대해 이미지 작업을 해 보자.

반드시 그 목표를 머리 속으로만 생각하는 것이 아니라 글과 이미지로 작성해야 한다. 거듭 강조하지만 뇌는 현실과 상상을 구분하지 못하기 때문에 이미지로 된 것을 훨씬 더 현실처럼 느끼기 때문이다.

해롤드 래미스 감독이 만든 영화 〈일곱 가지 유혹(Bedazzled)〉은 목표가 구체적이어야 하는 이유를 잘 보여주고 있다. 이 영화에서 리처드(브렌든 프레이저)는 직장에서 '왕따'를 당하는 순진한 남성이다. 너무 순진해 멍청이 취급을 받으며 누구와도 어울리지 못한다. 같은 직장의 앨리슨을 짝사랑하지만 그녀는 그를 알지도 못한다.

그러던 중 리처드 앞에 한 악마가 나타난다. 악마는 일곱 가지 소원을 들어줄 테니 자신에게 영혼을 팔라고 제안한다. 리처드는 앨리슨과의 사랑을 이룰 수 있다는 생각으로 악마와의 거래에 응한다.

리처드는 우선 많은 돈과 권력을 가진 부자가 되고 싶다고 소원을 빈다. 거기에 짝사랑하는 앨리슨을 아내로 맞고 싶다는 소원도 함께 빈다. 소원은 정말로 이루어진다. 리처드는 진짜 부자가 되었고, 앨리슨을 아내로 맞았다. 하지만, 부자는 부자인데 마약거래상이다. 게다가 아내인 앨리슨은 다른 남자를 사랑하고 있다!

그 이유는 부자가 되고 싶다고만 했지 어떤 부자가 될 것인지 설정하지 않았고 아내를 앨리슨으로 맞고 싶다고만 했지 어떤 형태의 부부관계인지 구체적인 내용을 정하지 않았기 때문이다.

따라서 우리는 우리의 꿈과 목표 달성을 위해서는 그것을 구체적으로 만들어야 한다. 잠재 의식이 현실로 느낄 수 있도록 말이다. 그렇지 않다면 영화에서의 리처드처럼 꿈과 목표를 이룰 수는 있지만 그것이 자신이 원하지 않는 모습일 가능성이 크다.

이미지를 만드는 작업은 여러 형태가 있다. 본인만의 영화를 만들어 볼 수도 있고, 목표에 대한 본인만의 전시관을 만들어 볼 수도 있다. 어떠한 방법이든 상관없지만 반드시 글과 이미지로 된 목표를 만들라! 그리고 그것을 당신이 볼 수 있는 곳 여기저기에 붙여 놓자! 본인의 방도 좋고 노트북이나 컴퓨터의 바탕화면으로 만들어도 좋다. 그렇게 하면 당신은 자신의 목표를 항상 인식할 것이며 결국 그 목표가 현실이 되고 있음을 알게 될 것이다.

● 승무원을 꿈꾸는 이나연의 비전 및 목표 시각화

위의 방법에 더불어 재미있고 간단하면서도 효과적인 시각화 방법을 추천한다.

| 메모지 기법 |

포스트잇에 자신이 꿈꾸는 내용을 쓴다. '나는 아시아나 항공 스튜어디스에 합격한다.' 또는 '점점 날씬해 진다.' 등이 그 예다. 그 다음에 그 내용을 보았다, 안 보았다를 계속 한 후 상상으로 그 내용을 머릿속에 그린다. 그리고 계속 떠올린다.

그러면 그 글씨는 항상 자신의 눈 앞에서 따라 다닐 것이다.

| 합창 기법 |

상상으로 합창단을 만들어 본다. 그 합창단은 자신이 지휘할 수 있는 합창단이다. 그 합창단을 통해 당신의 꿈과 목표를 노래하게 한다. 당신은 그 합창단을 지휘한다. 그러면 당신의 머릿속에는 그 합창단의 모습과 노래가 항상 울려 퍼질 것이다.

| 네온사인 기법 |

당신이 원하는 내용을 담은 네온사인을 만든 후 높은 건물에 네온사인을 건다. 그 후 네온사인에 전기를 넣는다. 당신의 염원을 담은 네온사인이 꺼졌다 켜졌다를 반복한다. 그것이 당신의 무의식을 자극해 당신을 성공으로 이끌 것이다.

2장
환경 분석

1 환경 분석의 이해

> 당신을 화나게 만드는 행동을 다른 각도에서 본다면 또 다른 기회를,
>
> 그 행동이 아니었다면 가능하지 않았을 기회를 발견할 것이다.
>
> 그러니 하나의 사건을 여러 각도로 보도록 노력하라. 큰 도움이 될 것이다.
>
> – 달라이 라마

21세기의 가장 큰 화두는 변화(Change)이다. 변화라는 말 속에는 두 가지 의미가 내포되어 있다. 하나는 기회이고, 다른 하나는 위협이다. 고대 철학자 헤라클레이토스는 '만물은 유전한다'고 했다. 그 실례로 동일한 강물에 두 번 몸을 담글 수 없다고 설명했다. 어제 내가 몸을 담근 강물은 겉은 똑같아 보이지만, 오늘의 강물은 어제와 전혀 다른 강물이라는 것이다.

우리가 보는 세상도 너무 빨리 변해 변화가 없는 것 같지만 사실은 급격한 변화가 진행되고 있다. '10년이면 강산이 변한다'는 말은 이제 말 그대로 옛말이 되었다. 어제와 오늘이 다르고 오늘과 내일이 다른 세상이다. 이런 변화 속에서 우리가 성공적인 삶을 살기 위해서는 변화에 대해 민감하게 반응해야 하고 두려워하지 말아야 하며 변화를 앞서가야만 한다.

따라서 우리가 직업을 생각하고 취업을 준비할 때 단순히 취업 정보를 통해 원서를 넣는 것에 그치지 말고, 우리의 주변 환경을 분석해서 변화의 방향을 감지하고 그 변화 안에서 기회를 찾아내야만 한다.

여기서 환경 분석이란 정치, 경제, 사회, 법률, 문화, 제도, 기술 등의 변화를 알아보고 그런 변화가 내포하고 있는 의미와 본질을 찾아 그 안에서 기회와 위협을 식별하고 본인의 강점과 약점을 찾아내는 절차이다. 그리고 이것은 개인의 방향 설정과 전략 수립의 토대를 제공한다.

환경 분석은 크게 두 가지로 나눌 수 있다.

하나는 외부 환경 분석과 다른 하나는 3C 분석이다. 외부 환경 분석을 통해 기회와 위협 요소를 식별하고, 3C 분석을 통해 자신이 가지고 있는 강점과 약점을 파악한다.

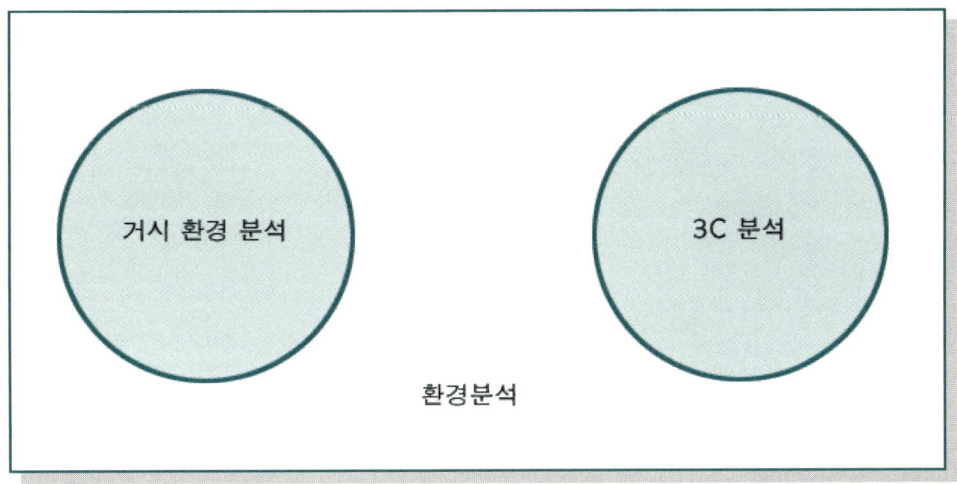

거시 환경 분석   3C 분석

환경분석

2 외부 환경 분석-거시 환경 분석

거시 환경(Macro Economic)이란 자신을 둘러싼 울타리 밖의 큰 변화에 대한 환경을 의미하는 것이다. 거시 환경을 분석하는 이유는 외부의 환경 변화가 자신의 취업과 관련해서 어떠한 방향으로 다가올 것인지 예측해 볼 수 있기 때문이다. 즉 그러한 변화가 자신에게 기회를 가져 올 것인지 아니면 위협이 될 것인지를 파악할 수 있기 때문이다.

거시 환경 분석은 주로 경제적 환경, 사회·문화적 환경, 기술적 환경, 정치·법률적 환경 등을 일컫는데 일반적으로 개인이나 조직이 관리를 통해 정확히 예측하거나 통제가 불가능한 환경 요인들을 말하며 그 내용은 다음과 같다.

- **정치적·법률적 환경** 취업을 둘러싼 각종 규제와 법적 제약
- **경제적 환경** 인구통계 변화, 재정 및 금융정책(금리 등), 인플레이션, 경제성장, 소비성향 변화, 수출입 동향, 환율 동향, 시장개방 등

- **사회·문화적 환경** 사회의 가치관, 생활양식, 사회적 제도나 태도 등
- **기술적 환경** 사회와 경제 체제의 기술 혁신 방향과 그 형태 등

'내가 취업을 하는데 정치나 법적인 변화가 무슨 문제가 될 수 있으며 내가 왜 그걸 알아야 하는가?'라는 의문을 가질 수 있다. 하지만 정보기술의 발달로 하루가 다르게 급변하는 세상에서 변화에 대해 민감하지 않으면 부지불식간에 도태되기 마련이다.

개구리를 뜨거운 물에 넣으면 금방 뛰쳐나온다. 하지만 찬물에 넣고 물을 서서히 끓이면 개구리는 온도의 변화를 감지하지 못하고 결국에는 죽게 된다. 세상의 변화에 대한 안테나를 세워놓지 않으면 당신도 뜨거운 물 속의 개구리가 될 수 있다.

'나비효과(Butterfly Effect)'라는 이야기를 들어본 적이 있는가? 아마존에 있는 나비의 날갯짓 한 번이 미국에는 허리케인을 불러올 수 있다는 것이다. 그 예를 들면 다음과 같다.

'남미의 한 작은 나라의 정글에서 나비가 날갯짓을 한다. 그 나비의 날갯짓으로 인한 미세한 변화에 옆에 지나가던 개구리가 가던 길을 바꿔서 간다. 그런데 그 개구리를 잡아먹으려고 기다리고 있던 뱀은 개구리가 방향을 바꿔서 잡아먹지 못하자 화가 나서 주변에 지나가던 사람에게로 달려든다. 그 사람은 달려드는 뱀을 피해 도망가다 넘어지게 되는데 그 사람은 고고학자였다. 그가 넘어진 곳에서 그는 우연히 고대 문명의 유적을 발견한다. 결국 그 유적이 발견된 곳을 발굴하는 도중 유전을 발견하게 된다. 유전 덕분에 그 작은 나라는 부유한 나라가 된다. 졸부가 대부분 그러하듯이 그 나라도 거만해지게 되는데, 국교가 카톨릭인 그 나라는 UN에서 아랍권의 나라를 모욕하는 발언을 하게 된다. 그 발언으로 인해 아랍국가와 전쟁을 하게 되고 이 전쟁을 시작으로 종교전쟁이 발발해 결국에는 3차 세계대전으로 발전하게 된다.'

이런 '나비효과'는 미국의 기상학자 에드워드 로렌츠 박사가 처음으로 주창한 것이다. 로렌츠 박사는 날씨를 예측하는 프로그램을 개발해 날씨를 예측했지만 결과적으로는 자신의 예측과 전혀 들어 맞지 않았다. 그 이유를 분석해 봤더니 초기에 미세한 기후의 변화에 따라 결과적으로는 전혀 다른 방향의 결과가 나온다는 것이다.

나비효과에서 우리가 알 수 있는 것은 전혀 관계없어 보이는 요소들이 연계되어 전혀 예상치 못한 결과를 불러올 수 있다는 것이다. 따라서 우리는 초기의 변화를 잘 살펴야 하고 그 변화가 어떠한 변화를 가져올 것인가를 예측할 수 있는 통찰력을 키워야 한다. 그런 통찰력을 가진 사람만이 변화 속에서 기회를 발견하고 그 기회를 선점하게 될 것이다.

거시 환경 분석을 통해 기회를 발견할 수 있는 한 방법을 소개하겠다.

여러분이 '독신세대의 급속한 증가'라는 제목의 기사를 보았다고 치자. 대부분의 사람들은 이런 기사를 보고 '그런가 보다.' 하고 넘어간다. 하지만 일부의 사람들은 그런 현상이 나온 원인에 대해서 생각해 본다. 그 원인은 무엇이겠는가? 다음과 같은 원인들이 있을 것이다.

- 결혼 적령기가 늦어짐
- 결혼에 대한 인식이 바뀜
- 이혼율 증가
- 라이프스타일 변화

이런 원인들을 분석하는 것으로는 충분하지 않다. 이런 원인들을 통해 발생한 현상들을 분석하고 조합하고 통찰력을 갖게 되면 향후 발전하게 될 사업이 무엇인지 예측할 수 있게 된다. '독신세대의 증가'로 어떠한 사업이 발전할 수 있겠는가? 그 예는 다음과 같다.

1. 개인 주거공간의 변화가 올 것이다. 혼자 사는 사람들을 위한 원룸, 오피스텔이 늘어날 것이다.
2. 각종 대행업이 발전할 것이다. 아침 배달 전문점, 모닝콜, 시터 사업, 빨래방, 쇼핑대행업 등이 활성화 될 것이다.
3. 개인 식생활 관련 사업이 다양화 될 것이다. 편의점이 활성화 될 것이고, 테이크 아웃 산업이 발전될 것이며, 간편하게 조리해서 먹을 수 있는 햇반 등의 가정용 외식 상품이 잘 팔릴 것이다.
4. 가구 및 가전제품의 변화가 올 것이다. 접었다 폈다 할 수 있는 다기능 가구나, 소형 커피 메이커, 1인용 밥솥 등의 소형 가전제품 등이 늘어날 것이다.

이밖에도 많은 내용의 변화를 예측해 볼 수 있을 것이다. 이런 환경 변화를 분석하고 미래를 예측할 수 있는 동찰력을 키우면 직업에 대한 변화를 예측할 수 있을 것이고 자신의 취업 경쟁력을 키울 수 있다.

여기서 중요한 것은 환경 변화를 객관적으로 보아야 한다는 것이다. 환경 변화라는 것은 하나의 사건일 뿐이다. 환경 변화를 기회로 보는가 위협으로 보는가는 개인의 관점에 따라 달라질 수 있다.

예를 들어, '브랜드와 함께 브랜드 네이밍의 중요성이 커진다.'고 할 때 그 자체는 하나의 팩트(Fact)이다. 이것은 브랜드 네이미스트가 되고자 하는 사람에게는 기회가 될 수도 있고 위협이 될 수도 있다. 브랜드 네이미스트의 직업 가치가 증대되기 때문에 브랜드 네이미스트가 된다면 본인에게 전문가로서 인정받을 수 있는 좋은 기회가 될 수도 있겠지만 반대로 브랜드 네이미스트가 되고자 하는 사람들 즉, 경쟁자의 증가를 가져올 수 있을 것이고 이것은 위협 요인으로 볼 수도 있다. 중요한 것은 환경변화를 통해 변화의 흐름과 방향을 파악 할 수 있는 통찰력을 키우고 이를 통해 본인만의 전략을 수립할 수 있어야 한다는 것이다.

위의 내용들을 토대로 다음에 나오는 표를 작성해 보라.

환경 요인	주요 항목	기회 요인	위협 요인
법·정치적 환경			
경제·기술적 환경			
사회·문화적 환경			

● 사회 공헌 전문가를 꿈꾸는 김지현의 거시 환경 분석

거시 환경 분석(법·정치적 환경)

주제 / 내용	기회 요인	위협 요인	시사점
출자총액 제한제도 완화 움직임	대기업들의 투자 활발 →사회 공헌 활발	기업들의 사업 다각화로 인해 오히려 사회 공헌에 대한 투자 감소 가능성	사회 공헌 관련 지식과 경험을 쌓아 투자가 활발한 기업에 취업
ISO 26000 2008년 제정	해외 사회 공헌에 대한 압박으로 사회 공헌 분야 인력 필요	사회공헌분야에서 신입 보다 경력 위주의 채용이나 해외 인재 스카우트 가능성	각종 교육과 세미나 등에 참가하고 외국 기업 사례 등을 분석 하여 전문성 획득
한미 FTA 시장개방	시장 개방으로 인하여 해외 고급 브랜드 유입 -국내 기업 차별화 필요 -국내 사회공헌 활발해짐	고급 브랜드가 유입되면 사회공헌활동으로 인한 이미지 제고 보다 오히려 품질 개선에 주력할 가능성	사회·공헌 틈새시장 공략, 꾸준히 활동 할 가능성 있는 기업을 공략 하거나 외국계 기업에 취업

* 참고 : ISO 26000이란? 국제표준기구의 기업의 사회적 책임(CSR)을 나타내는 지수

거시 환경 분석(경제·기술적 환경)

주제 / 내용	기회 요인	위협 요인	시사점
인턴십 도입 업체 多	인턴십을 통한 경력 개발 가능, 능력을 인정 받을 수 있음	인턴십을 하지 못하면 그것을 도입하고 있는 업체에 취업 하지 못할 가능성	인턴십을 통해 경험을 쌓을 수 있도록 정보를 탐색해 본다
제품, 품질 평준화	기업이 만들 수 있는 품질이 평준화 되면서 차별화될 요소가 필요하게 됨 - 그 한 부분으로 사회공헌 통한 이미지 제고	기업들은 제품의 품질을 높이기 위해 품질 관련 전문 인력 채용 가능성	가고자 하는 기업의 제품이나 품질을 미리 알고 사회공헌 전략을 미리 계획해 봄 - 틈새 공략
기업간 경쟁 가속화	전문 인력의 채용 증가	경쟁자 우대 기업 多	원하는 직무에 맞는 경력을 쌓아 전문가가 되도록 한다
기업 사회 공헌 부서의 전문성 결여	사회 공헌에 대한 전문인력 채용 가능성	해외 우수 인력 스카우트 가능성	외국계 기업에 취업 후 전문 경력을 쌓는다

거시 환경 분석(사회·문화적 환경)

주제 / 내용	기회 요인	위협 요인	시사점
반기업 정서	기업은 이미지 개선을 위해 사회 공헌활동 확대		혁신적인 이미지 개선에 성공한 기업 사례 조사
기업의 여성에 대한 보수적인 성향	여성 취업 희망자들은 전문직 고려	여성 인력 보다 남성 인력 선호하는 경향	여성들은 보수적인 성향에 구애 받지 않을 전문직 진출
그림자 채용 / 수시채용 多 / 상시 채용 多	관심 있는 기업이라면 공채 보다 경쟁률 낮고, 틈새 공략을 취할 수 있음.	인맥이 없는 사람의 취업 위험, 채용 시기를 놓칠 가능성	관심 있는 기업 List 를 만들어 놓고, 채용 공고 수시로 확인/ 포럼 참가 등으로 인맥 형성
사회봉사 활동 우대 기업 늘어남	사회봉사 활동 경험의 우위	학점, 영어, 인턴, 공모전 사회봉사 등 기업이 요구하는 사항들이 많아짐	사회봉사 우대 기업을 노림 인턴, 공모전등 참여

3 나(Me-Company)와 내 고객(Customer)과 경쟁자(Competitor) — 3C 분석

기업체에서 사용하는 마케팅 전략에서 산업 환경 분석의 방법으로 흔히 3C 분석이라는 것을 활용한다. 취업 전략을 수립하는데 있어서도 이를 응용할 수 있다. 여기서 3C란 Customer(고객), Competitor(경쟁자), Me-Company(자기 자신)를 말한다. 이 3C 분석을 통해 고객의 니즈(Needs)를 파악하고 경쟁자와 자신의 강점과 약점을 파악할 수 있다.

| 고객(Customer) 분석 |

성공적인 취업을 위해서는 자신의 고객을 잘 파악하고 있어야 한다.

고객 분석이란 '나의 고객이 누구인가?' 를 명확하게 규명하는 것이다. 여기서 고객이란 당신이 취업을 원하는 회사에 국한된 것만은 아니다. 당신의 고객은 당신의 직업에서 필요로 하는 소비자 및 당신이 원하는 직업을 가질 수 있도록 도움을 줄 수 있는 사람 즉, 부모님이나 가족, 교수님, 선배 등도 포함을 하는 것이 좋다. 당신의 고객이 누구인지 잠시 생각해 보라. 다음의 질문은 당신의 고객을 식별할 수 있도록 도움을 줄 것이다.

1. 당신이 취업하기를 희망하는 회사는 어디고 그 회사는 어떤 사람을 채용하는가?

    ----

2. 당신이 취업하기를 희망하는 회사의 고객들은 누구이며, 그들은 어떤 것을 그 회사에 요구하는가?

    ----

3. 당신이 취업하는데 영향을 주는 사람들은 누구인가? 그들은 당신의 취업에 어떻게 도움을 줄 수 있는가?

위의 질문들을 토대로 다음의 표를 작성해 보자.

구분	고객의 니즈	시사점

● **승무원을 꿈꾸는 이나연의 고객분석**

	고객의 니즈 (Needs)	시 사 점
국내항공사	토익 550점 이상, 키 162 이상 수영 가능자, 튼튼한 체력, 곧은 다리, 나이제한.	높은 능력보다는 면접의 비중이 매우 높다. 기본조건을 넘기고 편안한 이미지를 구사한다면 가능성이 있을 것이다.
외항사	토익 제한 없으나 면접이 영어로 이루어짐, 키 158이상, 나이제한 없음	면접이 영어로 이루어지므로 유창한 영어회화 실력이 요구된다. 나이제한이 없으므로 도전기회는 무궁무진하다.
부모님	내가 하는 일은 모두 지원해 주시나 집에서 직장 다니시기를 원하신다.	안전한 주거만 해결 된다면 내가 하는 일에 대하여 믿고 지원해 주신다.
항공사 고객	편안하고 쉽게 부탁할 수 있는 승무원	예쁘고 화려한 승무원 보다는 정말 편안하고 쉽게 부탁할 수 있는 승무원을 더욱 선호한다.

| 경쟁자(Competitor) 분석 |

경쟁자 분석을 통해서 경쟁자 대비 당신이 가지고 있는 상대적인 강점과 약점을 파악해야 한다. 그렇게 함으로써 그들과의 경쟁에서 승리할 수 있는 당신만의 차별화 요소 및 자원을 발견할 수 있다.

경쟁자 분석에서 유의할 점은 현재의 경쟁자를 분석하는데 그치면 안 된다는 것이다. 장기적인 관점에서 자신이 종사하고 싶은 직업에서의 최고 전문가도 경쟁자에 포함 시키는 것이 좋다. 지금 당신은 그들과 비교할 수 없는 수준이겠지만 미래에 당신은 그들과 같이 협력해서 일할 수도 있고 선의의 경쟁도 할 수도 있다.

• 당신의 현재 경쟁자는 누구인가? 그들의 강점은 무엇이고 당신은 그들과 어떻게 경쟁할 것인가?

• 그들은 취업을 위해서 어떤 활동을 하고 있는가?

• 당신의 미래 경쟁자는 누구인가? 그들의 강점은 무엇이고 그들과 경쟁하려면 당신은 어떠한 역량을 키워야 하는가?

• 당신의 경쟁자와 비교해 당신만의 차별화 된 역량은 무엇인가?

성명	강점	약점	시사점

● 브랜드 매니저를 꿈꾸는 변현정의 경쟁자 분석

현재 경쟁자

노장오

내용 :
- 네이밍업체 인워드브랜딩 대표
- 스카이라이프, 칼리, 꿈에그린, CION→CYON 외에도 수많은 히트네이밍경력.
- NJ(Naming Jockey) 인력양성
- 변리사 겸업으로 법 환경하의 상황에도 전문적 기질 발휘.

시사점 :
오랜 브랜드네이밍 경력 및 창의적인 네이밍 실력을 본받고 더 높은 차원의 매니징 역할을 수행하기 위한 노력이 필요함. 벤치마킹 대상

이시혁

내용 :
- SK텔레콤 내 10개 브랜드의 실질적 브레인.
- SK텔레콤의 콘텐츠 강화부분을 위해 TU미디어로 승진, 이전됨.
- 02년 마케팅역사사상 최고라 칭해지는 붉은악마 프로젝트의 실질적 지휘자.

시사점 :
최악의 상황에서도 성공적인 마케팅전략을 펼칠 수 있었던 파워와 10개 브랜드를 관리하는 책임감 및 능력을 본받음. 벤치마킹 대상

브랜드전략전문가과정 10기 동기생들

내용 :
- KT, 경동보일러, 신씨네 등 기업의 마케팅팀 등에서 현재 활동중인 주역들.
- 전문성을 가지고 있고, 실전 경험이 풍부함.

시사점 :
자신의 업무를 더욱 고차원화 하기 위해 전략전문가 과정에 참여한 열정을 본받음. 이 분들과의 네트워킹 구축 및 커뮤니케이션 강화가 필요.

잠재적 경쟁자

ANNA

내용 :
- 브랜드네이미스트의 선발주자
- 브랜드에 관한 교육 기회 선점 및 영문과 전공으로 외국어의 스킬을 보유하고 있음
- 마케팅이나 경영 전공 아님

시사점 :
후발주자인 점을 감안하여 더 많은 교육 기회를 이용하고 어학 능력에 집중하여 우위 선점에 노력해야 함

C양

내용 :
- 홍보 분야 취업 희망자
- 불어불문학과 전공으로 높은 수준의 불어 구사 능력 보유
- 관련 분야의 경험이 있고, 일에 대한 욕심과 끈기가 있음

시사점 :
관련 분야의 전문성을 가지기 위한 노력을 가중화하고, 선의의 경쟁자 뿐 아니라 동료로서의 네트워킹 구축

경영학부, 신문방송학과, 광고학과 학생들

내용 :
- 마케팅 뿐 아니라 광고나 PR, 대중매체 등에 관한 지식과 사회 선배들의 연줄(?)을 보유하고 있음
- 관련 전공자임

시사점 :
마케팅 및 브랜드에 관한 전문적인 지식 습득 및 독서로 전공 계열의 경쟁자보다 우위 선점의 노력이 필요함

| 자기 자신(Me-Company) 분석 |

성격의 장·단점 분석

거시 환경 분석과 고객 및 경쟁자 분석을 통해 도출된 기회 및 위협을 자신의 강점 및 역량과 비교해야 한다. 이를 통해 상대적인 관점에서 자신을 깊이 있게 분석함으로써 강점을 활용하고 약점을 보완하기 위한 전략을 모색할 수 있게 된다.

여기서 분석해야 할 것은 자기 자신이 가지고 있는 성격의 장점과 단점, 보유 자원 즉, 자신이 가지고 있는 학력, 경력, 전문 지식 등이다.

자기 분석에서 유의할 사항은 자신을 주관적으로 판단해서는 안 된다는 것이다. 왜냐하면 사람은 자신에 대해서 정확히 파악하지 못하고 있는 경우가 대부분이고 또한 사람들은 대체로 자기 자신을 너무 부풀리거나 너무 축소하는 경향이 있기 때문이다. 따라서 성격 진단이나 직업 가치관 진단 등의 분석 도구를 이용하거나 주변 사람들에게 자신에 대한 평가를 부탁해서 자신이 평가한 결과와 비교해 보는 등의 정확한 분석을 수행하는 것이 중요하다. 이를 위해 몇 가지 분석 도구를 소개한다. 아래의 분석 도구는 대부분 대학교의 취업 지원 관련 부서에서 무료로 검사해 볼 수 있다. 이러한 분석 도구와 주변에 대한 평가를 종합해 보면 본인 성격의 강점과 약점을 객관적으로 도출할 수 있다.

• MBTI(성격 유형 검사)

MBTI(Myers-Briggs Type Indicator)는 융(C.G.Jung)의 심리 유형론을 근거로 하여 카트린 쿡 브리즈(Katharine Cook Briggs)와 이사벨 프리즈 마이어즈(Isabel Briggs Myers)가 보다 쉽고 일상생활에 유용하게 활용할 수 있도록 고안한 자기보고식 성격유형지표이다.

융의 심리유형론은 인간 행동이 그 다양성으로 인해 종잡을 수 없는 것 같이 보여도, 사실은 아주 질서 정연하고 일관된 경향이 있다는 것에서 출발했다. 그리고 인간행동의 다양성은 개인이 인식(Perception)하고 판단(Judgement)하는 특징이 다르기 때문이라고 보았다.

MBTI는 인식과 판단에 대한 융의 심리적 기능 이론, 그리고 인식과 판단의 향방을 결정짓는 융의 태도 이론을 바탕으로 하여 제작되었다. 또한 개인이 쉽게 응답할 수 있는 자기보고(Self Report) 문항을 통해 인식하고 판단할 때의 각자 선호하는 경향을 찾고, 이러한 선호 경향들이 하나 또는 여러 개가 합쳐져서 인간의 행동에 어떠한 영향을 미치는가를 파악하여 실생활에 응용할 수 있도록 제작된 심리검사이다.

• DISC(행동 유형 진단)

일반적으로 사람들은 태어나서부터 성장하여 현재에 이르기까지 자기 나름대로의 독특한 동기요인에 의해 선택적으로 일정한 방식으로 행동을 취하게 된다. 그것은 하나의 경향성을 이루게 되어 자신이 일하고 있거나 생활하고 있는 환경에서 아주 편안한 상태로 자연스럽게 그러한 행동을 하게 된다. 우리는 그것을 행동 패턴(Behavior Pattern) 또는 행동 스타일(Behavior Style)이라고 한다.

사람들이 이렇게 행동의 경향성을 보이는 것에 대해 1928년 미국 콜롬비아 대학 심리학 교수 윌리엄 모스톤 말스톤(William Mouston Marston) 박사는 독자적인 행동유형모델을 만들어 설명하고 있다. 말스톤 박사에 의하면 인간은 환경을 어떻게 인식하고 또한 그 환경 속에서 자기 개인의 힘을 어떻게 인식하느냐에 따라 4가지 형태로 행동을 하게 된다고 한다.

이러한 인식을 축으로 한 인간의 행동을 말스톤 박사는 각각 주도형, 사교형, 안정형, 신중형, 즉 DISC 행동유형으로 부르고 있다. DiSC는 인간의 행동유형(성격)을 구성하는 핵심 4개 요소인 Dominance, Influence, Steadiness, Conscientiousness의 약자이다.

• STRONG(직업 가치관 진단)

STRONG검사(Strong Interest Inventory)는 1927년 미국의 직업심리학자 스트롱(E.K Strong)에 의해 처음 개발된 이후, 관련 이론의 발달과 더불어 끊임없이 개정되어 왔으며 다양한 직업 세계의 특징과 개인 흥미간의 유익한 자료를 제공해 주는 도구로써 현재 세계 각국에서 활용되고 있는 흥미 검사이다. STRONG 검사는 오랜 기간 이론과 경험자료의 연구 분석을 통해 체계적으로 구성된 흥미 목록의 형태(Inventory Form)로 광범위의 친숙한 문항을 사용해 반응자의 흥미 정도(혹은 흥미 유무)를 묻는다. 그 결과 개인이 어떤 활동에 가치를 두는지, 어떤 직업이 적합한지, 어떤 환경이 적합한지, 어떤 사람들과 일하는 것을 좋아하는지 등에 관계되는 척도별 점수(GOT, BIS, PSS)를 제공하여 개인의 전체적인 흥미 경향성을 알아보고, 이들 경향성이 직업 세계와 어떻게 관련되어 있는지, 이러한 발견점을 개인의 진로 및 직업을 탐색하는 데에 어떻게 적용할 것인지를 알아볼 수 있도록 구성되어 있다.

● **여군 장교를 꿈꾸는 서기연의 성격 장·단점 분석**

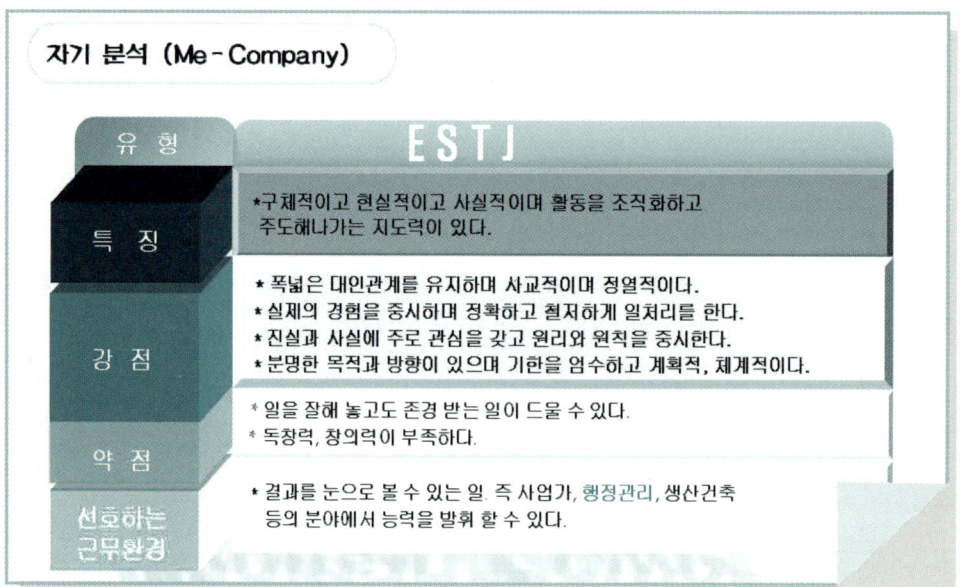

자기분석(Me-Company) : 행동유형 분석(DISC검사)

유 형	**ID [설득형]**
특 징	★ 사람들과 같이 혹은 사람들을 통해 일을 한다. 즉 우호적으로 일을 하면서 동시에 목적을 달성하려고 적극적으로 노력한다. 적극적으로 사람을 사귀고 여러 유형의 사람들로부터 존경과 신뢰를 얻을 수 있는 능력이 있다.
타인에게 영향	★ 우호적이고 솔직한 태도, 개방적인 자세
조직에의 공헌	★ 설득을 잘한다, 친근하게 만든다, 책임을 위임한다 다른 사람들로부터 결론을 잘 이끌어 낸다.
효과증진책	★ 어려운 과제를 수행한다, 업무를 완성하는데 필요한 중요한 세부 사항에 관심을 갖는다, 정보를 객관적으로 분석한다, 총체적인 시야를 갖는다.

자기분석(Me-Company) : 스트롱 직업흥미검사)

유 형	**RCS형 [현장형, 사회형, 사무형]**
성격특성	★ 현장형-자연이나 옥외에서의 활동들을 좋아한다. 기계, 건축, 수선활동 그리고 군대활동 등이 이에 포함되며, 그들은 생각보다 행동에 더 흥미를 느낀다. ★ 사회형-사람들과 함께 일하는 것을 좋아한다. 또한 사람들을 지도하고, 교육하는 것을 좋아한다. ★ 사무형-자료의 조직화가 필요하거나, 세밀하고 정확한 주의가 요구되는 활동을 수행하는 것을 좋아한다.
특징적인 활동	★ 구체적 결과가 있는 업무 수행하기 ★ 가르치고 설명하기/조력하기/훈련하기 ★ 타이핑과 서류정리/회계부와 기록 관리
대표적인 직업	★ 군인, 경찰관 진로 상담가, 사무직, 비서/안내원

보유 역량의 장·단점 분석

여기에 더불어 하나의 진단 도구를 더 소개해 본다. 그것은 개인 가치 사슬(Personal Value Chain)이라고 하는 것이다. 앞의 진단 도구가 성격이나 가치관에 대한 진단인 반면 개인 가치 사슬은 자신이 보유하고 있는 자원을 한 눈에 파악할 수 있는 도구다. 개인 가치 사슬은 경영 전략에서 사용하고 있는 기업의 가치 사슬(Value Chain) 분석을 응용한 도구이다.

가치 사슬이란 기업 활동에서 부가가치가 생성되는 과정을 의미한다. 미국 하버드 대학교의 마이클 포터(M. Porter) 교수가 정립한 분석 방법으로 일반화된 가치 사슬은 기업의 전략적 단위 활동을 구분하여 자사(自社)의 강점과 약점을 파악하고 원가발생의 원천 및 경쟁기업과의 현존 및 잠재적 차별화 원천(가치창출 원천)을 분석하기 위해 개발된 개념이다. 아래 표는 저자가 컨설팅을 수행했던 한 벤처기업의 가치 사슬 분석 사례다. 이 표를 보면 해당 회사

	▪경영층의 명확한 비전 제시와 강력한 리더쉽, 운영 능력 확보 ▪각종 인증 획득으로 뛰어난 기술 벤처기업으로서의 이미지 확보				Margin
전반관리	신기술 개발을 위한 시스템에 대한 재투자	차별화 된 신기술 개발	▪지속적인 신제품 개발 ▪Upgrade/update 제품 개발	상품개발력 확보	고객 중심의 Upgrade / update
기술개발	전문 인력 보유	효율적 관리 시스템 구축		홍보물 관련 전문 인력 외주	
인적자원 관리	▪새로운 공급 업체 확보 ▪대량 구매로 원가 경쟁력 확보 ▪수입제품 채택			홍보/광고 매체 확보	Margin
조달활동	▪신속한 무품 구매활동 ▪고정구매처 확보	핵심 기술 부분 중심의 제조	운수 업체와 지속적 계약	▪프렌차이즈 ▪Distributor ▪이벤트 개최 ▪전시회 참여	▪전국적 A/S 조직 운영
	물자구매 활동	제조활동	제품출하 활동	마케팅 및 판매 활동	서비스 활동

의 전체적인 가치 창출 활동을 알 수 있을 뿐만 아니라 회사의 강점과 약점도 파악할 수 있을 것이다. 이 회사의 강점은 전반 관리, 물자 구매, 마케팅 및 판매 활동에 강점을 가지고 있는 것을 알 수 있다. 반면에 인적 자원 관리, 제품 출하 활동 및 서비스 활동에 약점을 가지고 있다.

기업과 마찬가지로 개인도 부가가치를 생산해 내는 구성 요소들을 가지고 있다. 이것을 크게 3가지로 구분할 수 있는데 신체적인 요소, 이성적인 요소, 감성적인 요소가 그것이다.

신체적인 요소는 체격과 체력 두 가지로 나눌 수 있다.

- **체격**: 키, 몸무게, 얼굴, 스타일, 패션 등
- **체력**: 속도, 유연성, 순발력, 지구력 등

이성적인 요소는 지식과 지혜로 나눌 수 있다.

- **지식**: 경험, 전문 지식, 학력, 경력 등
- **지혜**: 발상력, 분석력, 통찰력, 표현력, 사고의 유연성 등

감성적인 요소는 다음과 같은 것들로 구분할 수 있다.

- **감성적 요소**: 창의력, 관계 구축 능력, 리더십, 가치관 등

이러한 구성 요소를 구분해 그에 관련한 활동이나 항목을 아래와 같은 표에 정리하면 현재 자신의 부가가치를 창출할 수 있는 요소들을 한눈에 파악할 수 있다.

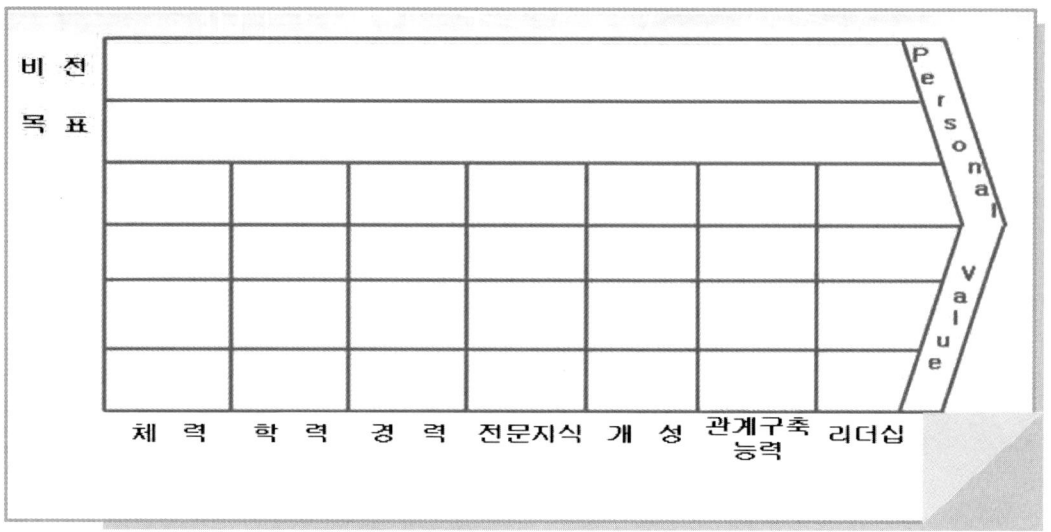

　　우선 이 표의 맨 위에는 앞에서 설명했던 자신이 평생 달성해야만 하는 비전과 목표를 정리한다. 그리고 각 구성 요소에 자신의 비전과 목표를 달성하기 위해 본인이 현재 가지고 있는 자원이나 활동을 정리해 보자. 자원이나 항목을 많이 채울 수 있는 요소가 본인의 강점이 될 것이고 채울 수 있는 것이 적거나 없을 경우에 본인이 보완해야 할 점으로 볼 수 있다.

　　예를 들어 경력의 항목에 다양한 활동을 정리할 수 있을 경우에는 그것이 장점이 될 수 있고, 관계 구축 능력에 기재할 것이 없다면 그것은 본인의 단점이 될 것이다. 이 표를 작성할 때 표 아래의 구성 요소들 즉, 체력, 학력 등은 본인에 맞게 수정할 수 있고 또한 4개의 칸이 부족하다면 더 늘릴 수도 있다. 아래의 실제 작성 사례를 보면 이해가 쉬울 것이다.

● **호텔리어를 꿈꾸는 안나미의 개인 가치 사슬**

VISION	OBJECTIVES
NAMI effect로 전세계 사람 모두가 미소 짓고 있습니다.	1년 후 : 호텔리어 5년 후 : 호텔리어 및 CS강사 병행 10년 후 : 서비스관련 책 집필 및 강의

규칙적인 운동	대학원 진학		와인 매너 교육	스타일리쉬	전달력 강화
단력적 몸매	어학연수	스포츠센터	PI 교육	이미지 메이킹	솔선수범
요가	경영지식	레스토랑	RSA자격증	나만의 패션	리더십
튼튼함	국립대	면세점	유통관리사	깔끔한 외모	다양한 활동

 체력   학력    경력    전문지식    개성   리더십

3장
TOWS 분석 및
전략 방향 설정

1 약점을 강점으로, 위기를 기회로 TOWS 분석

'지피지기(知彼知己)면 백전불태(白戰不殆)이고,
지천지지(知天知地)는 승내가전(勝乃可全)이라.'

위의 말은 손자병법에 나오는 것으로 기업과 개인을 불문하고 모든 전략의 핵심이라고 볼 수 있다. 즉 적을 알고 나를 알면 백 번 싸워도 위태롭지 않고, 하늘을 알고 땅을 알면 승리하거나 몸을 온전히 지킬 수 있다는 것, 즉 백전백승 할 수 있다는 것이다.

3C 분석을 통해 우리는 '지피지기' 할 수 있다, 즉 고객의 니즈를 알고 경쟁자 및 자기 자신을 분석하면 자신이 가지고 있는 강점과 약점을 도출할 수 있는 것이다. '지천지지' 한다는 것은 거시 환경 분석에 관한 것으로 그것을 통해 우리는 기회와 위협 요소를 파악할 수 있다.

이를 종합적으로 정리한 방법이 TOWS 분석이다. 보통 SWOT 분석이라고 널리 알려져 있으며 모든 전략 수립에 빠지지 않고 들어가는 중요하고 유용한 툴(tool)이다. 이 TOWS 분석을 통해 우리는 최적의 전략 방향을 도출할 수 있다.

이 TOWS 분석을 작성하기 위해서는 우선 거시 환경 분석과 3C 분석을 통해서 도출했던 기회·위협, 강점·약점을 정리한다.

기회·위협 요소는 거시 환경 분석을 통해서 도출된 것 중 중요도 순으로 5가지 정도를 도출해서 정리한다.

기회/위협 요소 도출

NO	기회 Best 5	위협 Best 5
1		
2		
3		
4		
5		

기회·위협 요소를 정리했다면, 3C 분석을 통해 자신의 강점과 약점을 정리한다. 강점과 약점도 기회·위협 요소와 마찬가지로 중요도를 고려해 우선순위를 두고 5가지로 정리한다.

강점/약점 요소 도출

NO	강점 Best 5	약점 Best 5
1		
2		
3		
4		
5		

기회와 위협 그리고 강점과 약점을 정리했으면 아래의 도표에 그 요소들을 나열하고 서로 결합하여 전략 방향을 도출한다.

3C분석 거시 환경 분석	◇ Strength	◇ Weakness
◇ Opportunity	◆ SO 전략	◆ WO 전략
◇ Threat	◆ ST 전략	◆ WT 전략

3장 TOWS 분석 및 전략 방향 설정

우선 앞에서 도출했던 기회, 위협, 강점, 약점을 각 해당하는 항목에 기술한다. 그 다음에 학 항목들을 서로 비교하고 조합하면서 전략 방향을 도출한다.

이 TOWS 분석을 사용하면 크게 4가지 전략 방향을 도출할 수 있다.

첫째, SO 전략으로 기회와 강점의 결합이다. 즉 기회를 자신의 목표를 달성하기 위해 자신이 가지고 있는 강점과 연결할 수 있다. 이것은 최적의 전략 방향이 된다

둘째, ST 전략으로 위협과 강점의 결합이다. 강점으로 위협을 제거하는 전략이다.

셋째, WO 전략으로 기회와 약점의 결합이다. 자신의 약점을 보완하고 기회를 이용하는 전략 방향이다.

넷째, WT 진략으로 위협과 약점의 결합이다. 위협 요소는 피하고 자신의 약점을 보완하는 전략이다.

여기서 중요한 것은 기회를 통해 자신의 강점을 살릴 수 있는 전략이 제일 우선시 되어야 한다는 것이다. 경영학의 대가 피터 드러커 교수는 성공의 제일 중요한 전략은 자신의 강점에 집중(Built on Strength)해야 한다고 지적했다. 따라서 강점을 가지고 기회를 살릴 수 있는 SO 전략이 제일 우선되어야 한다. 나머지 ST, WO, WT 전략은 그 순서대로 1순위 전략이 달성되지 않을 경우를 대비한 시나리오 플랜(Scenario Plan)이 되는 것이다.

● 호텔리어를 꿈꾸는 안나미의 TOWS 분석

	◇ **Strength** 친절한 서비스 마인드 단정한 외모 이색 자격증 타인의 감정과 기분 배려 위기상황에 안정적	◇ **Weakness** 부족한 어학실력 중국어 및 일본어의 필요 호텔경영 비 전공 감정억제 비판에 민감한 성격
내부환경분석 외부환경분석		
◇ **Opportunity** 호텔산업의 고용증가 주 5일 근무제도의 시행 호텔이용고객의 증가 아시아 관광산업의 활성화 호텔 내 부대시설 이용증가	◆ **SO 전략 (제1전략)** 호텔 고용증가에 힘입어 이색자격증과 여러 경험을 부각시켜 공채로 입사	◆ **WO 전략 (제3전략)** 상대적으로 어학실력에 대한 요구가 낮고, 기타 능력 위주의 호텔입사
◇ **Threat** 관광산업의 홍보부재 해외여행의 증가 새로운 펜션산업의 확대 국내관광객 감소 호텔에 대한 부정적 이미지	◆ **ST 전략 (제2전략)** 사전에 이력서와 자기소개서를 등록시킨 후 수시채용으로 입사	◆ **WT 전략 (제4전략)** 호텔 외에 유통, 비서 등 서비 스 관련 직업 모색

2 미래 가치 사슬과 로직 트리
— 전략 방향 설정

| 미래 가치 사슬(Future Value Chain) 작성 |

TOWS 분석을 통해 도출된 전략 달성을 위해 필요한 사항을 정리하고 이를 실행하는 것이 중요하다. 아는 것 자체가 중요한 것이 아니라, 그것을 실행할 수 있는 실행력이 더욱 중요하다. 자신의 목표를 달성하기 위해 필요한 교육이나 역량은 무엇인가? 전략 방향 설정을 위해서 앞에서 제시한 개인 가치 사슬을 활용할 수 있다. 앞에서 작성한 개인 가치 사슬은 현재 자신의 위치를 파악하기 위한 것이다. 이제는 자신의 미래 목표 달성을 위해서 해야 할 목록을 작성해야만 한다. 그 작성의 예는 다음과 같다.

● **컨설턴트를 꿈꾸는 이희영의 미래 가치 사슬**

	체력	학력	경력	전문지식	개성	관계구축능력	리더십	
비전	가치를 창출 하는 사람							P e r s o n a l
목표	1. IT 솔루션 회사 입사 2. IT 컨설턴트 3. 경영 전략 컨설턴트 4. 컨설팅 회사 파트너 컨설턴트 or 기업 CEO							
			중국 중소기업 홈페이지 구축					V a l u e
		PMP 교육 과정 수료	ERP연구실 활동	ERP, SCM, CRM 기초 지식		뛰어난 적응력	모임을 잘 리드함	
	호감형 외모?	지방 국립 대학교 경영 정보 전공	대학 봉사 소모임 활동	SAP 실습	설득력 있는 말씨	긍정적이고 개방적인 마인드	강한 책임감	

여기서 비전은 내가 지향해야 하는 인생의 방향이고 나의 의사결정의 기준이기 때문에 변하지 않는다. 하지만 목표는 수정 가능해야 한다. 그 이유는 환경의 변화 때문이다. 여기서 환경의 변화란 부득이하게 목표를 수정해야만 하는 변화일 수도 있지만 자신이 달성하고자 하는 것보다 더욱 큰 성과를 이룰 수 있고 또한 목표 달성 시기도 앞당겨질 수 있기 때문이다.

전략 방향 설정에서 목표는 TOWS 분석에서 도출한 최우선 목표 즉, SO 전략이다. SO 전략에서 도출한 목표를 달성하기 위해서 필요한 역량이나 학습, 자격증 등을 작성한다.

여기에 더불어 TOWS 분석에서 도출된 다른 전략 방향들 ST, WO, WT 전략에 대한 도표도 작성해 두면 좋다. 그 이유는 최우선 목표가 성취되면 좋겠지만 그렇지 않았을 경우를 대비해야 하기 때문이다. 이런 준비를 해두면 제1

목표가 성취되지 않았을 경우 우왕좌왕 하지 않고 신속하고 유연성 있게 새로운 목표를 달성할 수 있을 것이다.

| 전략 방향 도출 |

미래 가치 사슬 작성을 통해 당신은 당신의 목표를 달성하기 위해 필요한 교육이나 능력을 발견할 수 있었다. 이제는 그 목표를 달성하기 위한 전략 방향을 도출해야 한다. 보통 이 방법에는 로직트리(Logic Tree)를 사용한다. 로직트리란 목표를 설정하고 그에 따른 필요 사항을 작은 단위로 세분화 하는 방법이다. 이 방법은 막연할 수 있는 목표를 구체적인 이슈로 정리하고 분석할 수 있으며 포괄적인 시각을 통해 목표 달성에 필요한 구체적인 사항들을 일목요연하게 성리할 수 있다.

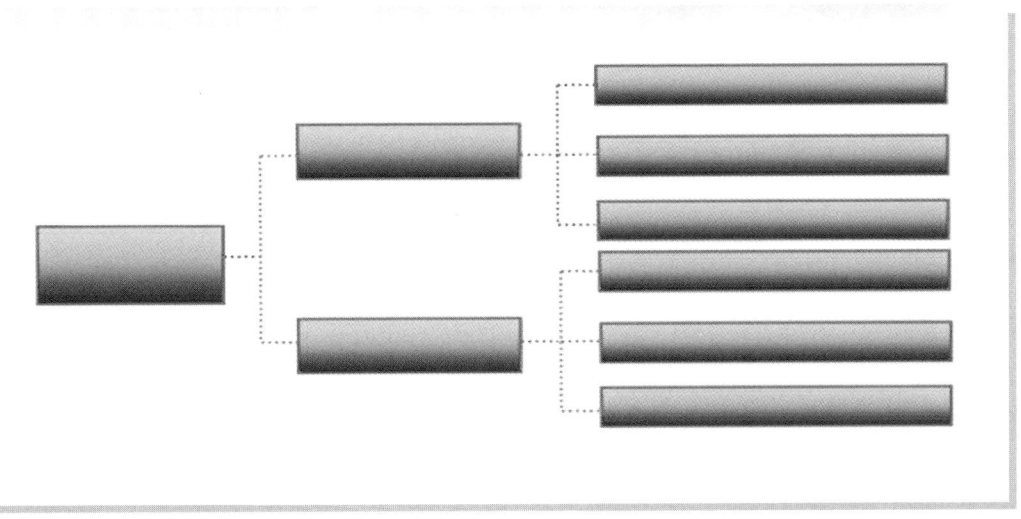

전략 방향을 도출하기 위한 로직트리 기본 툴

● 컨설턴트를 꿈꾸는 이희영의 전략 방향 도출

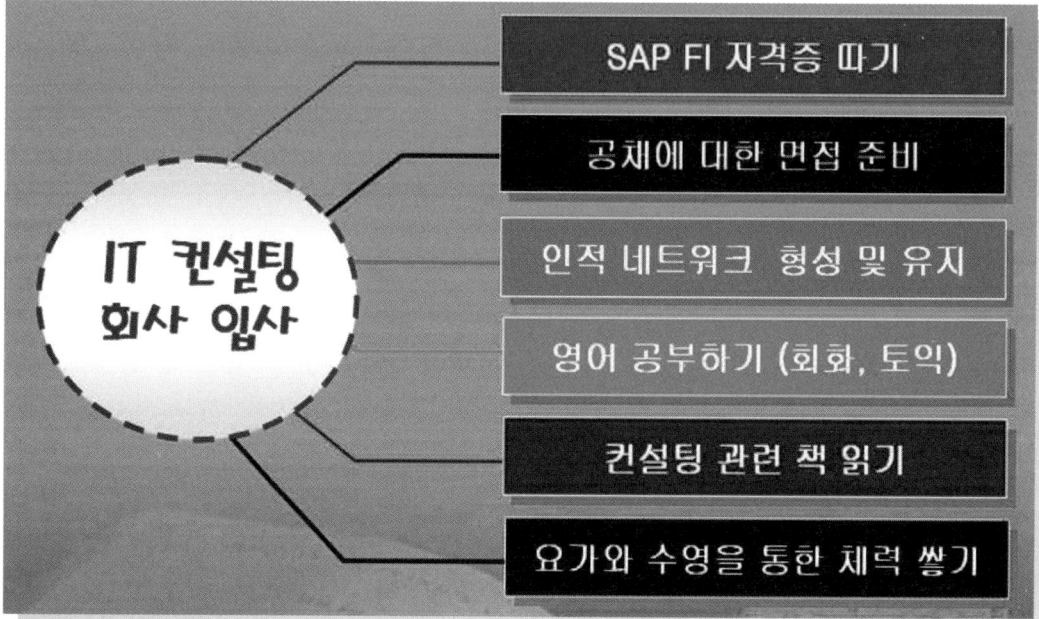

4장
취업 STP 분석

1 나에게 적합한 회사는 어디인가
─ 취업시장 세분화(Segmentation)

소규모 기업들을 위한 브랜딩 전략의 핵심은 좁은 분야에 집중하라는 것이다.
이 분야에서 전문성을 길러라.

― 필립 코틀러

세상의 어떤 제품이라도 갓 태어난 아이부터 80세 어른들까지 전 연령대에 걸쳐 팔 수는 없다. 따라서 현대 기업들은 전체 시장을 서로 비슷한 욕구를 가진 소비자들로 세분화해서 목표 고객들을 선정하고 자사의 마케팅 자원을 집중한다.

이러한 전략은 구직 활동에서도 마찬가지다. 아무리 개인적인 역량이 뛰어나더라도 원하는 모든 기업에 동시에 취업할 수는 없다. 또한 모든 기업에 취업할 수 있는 역량을 가진 사람이 있을지도 의문이다.

기업이나 사람이나 한정된 자원으로 끊임없이 변화하는 소비자 또는 기업의 욕구를 모두 만족시키고 경쟁우위를 가질 수 있다는 것은 현실적으로 불가능하다. 따라서 자신의 비전과 목표를 고려하고 자신의 능력을 객관적으로 분석한 후 취업할 수 있는 적절한 기업체를 선정하는 작업이 필요한 것이다. 이것을 취업시장 세분화라고 한다.

소비자들마다 제품에 대한 욕구나 니즈(Needs)가 다 다르듯이 기업체들도 원하는 인재상이 각각 다 다르다. 물론 어학 능력이나 리더십 등 공통적으로 요구하는 능력도 있지만 각 기업체나 관련 직무에서 특별히 선호하는 능력들이 따로 있기 마련이다.

따라서 취업을 희망하는 기업들에 대한 세분화 된 조사를 바탕으로 자신의 능력이나 선호도 등의 적합성을 종합적으로 고려해 목표 기업을 선정하는 것이 자신의 취업 경쟁력을 키울 수 있는 하나의 방법이라고 할 수 있다.

다음 표를 작성하면서 취업시장을 세분화 해보자.

	세분 시장 1	세분 시장 2	세분 시장 3	세분 시장 4
회사명				
회사 규모				
채용 방법				
채용 계획				
채용 요건				
취업 가능성				
선호도				
기타				

처음에 자신이 취업을 희망하는 회사들을 나열한다. 위의 표에는 세분 시장을 4가지로 나누었지만 필요하다면 더 늘려도 상관이 없다.

회사 규모는 상장회사나 비상장회사로 나눌 수 있고 대기업, 중소기업, 벤처기업으로 나눌 수도 있으며 회사의 직원 수로도 나눌 수도 있다. 자신에게 맞는 기준을 사용하면 된다.

채용방법은 '공개 채용, 수시 채용, 인맥을 통하거나 채용 대행 회사를 통한 채용' 등으로 구별한다. 대부분의 기업들이 인터넷 등을 통한 공개채용을 하지만 상당수의 외국계 회사들은 비공식적인 방법 즉, 인맥을 통해 추천을 받거나 써치펌(Search Firm) 등의 채용 대행 회사를 이용하기도 한다.

채용 계획에는 채용 일자를 적으면 된다. 각 회사마다 조금씩 채용 계획이나 일자가 다르고 채용 계획이 아예 없을 수도 있다. 자신이 회사에 대한 지원 자격을 갖추었더라도 취업 희망 회사에서 채용 계획이 없다면 무의미할 수도 있기 때문에 채용 계획을 확인해 보는 것도 상당히 중요한 작업이다. 또한 정확한 시점을 알아야만 자신이 희망하는 회사의 채용 요건에 맞추어 준비를 할 수 있다.

채용 요건에는 기업체가 요구하는 기본적인 요건을 조사해서 작성하면 된다. 요즘에는 채용 시 특별한 요건을 표시하지 않는 기업들이 늘어나고 있지만 아직까지는 어학능력이나 자격증 등의 채용에 대한 기본적인 가이드 라인을 내거는 기업이 많은 것이 사실이다.

취업 가능성은 취업을 희망하는 기업의 채용 요건과 자신의 현재 자원이나 능력을 고려해서 작성하면 되는데 '%'로 표시하는 것이 쉬울 것이다. 이때는 취업에 대한 전문가나 취업 희망 회사에 근무하고 있는 선배들, 지인들을 통해 가능성을 타진해 보는 것이 중요하다. 그럼으로써 자신의 취업 가능성에 대한 확인 뿐만 아니라 취업에 필요한 많은 정보도 덤으로 얻을 수 있다.

선호도는 자신이 취업하고 싶은 기업에 대한 열정에 대한 것으로 5점 척도에 근거해 '매우 선호, 선호, 보통, 비선호, 매우 비선호'와 같이 구별해 보는 것이 일반적이다. 여기서는 자신의 적성, 근로 조건, 복리 후생 등을 고려해 분류한다.

● 브랜드 전문가를 꿈꾸는 변현정의 취업시장 세분화

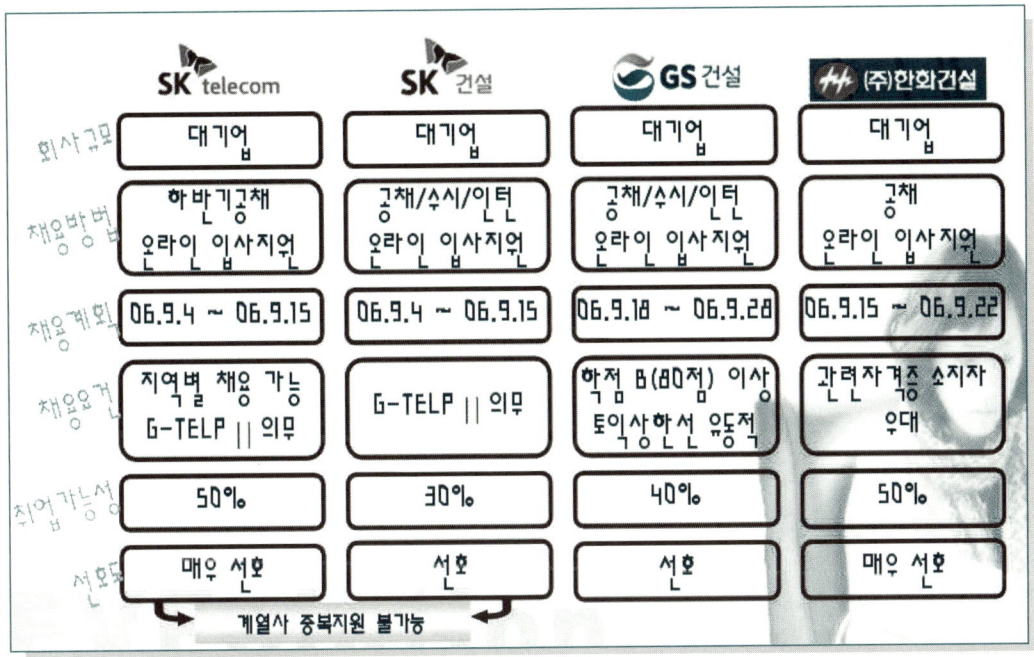

	SK telecom	SK 건설	GS 건설	(주)한화건설
회사규모	대기업	대기업	대기업	대기업
채용방법	하반기공채 온라인 입사지원	공채/수시/인턴 온라인 입사지원	공채/수시/인턴 온라인 입사지원	공채 온라인 입사지원
채용계획	06.9.4 ~ 06.9.15	06.9.4 ~ 06.9.15	06.9.18 ~ 06.9.28	06.9.15 ~ 06.9.22
채용건	지역별 채용 가능 G-TELP ‖ 의무	G-TELP ‖ 의무	학점 B(80점) 이상 토익상한선 유동적	관련자격증 소지자 우대
취업가능성	50%	30%	40%	50%
선호도	매우 선호	선호	선호	매우 선호

계열사 중복지원 불가능

	애경	CJ CGV	Brand & Company	Brandigm strategic break-thru
회사규모	대기업	대기업	전문기업	전문기업
채용방법	공채 온라인 입사지원	공채 온라인 입사지원	수시/인턴	수시/인턴
채용계획	06.10.13 ~ 06.10.23	06.9.4 ~ 06.9.15	상시채용	상시채용
채용건	토익 600점 이상 외국어, 컴퓨터 능통자	면접 후 OPIC 테스트 (영어회화 테스트)	어학, 창의력, 경력	어학, 성실, 경력
취업가능성	30%	50%	60%	70%
선호도	선호	매우 선호	보통	보통

인맥 네트워킹   인맥 네트워킹

2 내가 가고 싶은 회사는 어디인가 — 목표 기업 선정(Targeting)

취업 희망 기업에 대한 세분화 작업을 마쳤다면 이제는 각 세분 시장 중에서 어떤 회사를 선택할 것인지를 결정해야 한다. 즉, 여러 기업 중에서 자신의 능력 및 선호도를 고려해 취업 가능성이 높은 쪽을 선택해야 한다.

어렸을 때 자주 하던 놀이가 생각난다. 아마 많은 사람들이 초등학교 시절 돋보기를 가지고 놀았을 것이다. 햇빛을 받아 종이에 불을 붙이는 것인데 이때 쉽게 불을 붙이려면 종이의 한 지점에 집중해야 한다. 돋보기를 왔다 갔다 하면 쉽게 불이 붙지 않는다. 여기서 우리가 알 수 있는 것이 집중의 힘이다.

영화 〈주유소 습격사건〉에서 '무대포(유오성 분)'는 싸움을 잘 하는 비결을 묻는 질문에 이렇게 대답한다.

"난 한 놈만 패!"

영화 〈주유소 습격사건〉의 한 장면.

이처럼 집중의 힘은 크다. 취업에서도 마찬가지로 여러 회사들을 동시에 고려한다면 힘은 분산이 될 것이다. 취업 가능성과 자신의 미래 비전과 목표를 고려해 목표 기업을 선정한다면 자신이 가지고 있는 역량과 자원을 집중할 수 있다. 문제는 취업 가능성에 더 비중을 둘 것인지 자신의 기업 선호도에 큰 비중을 둘 것인지를 결정해야 한다는 것이다. 어디에 더 가중치를 둘 것인지는 자신의 선택에 달려 있다. 충분한 시장조사 및 선배, 전문가와의 상담과 조언을 통해 신중히 결정하는 것이 중요하다.

이론적으로는 하나의 목표 기업을 선정하는 것이 이상적이다. 하지만 현재와 같은 최악의 취업 경쟁 속에서 하나의 기업만을 목표로 하는 것은 그 리스크가 매우 클 수 있다. 따라서 1~2개 정도의 하위 목표 기업을 선정해서 취업을 준비하고 자신의 에너지를 배분하는 것이 오히려 현실적으로 바람직할 수 있다.

● 사회 공헌 전문가를 꿈꾸는 김지현의 목표기업 선정

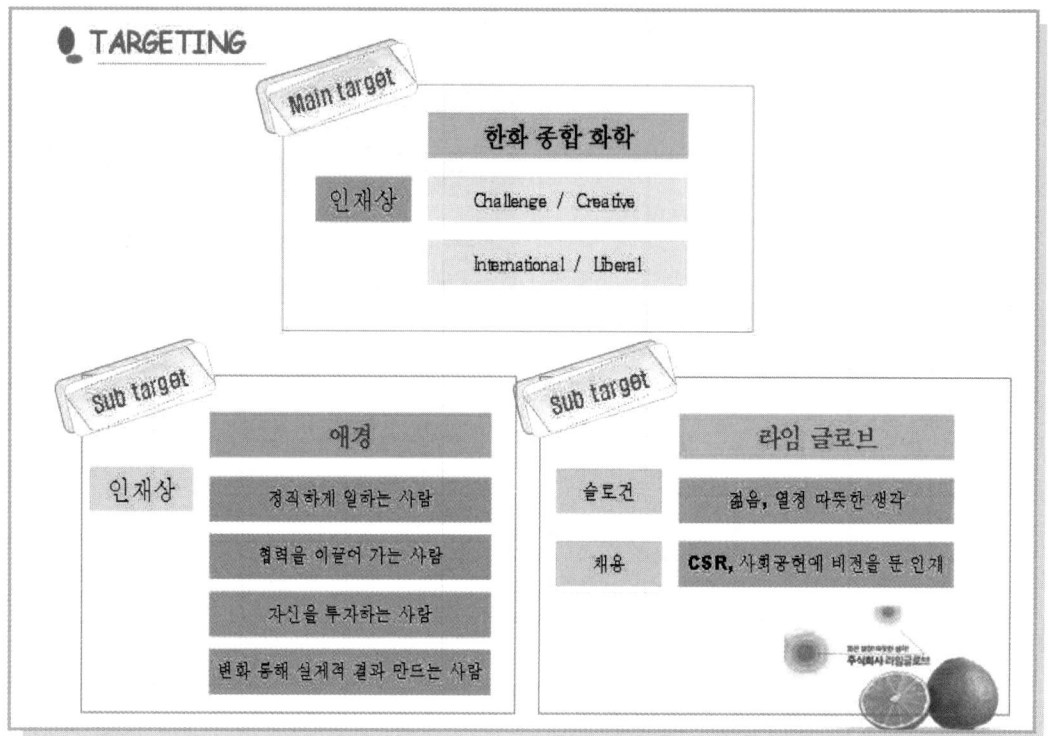

3 나를 어떻게 표현할 것인가
—포지셔닝(Positioning)

취업 목표 기업을 선정하였다면 서류 전형이나 면접에서 자신을 어떻게 포지셔닝 할지를 결정해야 한다. 마케팅에서 말하는 포지셔닝이란 '고객의 인식 속에 자리매김'하는 것을 의미한다.

포지셔닝이란 마케팅 전문가인 잭 트라우트(Jack Trout)와 알리스(Al Ries)가 최초로 주장한 개념으로 마케팅 전쟁에서의 성공 여부는 소비자의 인식 속에 자사 제품을 어떻게 자리 잡게 하느냐에 달려 있다는 것이다. '볼보(Volvo)'라는 자동차 하면 '안전(Safety)'을, '신라면' 하면 '매운 라면'을, TV 프로그램 중 '전국노래자랑' 하면 '송해' 씨가 그리고 영화배우 '문근영' 하면 '국민 여동생'이 떠오르는 것, 바로 이것이 포지셔닝이다.

취업의 마지막 관문이라고 할 수 있는 면접 때 다른 취업 경쟁자들과는 다른 차별적인 능력을 가지고 있고 해당 기업의 인재상에 부합되는 사람인지를 보여주어야 의사 결정자인 면접관들에게 강한 인상을 심어줄 수 있다.

이를 위해서는 회사가 선호하는 인재상에 대해서 정확히 파악하고 있어야 하며 면접관들의 특성을 잘 파악하고 있어야 한다. 면접에 대해서는 이 책의 다음 장에 자세히 설명되어 있기 때문에 이 장에서는 자신을 강하게 어필 할 수 있는 포지셔닝 방법에 대해서만 간략하게 소개하겠다.

보통 면접 시 면접관이 응시자에게 제일 먼저 질문하는 것이 '자신에 대한 소개'를 해보라는 것이다. 보통 이 질문에 얼마나 설득력 있고 자신 있게 소개를 잘 하느냐에 따라 취업의 당락이 결정될 확률이 높다.

'티핑 포인트'라는 책으로 유명한 '말콤 글래드웰'은 자신의 최신 저서인 '블링크'라는 책에서 다음과 같이 지적하였다. 우리는 새로운 사람을 만나거나, 복잡한 일을 맞닥뜨리거나, 긴박한 상황에서 결정을 해야 할 때 마다 순간적으로 솟아오르는 생각과 느낌을 갖게 되는데 그 순간은 2초에서 3초 사이 밖에 되지 않는다는 것이다.

면접에서도 마찬가지다. 따라서 이때 포지셔닝 작업을 토대로 자신의 소개를 독특하고 인상 깊게 할 수 있다면 면접관들에게 상당히 긍정적인 이미지를 줄 수 있을 것이고 그것이 곧 좋은 결과로 이어질 수 있다.

포지셔닝의 방법은 자신의 경쟁자 대비 강점을 가지고 지원회사의 인재상에 맞추는 것이다. 보통 기업체에서는 포지셔닝 맵을 사용해 제품의 포지셔닝을 결정하는데 상당히 복잡한 과정이고 전문적인 분석들이 이루어져야하기 때문에 그 방법에 대해서는 다루지 않겠다. 대신 아래의 표를 통해서 자신의 '포지셔닝 선언문(Positioning Statement)'를 만들어 보는 것만으로도 상당히 유용할 것이다.

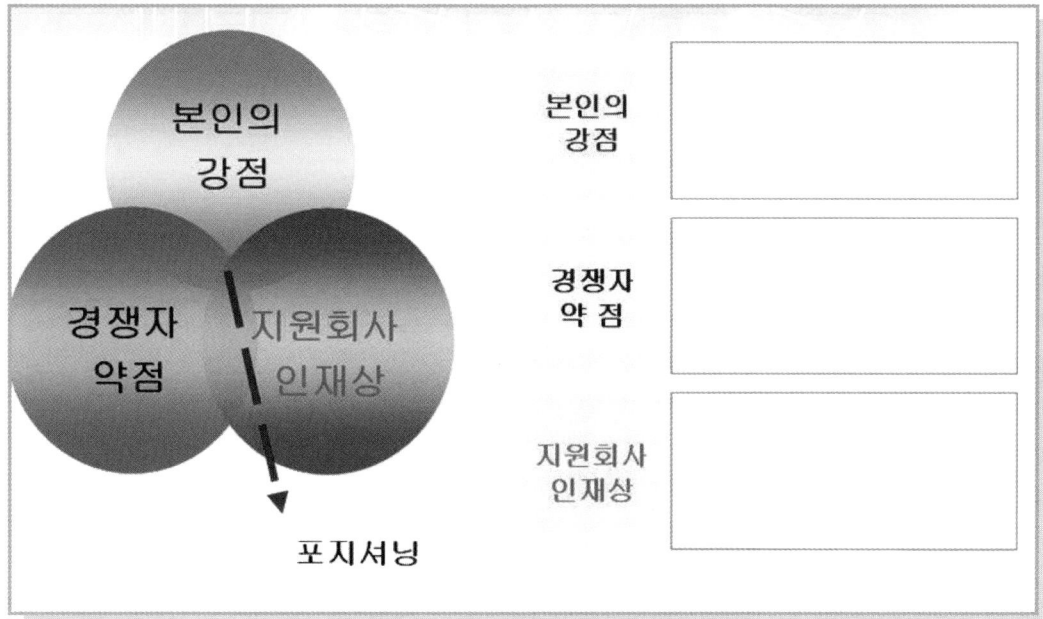

아시아나 항공에 스튜어디스로 취업한 이나연의 사례를 참고로 하면 도움이 될 것이다. 나연이는 어린 시절부터 스튜어디스가 꿈이었고 심지어는 '비행기를 보면 가슴이 떨린다.'고 할 정도로 스튜어디스라는 직업에 커다란 애착을 가지고 있었다.

또한 정말 편안하고 아름다운 미소를 가지고 있다. 이런 스튜어디스로서의 중요한 강점을 가지고 제 1순위의 목표로 두었던 아시아나의 슬로건인 '아름다운 사람' 들에 부합해서 포지셔닝을 했다.

그것은 바로 '미소가 아름다운 여자 이나연' 이었다.

이나연은 면접 때 이 포지셔닝 선언문을 자기 소개를 하는 데 사용하였고 그 결과 무사히 면접을 마칠 수 있었다. 현재 이나연은 아시아나 항공에 취업해 교육을 받고 있다.

여러분을 가장 잘 나타낼 수 있는 포지셔닝은 무엇인가?

● 경영컨설턴트를 꿈꾸는 이희영의 포지셔닝 사례

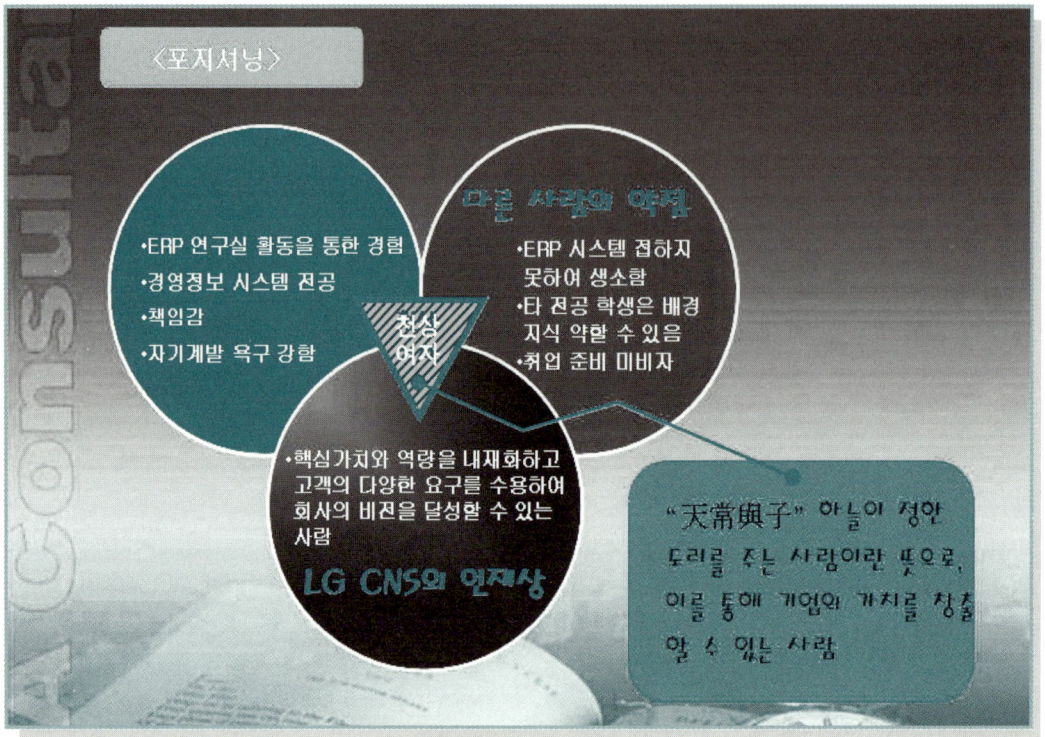

5장
취업 4P 전략 및 실행 계획 수립

근사한 것을 갖는다는 것이 꼭 비싼 것을 갖는다는 뜻은 아니다. 물건의 질은 물건의 가격보다 담고 있는 내용이나 아름다움에서 나오는 것이다. 이 세상 최고의 팬 케이크 뒤집개를 갖는다는 것은 훌륭한 팬 케이크 뒤집개가 되기 위해 어떤 요소가 갖추어져야 하는지를 아는 사람에게나 가능한 일이다. 이 등식과 돈은 아무런 관계가 없다.

– 윌리엄 코퍼스웨이트의 〈핸드 메이드 라이프〉 '삶을 디자인하다' 중에서

취업시장을 세분화하고 목표 기업을 명확히 하여 자신의 경쟁자 대비 차별화 요소를 결정하는 것이 취업시장에서 경쟁우위를 확보하는데 근간을 제공한다면 취업 4P 전략은 이러한 전략을 구체화해 주는 전략 수단이 된다. 즉, 이러한 4P 전략을 통해 자신이 목표로 하는 기업의 인재상과 기업의 요구에 얼마나 잘 부응하는 사람인지 명확하고 일관성 있게 자신의 존재를 전달할 수 있게 된다.

취업 4P 전략의 첫 번째 P는, 제품(Product)으로 바로 당신을 의미한다.

당신이 하나의 브랜드다. 취업시장에서 당신이라는 브랜드를 가장 잘 나타낼 수 있는 것이 바로 이력서와 자기소개서다. 수 많은 브랜드와 제품들 속에서 당신이라는 브랜드를 어떻게 하면 가장 돋보이게 만들 것인가?

두 번째 P는 유통(Place)이다. 일반 시장에서 기업은 목표 고객에게 효과적으로 마케팅 활동을 수행하기 위해서 자사의 제품 또는 서비스의 판매에 적합한 유통 경로가 어떤 것인지를 잘 고려해야 한다. 취업시장에서도 마찬가지다. 대부분 구직자들은 보통 취업 포털 사이트를 이용한다. 하지만 이러한 공개된 채용 정보 뿐만 아니라 네트워킹을 통한 수시 채용이나 써치펌 등의 채용 대행 회사들을 잘 이용한다면 의외로 좋은 결과를 얻을 수도 있다. 다른 취업 4P 전략의 한 요소인 판촉 활동(Promotion)은 진부한 자기 PR이 아니다. 좀 더 세련되고 수준 높은 셀프 마케팅을 통해 자신이라는 브랜드를 더욱 효과적으로 알리고 취입 목표 기입에게 좋은 이미지를 심어 주어 호의적인 관심을 일으키거나 채용을 결정하게 하는 활동이다. 자신을 잘 나타내 줄 수 있는 명함, 인터넷 전문 카페나 포럼 운영 등이 그것이다.

마지막 P는 가격(Price)으로 고객, 즉 당신을 채용할 기업에서 당신이 그 기업에 제공할 수 있는 일련의 기술, 능력, 지식, 경력에 대해 기꺼이 지불 하려고 하는 금액이다. 이 때 협상 능력이 필요하다. 대부분의 대기업들은 기업 자체의 규정대로 연봉을 책정하지만 상당수의 외국계 기업이나 중소기업에서는 협상 여부에 따라 자신의 생각보다 높은 연봉이나 교육 기회 제공 등의 다양한 복리 후생 혜택을 얻을 수도 있다.

1 나는 도대체 무엇인가
─ 제품(Product)

만약 당신이 자동차를 장만할 예정인데, 자동차 전시장을 일일이 다닐 시간은 없다고 가정하자. 어떠한 방법이 있겠는가? 아마도 우선 자동차 각 브랜드 별로 카탈로그를 모아서 성능과 특징, 다른 자동차와의 차별점 등을 꼼꼼히 비교해 볼 것이다. 그리고, 미리 설정해 둔 예산 범위 내에서 가격 대비 성능이 우수한 자동차를 선정하고, 두세 곳의 자동차 전시장을 방문하여 시승도 해 본 후 구매를 결정하게 된다. 고가인데다 한 번 구입하면 10년 남짓 운전하게 되므로 신중을 기하게 되는 것은 당연하지 않은가?

마찬가지로, 당신이 취업하고 싶은 기업에서도 그 회사에 입사를 원하는 많은 사람들 중에서 그 기업에 도움이 될 수 있고, 회사의 인재상에 맞는 사람을 찾는 작업에 많은 시간과 비용을 할애해서 꼼꼼히 살펴 볼 것이다.

이때 사용하는 것이 바로 이력서다. 이력서는 취업을 하려는 사람이라면 누구나 반드시 작성해야 하는 필수 서류다. 심지어 네트워킹을 통해서 취업을 하는 사람이라도 이력서는 제출해야 한다. 이 이력서를 보고 기업체에서는 당신을 면접에 부를 것인가 말 것인가를 결정하게 된다.

우리는 기업체에서 지원하는 지원자들의 모든 이력서를 꼼꼼히 살펴볼 것이라고 생각한다. 하지만 얼마 전에 있었던 대기업들의 공채에서 나타났듯이 회사의 인터넷 서버가 다운될 정도로 수 많은 지원자가 몰리는 상황에서 인사 담당자가 지원자들의 이력서 전부를 자세히 훑어 보는 것은 거의 불가능하다. 〈보랏빛 소가 온다〉의 저자인 세스 고딘이 말하듯 이력서가 'Remarkable' 하지 않으면 인사 담당자의 시선을 붙잡기는 매우 어렵다.

이력서는 결혼하고 싶은 사람과의 맞선을 볼 때 상대편에게 보여주는 첫인상과 같다. 첫인상이 좋아야 다음의 만남을 기약할 수 있는 것이다. 그러기 위해서는 철저한 준비로 자신만의 장점을 잘 드러내 보여야 한다. 취업에서도 마찬가지로 이력서에 다른 지원자들과는 다른 자신만의 차별화된 USP(Unique Selling Proposition) 즉, 독특한 판매 제안을 할 수 있어야 면접이라는 단계로 이어질 수 있다.

| 이력서 작성 목적 |

이력서 작성을 왜 하느냐고 물어 보면 열에 아홉은 "취업을 위해서!"라고 대답한다. 이력서를 제출한다고 모두 취업이 되는 것은 아니다. 이력서 작성의 궁극적인 목적은 자신에 대한 호기심을 자극시켜 면접 기회를 얻는 데에 있다. 이력서는 자신의 경력과 능력, 그리고 지금까지의 성취 업적에 대해 간결하게 작성된 하나의 멋진 광고 카탈로그라고 할 수 있다.

따라서 자신에 대해 빠짐없이 모든 내용을 알리고자 하는 장편소설 같은 이력서를 작성하는 것은 정말로 어리석은 짓이다. 이력서에 많은 내용을 상세하게 적거나 진부한 내용을 담을수록 자신의 단점을 노출시키게 되어 인터뷰 후보자 명단에서 제외되는 경우가 발생할 수 있다.

| 누가 이력서를 읽는가? |

스크리너(Screener)

이력서를 처음 받아 읽고 거르는 작업을 하는 사람으로서 인사 담당자, 서치펌이나 구직 지원 업체의 헤드헌터, 리서처, 컨설턴트가 이에 해당한다. 저자는 서치펌에서 일한 경험이 있는데, 많게는 하루 100여 통의 이력서를 취급한 적도 있었다.

고객사로부터 의뢰 받은 이력서 중에서 자격과 기술을 갖춘 이력서를 빨리 골라내야 하는데, 한 통의 이력서를 읽는데 걸리는 시간은 불과 10초 밖에 되지 않았다. 저자처럼 이력서를 다량으로 취급하는 사람이라면 이력서 전체 내용을 다시 한 번, 그리고 자기소개서까지 읽어볼 것인지 말 것인지 판단하는데 10초 정도면 결정된다는 것이다.

스크리너가 이력서를 읽는 주 목적은 잘된 이력서를 꼼꼼히 살펴 찾아내는 것이 아니라 산더미 같은 이력서에서 부적격 이력서를 빠르게 걸러내는 것이다. 당신은 몇 날을 고심하며 간신히 작성한 이력서인데, 어떻게 10초 만에 결정이 날 수 있느냐고 항변할 수도 있다. 억울하다면 친구들 이력서 10여 통을 모아놓고 한꺼번에 읽는 실험을 해봐도 좋다. 눈에 들어오는 이력서는 따로 있다.

마케팅의 기본은 고객의 입장에서 생각하는 것이다. 자신이 구인 업체의 인사 담당자라고 생각하고 자신의 이력서를 다시 읽어보라. 아니면 취업을 준비하고 있는 친구들에게 기업체의 인사 담당자의 입장으로 자신의 이력서를 읽어보고 평가를 부탁해 보라. 자신의 역량과 경험이 구인 회사가 요구하는 대로 잘 표현된 이력서인지 아닌지.

면접 담당자

채용 결정권을 가진 사람이나 경영자는 이력서를 보면서 면접을 진행하게 되는데, 대부분 이력서에 있는 내용을 근거로 질문을 할 수 밖에 없다. 따라서 면접장에서 내가 일반적 질문 외에 어떠한 질문을 받고자 원하는지 먼저 그 답을 이력서에 적는다고 보면 된다.

꿈에도 목표였다는 여행사 면접을 보던 저자의 제자 A는 순간 긴장해서 제대로 자신에 대해 표현을 못하고 있었다. 그런데, 면접관이 이력서의 특기사항에서 '호주 배낭여행 카페 운영'을 발견하고 바로 관련된 질문을 A에게 던졌다. 때마침 자신 있는 분야에 질문을 받은 A는 적절히 사례까지 곁들여 대답을 할 수 있는 기회를 얻게 되었고, 합격이라는 좋은 결과로 이어졌다.

이렇듯 이력서는 면접에서 활용할 수 있는 자신만의 컨닝 페이퍼라고 할 수 있다.

| 이력서 내용 |

다시 한번 말하지만, 바쁜 인사 담당자는 이력서에서 지원자가 얼마나 일을 잘 할 수 있는 사람인지만 확인할 따름이다. 따라서 지원자는 철저하게 본인의 역량만 이력서에서 입증해 보이면 된다. 그러나 안타깝게도 많은 지원자들이 인사 담당자는 하나도 궁금해 하지 않는 사적인 내용들을 이력서에 적고 있다.

어떠한 내용이 이력서에 담겨야 하는지 브랜드 매니저를 꿈꾸는 변현정의 이력서를 보면서 살펴 보도록 하자.

성취 업적을 나타날 때는 미리 사례를 많이 만들어 두면 좋은데, P.A.R 공식 에 맞추어 작성하면 좋다.

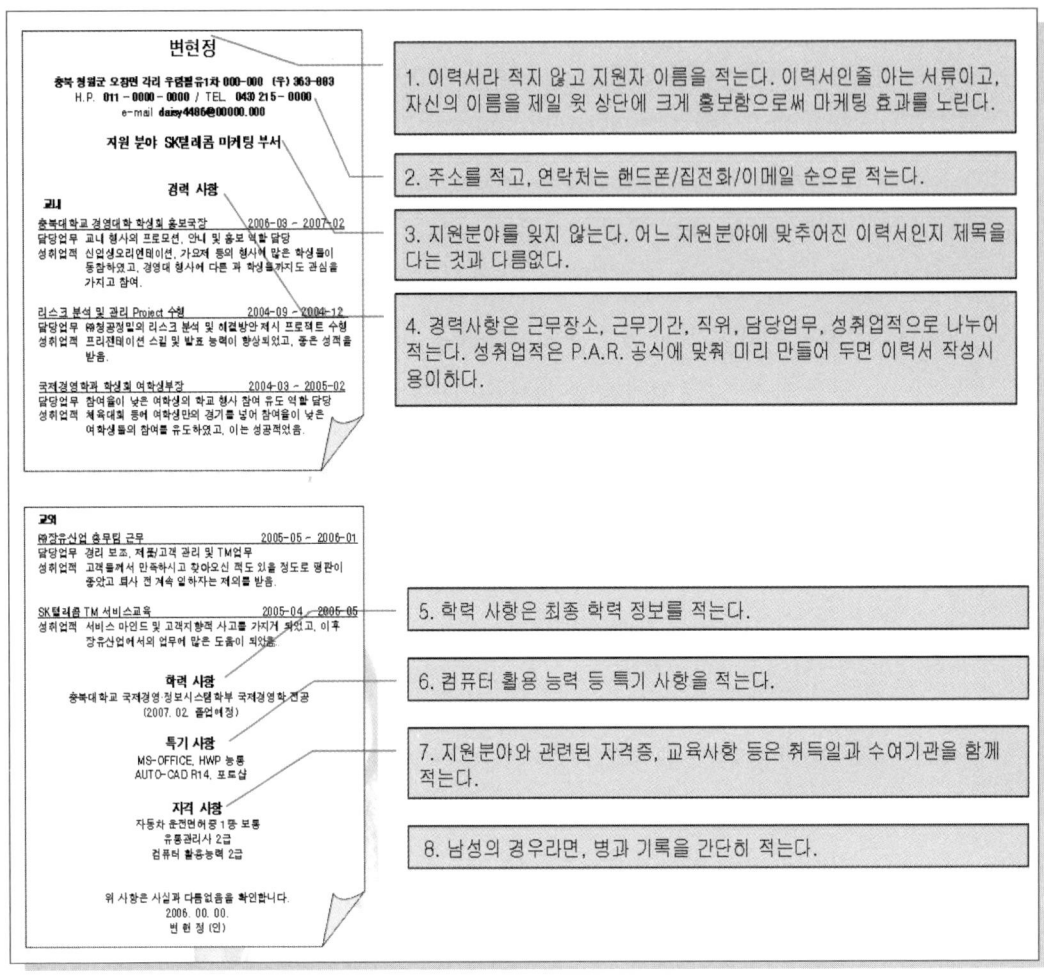

1. 이력서라 적지 않고 지원자 이름을 적는다. 이력서인줄 아는 서류이고, 자신의 이름을 제일 윗 상단에 크게 홍보함으로써 마케팅 효과를 노린다.

2. 주소를 적고, 연락처는 핸드폰/집전화/이메일 순으로 적는다.

3. 지원분야를 잊지 않는다. 어느 지원분야에 맞추어진 이력서인지 제목을 다는 것과 다름없다.

4. 경력사항은 근무장소, 근무기간, 직위, 담당업무, 성취업적으로 나누어 적는다. 성취업적은 P.A.R. 공식에 맞춰 미리 만들어 두면 이력서 작성시 용이하다.

5. 학력 사항은 최종 학력 정보를 적는다.

6. 컴퓨터 활용 능력 등 특기 사항을 적는다.

7. 지원분야와 관련된 자격증, 교육사항 등은 취득일과 수여기관을 함께 적는다.

8. 남성의 경우라면, 병과 기록을 간단히 적는다.

• P 문제(Problem)? 당신이 직면했던 도전이나 해결해야 했던 문제가 무엇이었는가?

• A 행동(Action)? 당신은 성과를 이루기 위해 구체적으로 어떤 행동을 했는가?

• R 결과(Result)? 당신 자신에게나 혹은 조직에서 어떤 성과를 냈는가?
결과는 가능한 수치로 표기하는 것이 눈에 잘 뜨인다.

● IT 컨설턴트를 희망하는 이희영의 P.A.R. 사례

사 례 PAR	ERP 연구실 활동	프로젝트 매니저 교육과정 수료	홈페이지 구축	SAP FI 교육과정 수료
Problem	대학 생활을 하는 동안 전공 관련해서 좀 더 공부를 하고 싶어졌음	2006년 1월에 누리 산업단에서 주최하는 프로젝트 매니저 교육과정 개설	중국 진출 중소기업 홈페이지 구축 프로젝트가 생겼음	진로에 대한 고민이 생겼음.
Action	그 중 ERP 연구실이 나의 적성 및 하고 싶은 분야와 맞는 듯하여 들어가게 되었음	좋은 기회여서 교육과정을 신청하고 교육을 수강하였음	홈페이지 구축을 위해 필요한 교육과정을 이수하고 중국 북경에 가서 홈페이지를 구축	SAP R/3 FI 교육을 받게 되었음
Result	ERP 연구실에서 ERP 시스템에 대해서 배우게 되었음 (SAP R/3, 더존 ERP)	프로젝트 관리 프로페셔널 자격증을 위한 교육과정을 수료하여 수료증을 받았음	중국 북경에 10일 동안 머물면서 북경 관광 및 홈페이지 제작	교육을 바탕으로 SAP R/3 FI모듈 자격증을 따기 위한 기초가 되었음

| 이력서 작성시 주의사항 |

이력서에 특정 양식이 있는 것은 아니다. 지원 회사나 지원 부서에 잘 맞는
사람임을 증명해 낼 수 있으면 된다. 흔히 인사 서식 1호인 자필 이력서나 대
기업 입사 지원서를 많이 활용하는데 정작 자신의 강점을 적지 못하거나 불
필요한 사항을 적게 되는 경우가 많다. 반드시 특정 양식의 이력서를 작성해
야 하는 상황이 아니라면 기본 형식에서 크게 벗어나지 않으면서 나름대로

편집을 하는 것이 좋다.

다음은 일반적으로 이력서를 작성하는데 필요한 주의점이다.

- 사람들은 텍스트보다 이미지에 더 강한 영향을 받는다. 따라서 사진을 긍정적인 표정으로 찍는 것이 좋다. 여름 옷을 입고 찍은 사진을 겨울에 지원하는 이력서에 첨부하는 일이 없도록 한다. 여학생인 경우 소녀적 분위기가 아닌 일하는 여성이라는 이미지를 주어야 한다. 머리를 앞으로 내리지 말고, 단정히 묶던가 뒤로 넘기는 것이 좋다.

- 주민등록번호 대신 생년월일만 적어도 좋다. 특히 취업 지원 회사에 대해 잘 모를 경우라면 절대 적지 말라고 권유한다. 무심코 이력서에 주민번호, 주소, 연락처, 본적, 호주 등 지극히 개인적인 정보를 흘리는 일이 없도록 주의해야 할 것이다. 입사가 결정되면 4대 보험 때문에 회사에서 주민등록 등본이나 초본을 요구하므로 주민등록번호는 그때 알려줘도 된다. 단, 주민등록 번호를 반드시 기입해야 하는 입사 지원서라면 적어야 한다.

- 정말 중요한 지원 부서를 빼먹는 경우가 많다. 자기소개서까지 한참을 읽어도 도무지 어느 부서에서 일하고 싶다는 것인지 목적의식이 없는 경우가 허다하다. 그리고, 영문 이력서 작성시 지원 부서를 "To obtain an Industrial Engineer position in the manufacturing field that allows me to utilize my logistical, statistical, computer, and mathematical skills." 식으로 길고 장황하게 적지 않도록 한다.

- 업무 관련 용어로 고치거나 형식을 깔끔하게 하는 등의 메이크 업은 필요하나 허위로 작성하지 않아야 한다. 허위로 작성하여 서류 전형은 통과할 수 있겠으나 능숙한 거짓말쟁이가 아니라면 면접을 통과하기는 불가능 할 것이다. 회사 경영진은 오랜 세월 사람을 다뤄온 사람들이기 때문에 참인지 거짓인지 얼굴 표정만 봐도 금방 알 수 있고, 또한 면접이라는 긴장된 분위기 속에서 자신도 모르게 실수를 하게 마련이니 아예 생각조차 하지 말았으면 한다.

- 희망 급여는 가급적 명시하지 말고 '협상 가능'으로 전략적 표현을 사용하던가 '당사 규정에 따름'으로 겸손하게 표현하는 것이 좋다. 만약 반드시 적어야 하는 경우라면 비슷한 규모의 다른 사업장에서 어느 정도의 급여를 받는지 사전에 정보를 얻은 후 적어야 한다.

- 신입이라 이력서에 적을 경력이 없다고 하소연 한다. 어느 곳에서 아르바이트를 했는지 보다 어떠한 일을 맡아 했는지가 더 중요하므로 빠짐없이 적도록 한다. 특히 아르바이트 사업장에 이익이 된 사례가 있다거나 새로운 아이디어로 학교 학생회 활동을 한 사례 등 성취 업적을 적고, 이를 통해 체득한 핵심 역량까지 뽑아 낼 수 있다면 더 없이 좋겠다.

- 학력은 최종 학력만 적되, 한국 사회 특성상 학연과 지연을 무시 할 수 없으므로 필요 시 고등학교까지 적는 것은 무방하다.

- 지원 부서와 관련해 외부 기관에서 교육을 받았다면 반드시 적는다. 학부 전공과 무관하게 지원해야 할 경우 한국능률협회나 한국생산성본부와 같은 기관 혹은 전문 교육 기관에서 미리 업무 관련 교육을 받아 두는 것도 좋은 방법이다.

- 제출하기 전에 가급적 여러 사람에게 교정을 부탁한다. 주변에는 전체 문맥을 잡아주는 친구, 오타를 잘 찾아내는 친구, 또 이미 지원 서류를 작성해 본 친구들이 있을 것이다. 특히 이력서 상의 오타는 본인이 찾아내기 어렵다. 그러나, 서류 전형 당락을 결정할 수도 있으므로 반드시 주위 사람들에게 보이고 수정을 받도록 한다.

참고로 홍보 전문가를 꿈꾸는 최유리의 수정 전 이력서와 수정 후 이력서를 비교하면서 각자 직접 이력서를 작성해 보면 도움이 될 것이다.

● **최유리의 수정 전 이력서**

성 명	(한글)	최 유 리		경력 구분	신입(*) 경력( )
	(영문)	CHOI yu-ri		응시 직종	홍보/PR팀
주민등록번호		84****-*******			
긴급 연락처	Tel) 043)230-****	휴대폰) 010-****-****	E-mail		Yuri@*****.***
현 주 소		충북 청주시 흥덕구 복대 1동 ** 아파트 000동 0000호			

학 력		재 학 기 간	출 신 학 교 및 전 공	구 분	소재지	성 적
	고 교	2001년3월~ 2003년2월	**여자고등학교	인문 계열	청주	
	대학교	2003년 3월~ 2007년 2월	충북대학교불어불문학과	졸업 예정	청주	

신 상	부훈대상	대상 / 비대상	신 장	cm	시 력	좌 1.0 우 1.0	결혼 여부	미혼 /기혼	특기 / 취미
	장애대상	대상 / 비대상	체 중	kg	혈액형	B	종 교	기독교	클라리넷/승마

해 외 연 수	기 간	체 류 지	내 용	자 격 면 허	자격면허명	등 급
	2005년 7월~ 2005년8월	프랑스 파리	프랑스어 언어연수		자동차운전면허증	2종

외 국 어	외 국 어	독해	작문	회화	공인외국어시험	점수/등급	P C 활 용	사용가능 S/W	수 준
	영어	상 중 하	상 중 하	상 중 하	TOEIC			워드	상 중 하
	프랑스어	상 중 하	상 중 하	상 중 하	DELF	B1		파워포인트	상 중 하
								엑셀	상 중 하

가 족 사 항	관 계	성 명	연 령	학 력	직 장 명	직 위	동거여부
	부	최OO	52	**	**		同 別
	모	심OO	48	**			同 別
	매	최OO	21	**	**		同 別

● **최유리의 수정 후 이력서**

최 유 리

연락처 : 010-0000-0000
E-mail : Yuri@****.***
주소 : 충북 청주시 흥덕구 복대 1동 OO 아파트

§지원 분야§ 기획홍보

§경력 사항§
1. 회사명 : 청주직지축제추진위원회 2006. 6 ~ 2006. 9
담당 부서 : 기획 홍보팀
●담당업무
 - 언론기사 작성
 - PRESS GUIDE 작성
 - 대학생 참여 방안 모색
  (기존의 행사 홍보 리플렛과 차별화된 전략으로
  책갈피 제작)

2. 충북대학교여성취업동아리 'EVEolution' 2006. 6.~현재
직위 : 회장
●활동내용
 - 비전 및 실행 계획 수립
 - 취업 정보 공유, 면접 준비
 - 포럼 오프라인 및 세미나 참가

3. 충북대학교 불어불문학과 학생회 활동 2004. 3 ~2005. 12
  직위 : 홍보부장
 ●활동내용
  -불문과 연중행사 '프랑스영화제'기획, 홍보

§학력 사항§
충북대학교 불어불문학과 졸업예정 (2007.2)

§교육 사항§
브랜드 전략 전문가 수료 (2006.8 / 인스팟)
Alliance francaise de PARIS 수료 (2005.7 / alliance francaise)
La stage de francaise AN-SUNG 수료 (2003.6~7 / 중앙대학교)

§자격증 및 특이 사항§
브랜드 전략 전문가 (2006.8 인스팟)
DELF B1 (프랑스어 능력 자격증) B1 취득
(2006.5 ambassade de France en Coree)
TOEIC (2006.3 한국토익진흥위원회)
운전면허자격증 (2004.1 충북지방경찰청)

| 자기소개서 |

보통 인사 담당자들은 이력서가 마음에 들어야만 자기소개서까지 읽게 된다. 따라서 자기소개서를 읽는 사람의 마음 상태는 이력서 심사 때보다 훨씬 더 긍정적인 모드에 있음을 추정할 수 있다. '기본은 갖춘 지원자 같은데 자기소개서에는 무슨 내용을 썼나 봐야지.'하는 기대를 갖고 자기소개서를 보게 되는 것이다.

그런데 '저는 산 좋고 물 좋은 ○○에서 태어나, 공무원이시며 엄격하신 아버지와 인자하신 어머니의 2남 1녀 중 장녀로서 부유하지는 않았지만 큰 문제 없이 성장 했습니다.' 로 시작하면 인사 담당자는 식상한 표현에 실망해 더 이상 읽지 않는다. 처음부터 부모님이 언급되면 아직 성장하지 못하고 유아적 수준에 머물러 있다고 해석하기 때문이다.

지금까지는 자기소개서의 일반적 순서로 성장 배경→학교 생활→성격의 장·단점→지원 동기→입사 후 포부가 많이 쓰였다. 그러나, 아래의 변현정의 수정 전 입사 지원서에서 보듯이 이제 '지원 동기'를 가장 먼저 적는 추세로 바뀌어 가고 있다. 왜일까? 채용을 많이 진행해 본 인사 담당자라면 자기소개서의 '지원 동기'만 봐도 이 지원자가 얼마나 우리 회사에 열정을 갖고 있는지 아닌지를 금방 알 수 있기 때문이다.

회사는 지원자의 가치관, 성향, 역량 그리고, 비전을 엿볼 수 있는 자기소개서를 원한다. 업무와 관계가 없는 개인적인 내용은 적을 필요가 없고, 가급적 지원하는 부서에서 요구하는 필요 역량에 맞추어 사례 중심으로 쓰는 것이 좋다.

참고로 호텔리어를 꿈꾸는 안나미와 브랜드 매니저를 꿈꾸는 변현정의 수정 전 자기소개서와 수정 후 자기소개서를 비교하면서 각자 직접 자기소개서를 작성해 보면 도움이 될 것이다.

● **수정 전 안나미 자기소개서**

성장 과정	**웃는 얼굴에 침 못 뱉는다!**

어려서부터 자녀의 독립심을 강조하신 부모님의 영향으로 방학마다 아르바이트로 용돈을 벌어야 했던 저는 유독 서비스 계열의 아르바이트 경험이 많았습니다. 그 중 3학년 겨울방학 동안에 했던 레스토랑 아르바이트 경험은 아직도 잊을 수가 없습니다. 단골 고객의 사업상 접대를 위한 중요한 자리였는데 메뉴가 미처 준비되지 않아 곤란한 상황이었음에도 불구하고 웃는 얼굴로 거듭 사과의 말씀을 드리자 고객께서도 이내 화를 푸셨고 졸업 후 취직하러 오라며 명함까지 주셨습니다. 이 사건은 저의 진로를 서비스업으로 정하는데 아주 큰 영향을 끼쳤으며, XX호텔에서 저의 미래를 함께 하고 싶습니다.

대학 생활	**공부 그리고 경험, 두 마리 토끼 사냥!**

대학시절, 공부보다는 다양한 경험이 중요하다고 생각하여 학생회 활동 및 소모임, 농촌봉사활동에 주력하였습니다. 학년이 올라갈수록 남들이 꺼려하는 발표수업을 찾아서 수강하였고 프로젝트를 수행하면서 지친 적도 많았지만 끝난 뒤의 성취감은 저를 한 걸음 더 발전시켰습니다. 전공수업에 대한 이러한 관심과 노력으로 저의 발전은 물론 성적장학금 수혜라는 두 마리의 토끼를 잡을 수 있었습니다.

성격	**몸 빛깔을 자유롭게 바꾸는 카멜레온처럼**

저를 한마디로 표현하자면 카멜레온 같은 사람이라고 할 수 있습니다. 낯을 가리지 않는 성격 덕택에 처음 만나는 사람과도 금방 친해지고, 어떠한 장소에서도 그 곳 분위기에 잘 적응하는 편입니다. 이처럼

누구에게나 편안함을 주는 서글서글한 성격이기도 하지만 프로젝트를 수행함에 있어서는 매우 까다롭고 세심한 성격이기도 합니다. 항상 편안한 분위기의 성격으로만 저를 알고 있던 친구들은 프로젝트 발표 준비를 위해 3일 밤을 거의 새며 만족스러울 때까지 수정하고 연습하는 제 모습을 보고 혀를 내두르기도 했습니다.

자기 계발 **누가 내 치즈를 옮겼을까?**

'자기 스스로 실천하지 않으면 시대의 흐름에서 낙오자가 될 수밖에 없고, 항상 변화를 준비하고 새 치즈를 찾아 떠나라!'

급변하는 환경, 국제화 시대에 적응해 가려면 무엇보다도 새로운 것에 대한 적응력과 변화를 받아들이려는 마음가짐이 있어야 한다고 생각합니다. 따라서 저는 좀 더 전문적인 전공 공부, 어학 능력, 다양한 컴퓨터 활용 능력 개발에 노력하고 있습니다. 실제로 2학년 여름 방학 기간에 Junior TI 과정을 수료함으로써 전공 지식을 쌓기 위한 노력을 했고, 최근 국제화 시대에 외국어 회화 실력은 필수조건이란 생각으로 3학년 2학기 과정을 마친 후 휴학을 하고 10개월간 호주로 어학연수를 다녀왔습니다. 호주 면세점에서 Sales Assistance로 아르바이트를 하며 실무를 배웠고 이에 XX호텔 면세 영업 기획의 꿈을 키워 왔습니다.

● 수정 후 안나미 자기 소개서

\<지원동기\>

-몸짓 하나, 글자 하나에도 신경을 기울이는 워커힐-

지난 2000년 이산가족방문단의 서울 방문을 앞두고 손님
맞을 채비를 하는 워커힐이 TV에 나온 적이 있습니다.
처음 실시되는 남북이산가족에만 온 국민의 관심이
집중되어 있었고, 정작 어르신들께서 낯선 땅에서 머물
러야 할 숙소는 관심 밖의 일이었지요. 이산가족들이 묵을
7,8층 92개 객실에 거부감을 없애기 위해 외제품을 빼내고
어르신들이 좋아하실 만한 영양갱과 우롱차 등을 대신
채워 넣는 등 하루라도 내 집처럼 편안하게 머무를 수
있게 배려하는 모습, 휴가도 반납한 채 준비에 열심인
직원들을 보며 "서비스란 바로 저런 것이다"라는 생각을
하게 되었고, 아직까지도 제 마음속에 "서비스=워커힐"
이라는 등식이 성립되어 있습니다.

이제 학교라는 울타리를 벗어나 사회로의 첫걸음을 내딛는
저는 호텔리어로서 첫걸음을 호텔의 일반명사인 워커힐에
서 함께 하고 싶습니다.

\<성격의 장단점\>

저의 강점은 타인에 대한 **배려심**과 **유연성**입니다.
타인에 대한 이해와 배려의 마음이 늘 우선인 저는 상대방
과의 대화 시 주로 경청해주는 편이라 많은 사람들이 저에
게 고민을 상담하곤 합니다. 또한 유연성 있게 대인관계에
서 발생하는 문제를 능숙하게 해결합니다. 이러한 저의
성격이 워커힐 호텔리어에 적합하다고 생각합니다.

하지만 타인의 감정을 배려하다 보니 제 자신의 감정을 억
제하는 편입니다. 이를 통해 발생하는 스트레스를 요가와
정신수련을 통해 해소합니다.

\<기타 자기 소개의 글\>

나미효과(Nami Effect)를 아십니까?

초기의 미세한 변화가 나중에 커다란 변화를 일으키는
\<나비효과\>처럼 저의 미소와 친절한 서비스로 고객과의 접
점에서 고객님들을 웃음짓게 만들고, 그 고객님들이 다른
사람들에게 웃음을 주고 그것이 퍼져 나간다면 세상 사람
들 모두를 웃음과 행복이 가득하게 변화시킬 수 있다는 뜻
입니다. 이러한 저의 마음과 능력이 워커힐의 인재상인 서
비스인, 세계인, 전문인에 적합하다고 생각합니다.

이제 워커힐에서도 나미효과를 믿어보지 않으시겠습니까?

● **변현정 수정 전 자기소개서**

JOINSK 입사지원서 자기소개서 작성

◉ 우리 회사를 지원하게 된 동기와 희망 직무 및 그 이유에 대해 서술하십시오.(9줄 이내)

'이 세상 최고의 브랜드는 바로 당신입니다.'

사물이든 사람이든 가장 듣기 좋은 말이 바로 최고의 브랜드라는 말이 아닐까 싶습니다. 사람은 누구든 최고가 되길 원하고 최고를 가지길 원합니다.

그냥 최고가 아닌 최고를 브랜드화하여 더욱 가치를 높이는 일은, 그 일 자체 또한 최고의 브랜드 가치를 지니게 하는 것이라 생각합니다.

한 달이 채 안 되는 짧은 기간 동안 SK텔레콤이 가지는 브랜드에 대해 배울 기회가 있었는데 이는 저를 SK텔레콤의 브랜드 가치를 내 손으로 더욱 높여보고 싶다는 의지를 가지게 한 계기가 되었습니다.

SK텔레콤 고유의 브랜드 개발 및 관리를 통해 고객감동을 실현하고 싶습니다.

◉ '자신'에 대해 기술하십시오.(9줄 이내)
  – 성장 과정, 자신의 강·약점(각각 3가지 이상), 가족사항 등

'너 자신을 알라.'

웃음이 많고 긍정적인 사람에게는 어떠한 어려움 속에서도 길은 있습니다. 저는 첫인상이 차갑다는 말을 많이 듣는 약점이 있지만 이를 웃음과 편안함으로 극복하는 장점을 가지고 있습니다. 또한 흥미가 없는 일은 너무 무관심하다는 단점은 한번 관심을 가지기 시작한 일은 끝까지 매진하려는 열정으로 극복할 수 있습니다. 그리고 너무 완벽하고자 하는 단점을 가지고 있지만, 일을 꼼꼼하게 처리하여 타인에게 신뢰와 인정을 받습니다. 많은 사회생활로 저 자신의 강점을 알기에 이를 SK텔레콤에서 맘껏 펼치고 싶습니다.

⊙ 나의 삶 속에서 겪은 사회생활과 해외 경험에 대해 서술하십시오.(9줄 이내)
 – 동아리 활동, 봉사활동, 사회활동, 해외 연수 경험 등

'나는 나를 경영한다.'

2004년 충북대학교 국제경영학과 학생회 여학생 부장을 역임하고, 2006년 현재 경영대학 홍보국장으로 일하면서 한 조직을 이끌어나가는 리더십과 조직의 규율 및 통제력을 배울 수 있었고 많은 사람들과 교류하면서 사교성을 키울 수 있는 큰 계기가 되었습니다.

또한 2005년 휴학 중 제조회사의 총무팀에서 일하면서 사회 경험을 쌓을 수 있었고 학교 교육이 아닌 실질적인 회사 업무를 수행해 나가면서 학교 교육만으로는 얻을 수 없는 사회(기업)라는 것과 어려움에 대처해 나가는 융통성을 배울 수 있었습니다.

사회 경험을 통해 나 자신을 경영하는 법을 배울 수 있었고 이런 고귀한 경험은 SK텔레콤에 입사 후 좀더 고차원적인 업무 수행에 큰 도움이 될 것이라 자부합니다.

⊙ 기타 우리 회사에 하고 싶은 말이 있으면 기술하십시오.(5줄 이내)

'피그말리온 효과'

간절히 원하면 이루어진다. 저는 피그말리온 효과를 믿습니다. 고등학교 때부터 계속 SK텔레콤을 써 왔고 이에 대한 커다란 자부심을 가지고 있습니다. 이제는 제가 이 자부심을 더욱 높은 열정으로 승화시켜 SK텔레콤을 최고의 브랜드로 자리매김하게 하기를 소망하고, 이 간절한 소망이 이루어질 것을 믿습니다.

● 변현정 수정 후 자기소개서

변 현 정

지원동기 및 희망직무

◎ 나는 매일 진화한다 ◎

급격한 변화와 무한 경쟁 속에서 SK 텔레콤은 끊임없이 변화와 성장을 거듭해 세계적인 초일류 기업이 되었습니다. 저 역시 제 자신을 최고의 브랜드로 만들기 위해 다양한 사회경험을 쌓아왔고 직무 능력 향상을 위해 관련 교육수료 등의 끊임 없이 진화와 발전의 노력을 다하고 있습니다. 이러한 저의 삶의 자세와 가치관을 실현할 수 있는 곳이 SK 텔레콤이라고 믿기 때문에 이렇게 지원하게 되었습니다. 고2때부터 SK텔레콤 입사라는 저의 꿈은 한번도 변한적이 없고 저의 SK 텔레콤에 대한 애정이 너무 커서 주위 사람들이 신기해 할 정도였습니다. 2005년도에는 회사 업무의 간접경험을 하고 싶어서 SK 텔레콤의 TM 및 서비스 교육을 받았을 정도 입니다. 제가 희망하는 직무는 Customer Marketing입니다.

그 직무가 고객과 함께 숨쉬고 고객과 함께 진화할 수 있다고 믿기 때문입니다.

성격의 장단점 및 성장과정

◎ 미래의 DNA를 보유한 여성, 변현정 ◎

개방적이고 단란한 가정에서 자립심을 배웠고 제가 어떠한 일을 하든 신뢰를 가지고 지원해주셨던 부모님 덕에 여러 경험은 물론 인간 관계에서의 신뢰도 배울 수 있었습니다.

저는 회사 생활, 학생회 등의 사회 경험을 통한 1)팀워크 능력과 학생의 신분임에도 제 자신의 홍보와 다른 사람들과의 네트워킹을 위해 만든 개인 명함 디자인으로 검증 받은 2)창의성, 전문성을 갖추기 위해 일반인 대상이던 브랜드전략 전문가 과정을 학생의 신분으로 수료했던 3)도전정신을 저의 강점으로 꼽을 수 있습니다. 저의 약점은 욕심이 많고, 호기심이 너무 강하며, 자기 주장이 강하다는 것인데 이를 보완하기 위해 유연성 있는 사고와 피드백을 통해 저 자신을 업그레이드하고 있습니다.

가장 기억에 남는 일

◎ 내 자신이 OK 할 때까지! ◎

이번 여름방학 2개월 동안 자신의 커리어(Career)를 찾아가는 내용의 서적 집필에 사례모델로 참여했습니다. 인생의 비전(Vision)을 수립하고 그 비전에 따른 목표를 설정한 후 그에 따라 자신의 역량을 키워나가 성공적인 인생을 말할 수 있는 사람이 되자는 것이 서적 집필의 목적이었습니다.

지금까지는 토익, 영어회화, 자격증 등을 위주로 저 자신을 위한 도전적인 취업이 아닌 사회가 바라는 수동적인 취업 준비를 해 왔고 이러한 준비는 '단기적인 취업' 준비밖에 될 수가 없었습니다.

하지만 이번 서적 집필을 계기로 '취업'이 아닌 '직업(Career)'을 고민하게 되었고 장기적인 인생의 비전과 경력목표 등 명확한 미래를 설계할 수 있었습니다. 그 동안 생각해보지 않았던 비전과 목표를 2개월이라는 짧은 기간 동안 고민해야 했기 때문에 결코 쉽지는 않았지만 자료 수집과 전문가들과의 대화 및 상담 등 각고의 노력을 통해 제가 가야 할 길을 찾을 수 있었습니다. 제 경력계획서를 본 주변 분들로부터 많은 칭찬을 받았고 이러한 찬사들을 통해 성취감은 더욱 커졌으며 이러한 기회를 얻은 것에 너무나 감사하고 있습니다.

기타 하고 싶은 말

◎ 꿈꾸는 자의 특권 ◎

SK텔레콤을 꿈꾸는 자에게 주어지는 최고의 특권을 얻어 내고 싶습니다! 저는 제가 가지고 있는 창의성(Creativity)을 강점으로 SK 텔레콤에 도전(Challenge)하여, 세계 최고의 기업에서 최고의 핵심인재로서의 역량을 발휘해 SK 텔레콤과 함께 할 것(Teamwork)을 자신 있게 말씀 드립니다. 도전, 창조, 공동체의 DNA를 보유한 진화하는 여성, 변현정입니다.

2 어떻게 취업할까
— 유통경로(Place)

| 채용 정보 리서치 |

여러분은 공들여 작성한 이력서를 어떤 방식으로 알릴 것인가? 여러분은 공채를 기다려 지원할 수도 있고, 인터넷 취업 포털 사이트에서 구인 광고를 본 후 해당 이력서를 보낼 수도 있다. 또한 여러분 중에는 목표로 하는 기업체의 웹사이트에 미리 지원서를 제출할 수도 있을 것이다.

자, 여기 빙산 사진을 보자.

빙산은 수면 위에 보이는 부분보다 수면 아래가 더 거대하다. 채용 정보도 빙산에 비유할 수 있는데, 우리가 흔히 접하는 채용 정보는 수면 윗부분에 해당하는 30%에 불과하다.

우선 누구에게나 공개되어 있기에(Open Job) 쉽게 찾을 수 있는 30%에 해당하는 취업 정보는 어디에서 찾을 수 있는지 살펴보도록 하자.

첫째, 잡코리아(www.jobkorea.co.kr), 인크루트(www.incruit.com), 커리어다음(www.careerdaum.com), 스카우트(www.scout.co.kr), 워크넷 (www.work.go.kr) 등 인터넷 취업 포털 사이트에서 볼 수 있는 채용 정보이다. 이들 취업 포털 사이트에 접속하면 수만 건의 채용 정보가 검색된다. 우선 직종을 정하고 채용 기업을 리스트 해 둔다. 생산 제품, 매출, 규모, 경쟁사 정보, 회사 위치 등의 항목을 정해 놓고 자신에게 맞는 기업을 찾으면 된다. 대부분의 취업 포털 사이트는 자체 내에서 이력서를 작성, 저장, 지원할 수 있는 시스템이 구축되어 있다.

둘째, '가을 취업 전쟁'이라 일컫는 기업들의 공채가 있다. 취업을 앞둔 많은 구직자들이 선호하는 기업인 SK그룹의 2006년도 공채 계획을 예로 들면 다음과 같다.

SK그룹은 국·내외 인재 800여명을 채용한다. 대졸 신입사원 700여명과 해외 글로벌 인재 100여명을 뽑을 예정이다. 이번 하반기 채용 규모는 지난해 같은 기간보다 25% 늘어난 것이다. SK그룹은 SK㈜, SK텔레콤, SK네트웍스를 비롯한 15개 계열사가 공동으로 대졸 신입사원 700여명을 뽑기로 하고 이번 달 15일까지 지원서를 접수할 예정이다. SK그룹은 서류 전형, SK종합적성검사, 면접 등을 거쳐 오는 11월 말께 대졸 신입사원 최종 합격자를 발표할 예정이다. SK그룹은 특히 글로벌 인재를 확보하기 위해 중국 인력 40여명과 해외 MBA 및 R&D 석·박사 60여 명 등 모두 100여명을 따로 선발한다. 지난해 글로벌 인재 채용 인원인 40여명보다 2.5배가량 늘어난 규모다.

〈2006년 9월 10일 헤럴드경제 중에서〉

셋째, 아래는 한국과학기술기획평가원 사이트에 올라와 있는 직원 채용 공고다. 이처럼 기업 혹은 기관 홈페이지에만 공개되는 취업 정보가 많으므로 취업을 희망하는 사이트는 '즐겨찾기'에 별도로 모아 놓고 3~4일에 한번씩 확인할 필요가 있다.

〈제2006-3회 한국과학기술기획평가원(KISTEP) 직원 채용 공고〉

과학기술기본법 제20조에 의거하여 설립된 한국과학기술기획평가원은 국가과학기술기획,국가연구개발사업 조사·분석·평가, 과학기술 중장기 기술 예측 및 단기 기술 수요 조사 사업을 수행하는 과학기술부 산하 정부출연기관으로서 국가과학기술발전에 기여할 연구직 직원 채용을 다음과 같이 공고합니다.

자, 그렇다면 감추어져 있는(Hidden Job) 나머지 70%의 채용 정보는 어떻게 알 수 있을까?

다음의 표는 일반적 구직 시스템을 보여주는 것이다. 이 시스템을 이해한다면, 감추어져 있는 70%의 채용 정보를 어떻게 찾아야 하는지 답을 알 수 있다.

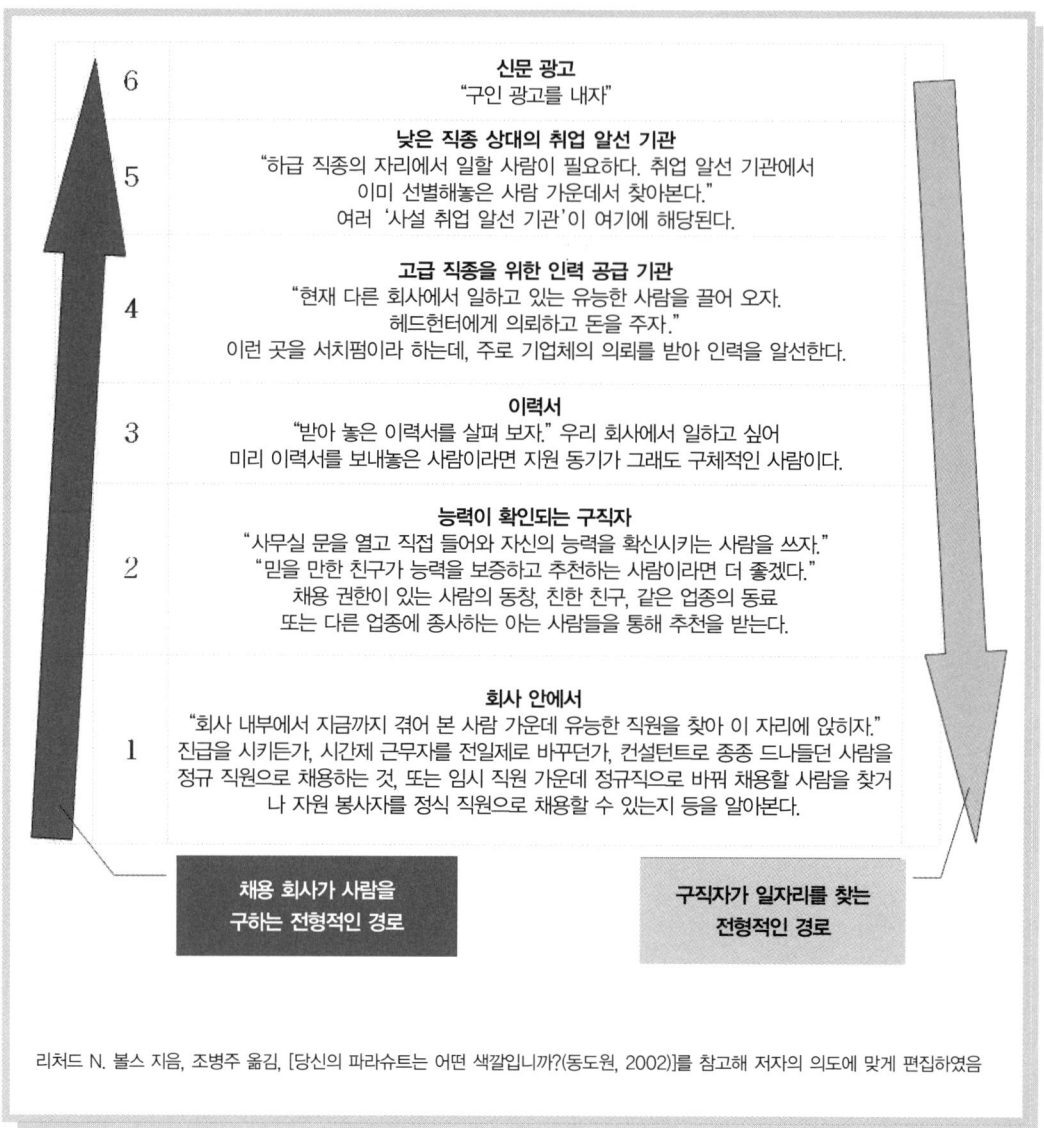

6 **신문 광고**
"구인 광고를 내자"

5 **낮은 직종 상대의 취업 알선 기관**
"하급 직종의 자리에서 일할 사람이 필요하다. 취업 알선 기관에서
이미 선별해놓은 사람 가운데서 찾아본다."
여러 '사설 취업 알선 기관'이 여기에 해당된다.

4 **고급 직종을 위한 인력 공급 기관**
"현재 다른 회사에서 일하고 있는 유능한 사람을 끌어 오자.
헤드헌터에게 의뢰하고 돈을 주자."
이런 곳을 서치펌이라 하는데, 주로 기업체의 의뢰를 받아 인력을 알선한다.

3 **이력서**
"받아 놓은 이력서를 살펴 보자." 우리 회사에서 일하고 싶어
미리 이력서를 보내놓은 사람이라면 지원 동기가 그래도 구체적인 사람이다.

2 **능력이 확인되는 구직자**
"사무실 문을 열고 직접 들어와 자신의 능력을 확신시키는 사람을 쓰자."
"믿을 만한 친구가 능력을 보증하고 추천하는 사람이라면 더 좋겠다."
채용 권한이 있는 사람의 동창, 친한 친구, 같은 업종의 동료
또는 다른 업종에 종사하는 아는 사람들을 통해 추천을 받는다.

1 **회사 안에서**
"회사 내부에서 지금까지 겪어 본 사람 가운데 유능한 직원을 찾아 이 자리에 앉히자."
진급을 시키든가, 시간제 근무자를 전일제로 바꾸던가, 컨설턴트로 종종 드나들던 사람을
정규 직원으로 채용하는 것, 또는 임시 직원 가운데 정규직으로 바꿔 채용할 사람을 찾거
나 자원 봉사자를 정식 직원으로 채용할 수 있는지 등을 알아본다.

**채용 회사가 사람을
구하는 전형적인 경로**

**구직자가 일자리를 찾는
전형적인 경로**

리처드 N. 볼스 지음, 조병주 옮김, [당신의 파라슈트는 어떤 색깔입니까?(동도원, 2002)]를 참고해 저자의 의도에 맞게 편집하였음

회사 내 공석이 생겼을 때 대부분의 기업들은 우선적으로 내부에서 그 공
석에 평소 관심이 있어 능력을 키워온 직원을 이동시키거나 승진시키고 있음
을 알 수 있다. 만약 그렇게 할 수 없을 때 이 정보가 외부로 나가게 되는데 채

용 권한을 가진 사람이 친구나 동료에게 사람을 추천해 달라고 부탁하는 것이다.

채용자들은 이 방법으로도 사람을 구할 수 없을 때, 서치펌이나 취업 알선 기관 등의 구직 지원 업체를 이용하게 된다. 또한 구직 지원 업체를 이용할 경우 비용이 발생하게 되므로 미리 지원해 놓은 이력서도 다시 살펴 지원자에게 연락을 취하게 된다.

이렇게 했는데도 공석이 채워지지 않으면 그 때는 할 수 없이 인터넷이나 일간지에 구인 광고를 하는 것이다.

한편, 대부분의 구직자들은 취업 포털 사이트의 구인 정보를 취업의 출발점으로 삼고 있다. 그리고, 채용 회사가 사람을 구하는 경로를 거슬러 밟아 간다.

구직자라면 '능력이 확인되는 구직자'인 두 번째 단계를 목표로 삼아야 경쟁이 적어서 그나마 취업 성공률이 높아진다. '채용 권한이 있는 사람의 동창, 친한 친구, 같은 업종의 동료 또는 다른 업종에 종사하는 아는 사람들을 통해 추천을 받는다'라는 얘기는 곧 '평상시 네트워킹을 잘 해둬야 한다'는 말과 일맥상통한다.

| 네트워킹 |

여러분은 친인척의 소개, 선배의 소개, 혹은 교수님의 소개로 취업하는 경우를 흔히 보았을 것이다. 리처드 N. 볼스가 말하는 구직 시스템 2단계에 해당하는 사례들이다. 직업 찾기에 도움을 줄 수 있는 개인의 인맥을 효과적으로 활용함으로써 필요로 하는 정보를 얻어내기 위한 일련의 과정을 네트워킹이라 한다.

네트워킹의 목적은 첫째, 수면 아래의 거대한 빙산 같은 숨겨진 취업 정보를 얻어내기 위함이다. 둘째, 마음에 두고 있는 회사나 업종에 대한 정보를 얻을 수 있는 사람에 대한 정보를 얻어내기 위함이다. 셋째, 면접에 대비한 연습을 실행해 볼 수 있다. 넷째, 당락에 영향력을 줄 수 있는 사람을 만남으로써 본인의 마케팅을 실행할 수 있다.

네트워킹 디렉토리를 만들어 여러분의 구직에 도움을 줄 수 있는 정보원을 찾아 볼 수 있다.

- **A그룹** : 이미 알고 있거나, 즉각적인 만남이 가능하며 B그룹을 소개시켜 줄 수 있는 주변 정보원들을 A 그룹이라 한다.

- **B그룹** : 중개자이면서 해당 분야의 활동이나 사람에 대한 정보, 구직 목표에 대한 제안을 해 줄 수 있어야 하며, 다른 지인 B나 그룹 C를 추천해 줄 수 있다면 B그룹에 속한다.

- **C그룹** : 구인에 대한 채용 결정을 할 수 있거나 일자리를 만들어낼 수 있으며 다른 C를 추천해 주면 C 그룹에 속한다.

A그룹에 속한 정보원들에게서 직접적인 구직 정보를 얻기는 힘들다. A그룹에서는 직업 진로, 업계 동향을 비롯해 각종 구직 정보를 갖고 있을 B그룹이나 C그룹 정보원을 소개 받는 정도에서 만족하는 것이 좋다. 그리고, A그룹에서 B그룹, C그룹으로 디렉토리가 뻗을 때까지는 시간과 노력을 기울여야만 가능한 것이다.

구직 정보를 얻기 위한 네트워킹이라면 매우 신중해야 한다. 누군가가 나에게서 인간적 교류 없이 정보만 빼간다면 기분 좋을 사람은 아무도 없기 때문이다. 네트워킹의 일반적인 과정은 인맥 파악 → 접촉 방법(전화, 이메일, 면담 등) 결정 → 약속 확정 → 만남 → 사후 분석 및 Follow-up의 과정을 거친다. 따라서, 단계 별로 네트워킹 시나리오를 만들어 실수 없이 진행해야 할 것이다.

　다음은 호텔리어를 꿈꾸는 안나미와 여군 장교를 준비 하고 있는 서기연의 네트워킹 디렉토리다.

● **안나미의 네트워킹 디렉토리**

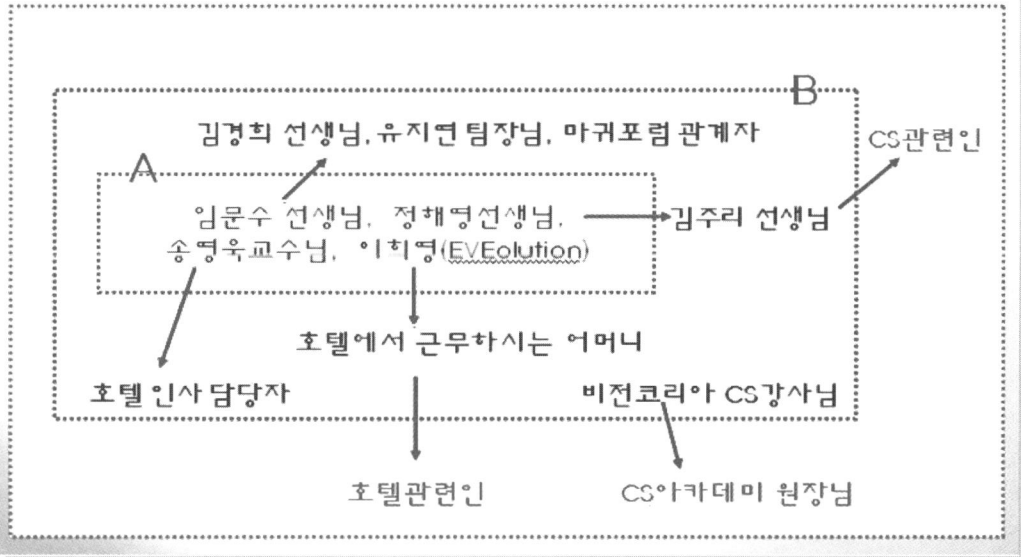

● 서기연의 네트워킹 디렉토리

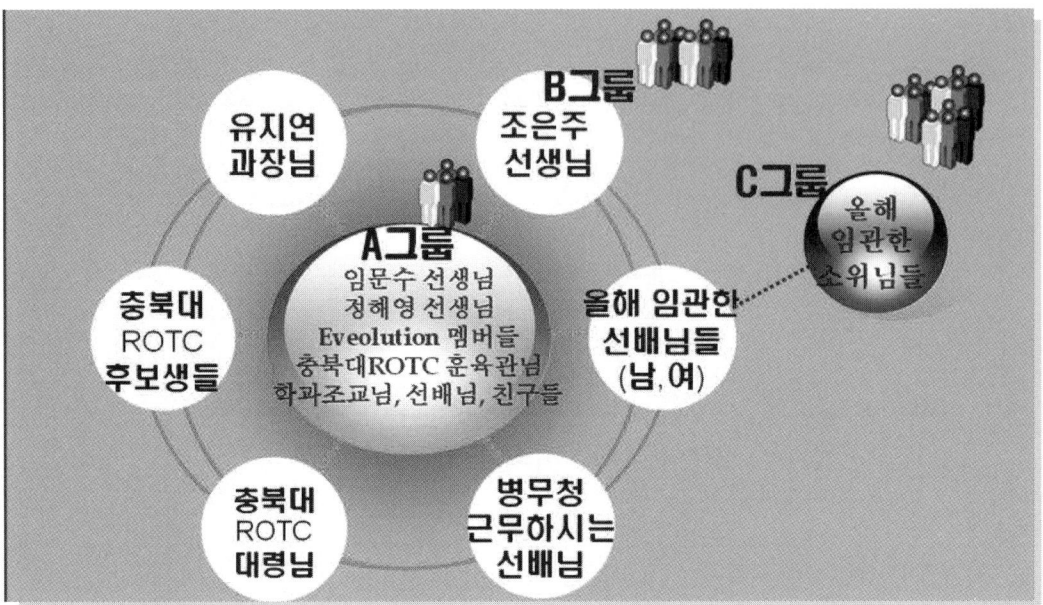

또한, 성공적인 네트워킹 전략은 다음과 같다.

1. 모든 인연을 활용하라.

현재의 인연을 포함해 새로운 인연을 계속 만들어 나가라.

2. 철저히 준비된 모습을 보여라.

누구에게도 믿을 만한 사람임을 보여주라.

3. 지속적으로 활동하라. 그래서 당신을 기억하게 하라!

인맥이 된 사람의 회사 정보, 산업에 대해서도 분석하라.

자신의 필요뿐만 아니라 상대의 필요를 위해 노력하라.

3 나를 홍보하자
― 판촉 활동(Promotion)

우리는 제품의 홍수 속에 살고 있다. 아침에 일어나서 세수를 하고 밥을 먹고 학교 또는 직장으로 가고 집에 돌아와서 잠을 잘 때까지 우리는 수 많은 제품을 보고 사용하고 살았다. 하지만 잠자리에 누워서 오늘 보았고 사용했던 제품을 생각하면 몇 가지나 생각나는가? 그 많은 제품 속에서 우리가 생각할 수 있는 제품이나 브랜드는 몇 가지 되지 않는다.

구직시장에서도 마찬가지다. 예전에는 대학만 졸업하면 기업체에 취업하는 것은 큰 문제가 되지 않았고 입사하면 그 기업에서 정년퇴직할 때까지 근무하는 것이 사회적 통념이었다. 하지만 지금은 어떤가? 이제 대학을 졸업했다고 취업을 할 수 있는 시대는 지났다. 어학연수는 기본이고 TOEIC이 900점이 넘는 구직자가 다반사일 정도로 취업을 원하는 구직자들의 능력은 상향 평준화 되었다.

현실이 이렇기 때문에 적극적으로 자신을 홍보하고 판촉하는 것이 필요하다. 여러분은 자신에 대한 판촉 활동의 방법으로 자신이 누구이며, 자신이 가지고 있는 능력이 어떠한 것인지를 알려야 한다. 그 중 한 가지 방법이 자신만의 명함을 제작하는 일이다.

| 명함 |

당신은 누구인가?

당신의 이야기는 무엇인가?

당신은 왜 여기에 있는가?

당신은 얼마나 독창적인가?

얼마만큼 변화를 줄 수 있는가?

누가 상관하는가?

이것이 모두 브랜드의 핵심이다.

— 톰 피터스

명함은 직장인들만 사용하는 것이라는 고정 관념을 버려야 한다. 이미 많은 대학생들도 자신의 명함을 제작해서 자신을 홍보하고 있다. 심지어 저자가 참석했던 직장인들을 위한 강좌에서 한 여고생이 자신의 명함을 돌리는 모습을 보고 놀라움을 금치 못했던 경험도 있다. 이 책의 사례에 나오는 이브올루션의 멤버들도 프로모션의 한 방법으로 각자 자신의 명함을 제작하고, 전문가들을 위한 교육이나 마케팅 관련 포럼 등에서 적극적으로 활동하면서 자신의 판촉 활동을 하고 있고 상당한 홍보 효과를 보고 있다.

여러분이 만나는 사람들에게 틀에 박힌 명함이 아닌 자신의 비전을 담아 만든 명함을 내밀어 보라. 이미 상대는 여러분을 그 분야의 예비 전문가로 인식하게 될 것이다. 지금이야 태동 단계라 하겠지만, 이제부터 준비를 한다면 5년, 10년 후에는 여러분이 종사하는 분야에서 최고의 퍼스널 브랜드가 되어 있을 것이다.

● 항공사 스튜어디스를 꿈꾸는 이나연의 명함

● 호텔리어를 꿈꾸는 안나미의 명함

| 카페/포럼 |

삼성경제연구소 홈페이지(www.seri.org)에는 전문가들의 모임인 '포럼'이 구성되어 있는데, 전략, 인사, 마케팅, 재무, 생산, 유통, 국제경영, 정치, 일반행정, 교육, 경제, 공학 등 다양한 카테고리로 나뉘어져 있다. 예를 들면 영업/마케팅/브랜드 카테고리 내에는 '마케팅귀신포럼', '귀족 마케팅연구회', '한국경영기획연구소', '마케팅 6시그마 연구회' 등 217개의 포럼이 구성되어 있으며, 회원 가입만 하면 우수한 포럼 DB 자료들도 손쉽게 구할 수 있다.

또한 수시로 열리는 오프라인 모임에 참석해 인적 네트워크를 확장할 수 있다. 이브올루션 멤버들은 서울과 청주라는 물리적 거리에도 불구하고 매월 열리는 '마케팅귀신포럼'의 오프라인 모임에 참석하여 부족한 전문 지식도 배우고, 전문가들과 네트워킹을 하는 등 활발한 활동을 하고 있다.

이 밖에도 LG경제연구원(www.lgeri.com), 현대경제연구원(www.hri.co.kr) 등의 사이트에도 전문인으로 구성된 커뮤니티가 있다. 그리고, 네이버, 다음, 싸이월드의 카페/클럽에서 취업과 관련된 커뮤니티가 많은 활동을 하고 있으니 적극 활용하기를 바란다.

앞서 설명 했듯이 취업의 기회 또한 지인의 추천과 소개로 성사되는 경우가 많아지고 있으며, 특히 중소기업의 경우에는 더욱 증가되는 경향을 보이고 있다. 참여하고 있는 카페나 포럼의 오프라인 모임 참석은 좋은 네크워킹의 바탕이 되어 직업 진로 갈등 문제를 현업 전문가들과 상의할 수 있고, 적극적으로 노력한다면 빠른 취업의 기회도 잡을 수 있게 된다.

● 감동 Planner 김지현의 명함과 참여 카페/포럼

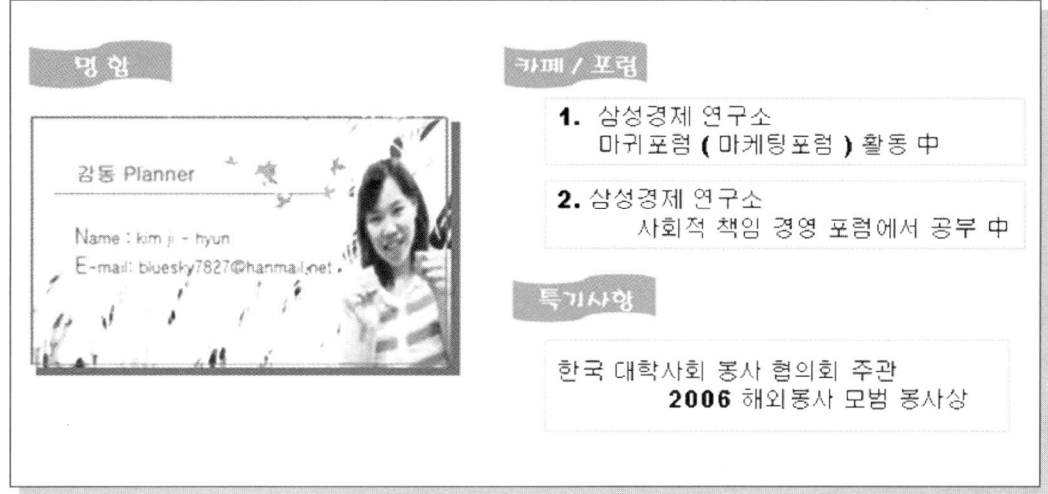

4 나는 얼마인가
— 가격(Price)

최고의 브랜드라고 인식되고 있는 제품의 공통적인 특징은 그 브랜드를 구입하는 고객들이 비싼 금액을 주고도 행복감을 느끼며 구입하게 만든다는 것이다. 보통 국내 대기업들은 다른 중소기업들보다 연봉이 높은 것은 사실이다. 기업체에서는 그런 높은 연봉을 주고라도 자신의 기업에 필요한 인재를 찾으려고 한다. 자신이 매우 뛰어난 명품 같은 인재라고 생각하고 실제 그렇다고 하더라도 당신이라는 제품을 구입하는 고객, 즉 당신이 취업하기를 원하는 기업에서 그렇게 생각하지 않는다면 '빛 좋은 개살구'에 불과한 것이다. 따라서 자신의 가치를 잘 나타내기 위해서는 철저한 사전 준비가 필요하다.

한국의 인터뷰 시장은 전통적으로 구인 기업 또는 면접자 위주(Buyer's Market)의 시장이라고 할 수 있다. 따라서 어떻게 하면 당신의 역량, 경력, 지식 등을 효과적으로 전달할 것인가? 다른 피면접자와 구별될 수 있게 하는 방법은? 어떻게 하면 고용주에게 당신의 능력을 보여줄 것인가? 등을 고민하면서 전략적으로 대비해야만 한다.

| 면접 준비 방법 |

면접에 나가기 전에 면접할 기업과 그 기업이 속한 산업에 대해 상세히 조사하여 숙지하고 있어야 한다. 또한 자기 평가 부분을 재확인해 두면서 왜 면접에 나가려고 하는지를 다시 한번 생각해 보아야 할 것이다.

다음은 6단계에 걸친 면접 준비 방법이다.

1단계 : 나를 알자

진단 결과와 이력서 및 자기소개서를 재검토하면서 회사와 관련된 나의 장점과 단점들을 정리해둔다.

2단계 : 회사를 알자

면접관은 회사나 일에 대한 여러분의 지원 동기를 가장 엄격하게 평가할 것이므로 회사에 관한 주요 정보는 가능한 숙지하고 있어야 한다. 그리고, 면접관이 누구이며 대화 방식과 자주 하는 질문, 싫어하는 특정 표현 등을 알게 된다면 더욱 효과적인 준비가 된다.

3단계 : 예상 질문에 대한 시나리오를 작성하자

면접 시간은 한정되어 있으므로 많은 질문을 받기는 어렵다. 따라서 어떠한 질문이더라도 당황하지 않고 융통성을 발휘하여 대답할 수 있어야 한다.

● 일반적인 질문
- 자신을 소개해 보십시오.
- 왜 우리 회사에 지원하셨습니까?
- 다른 회사에 지원한 곳이 있습니까?

- 여가 및 취미 활동은 어떤 것을 하십니까?
- 우리 회사에 대해 무엇을 알고 있습니까?

● 역량과 관련된 질문
- 왜 당신이 적임자라고 생각 하십니까?
- 경력 목표가 무엇입니까? 5년 후의 모습을 말해 주십시오.

● 성향 관련 질문
- 본인의 성격은 어떠합니까?
- 어떤 때 스트레스를 받습니까? 또 어떻게 해소를 합니까?
- 리더로서 가장 중요한 자질은 어떤 것이라고 생각합니까?
- 개인이 하는 일, 팀으로 하는 일 어떤 것을 선호하십니까?

● 곤란한 질문
- 우리 회사에 지원하기에 본인의 능력이 더 뛰어나다고 생각하지 않습니까?
- 그동안 왜 직장을 잡지 않으셨습니까? 그동안의 공백 기간에 대해 설명해 주십시오(취업 재수생 혹은 장기 미취업자).
- 급여는 어느 정도를 원하십니까?

● 업무와 관련해 질문할 내용을 미리 준비
- 해당 업무에서 수행해야 할 목표는?
- 부하 직원이 갖추어야 할 가장 중요한 요소는?
- 해당 업무를 성공적으로 수행하기 위해 필요한 자질은?
- 직원을 채용하는 이유는?

- 피해야 할 질문
- 연봉, 기타 복리후생, 퇴근 시간 등

4단계 : 면접 연습

- 인터뷰 연습 방법
- 거울 앞에서 소리 내어 연습 한다. 시선과 표정이 편안해 보여야 한다.
- 인터뷰 시뮬레이션을 녹화하여 자신의 모습을 분석한다.
- 반복을 통하여 자신감을 갖도록 하고 면접관 입장에서 준비 한다.

- 외모
- 해당 회사 직원이 입는 방식으로 옷 스타일을 맞추는 것이 좋다.
- 일반적으로 남성은 양복과 넥타이를 갖추고, 여성은 단정한 정장을 입는 것이 좋다.
- 여성은 소녀 같은 분위기가 나지 않도록 의상과 헤어 스타일에 신경 쓴다.

- 태도
- 시간을 정확히 지키고, 활발한 모습으로 기다린다.
- 면접관에게 분명하고 정중하게 인사한다.
- 여성이 치마정장을 하였다면, 다리를 사선으로 모아 앉는다.

- 말 할 때의 매너
- 미소를 지으며 면접관과 자연스럽게 눈맞춤한다.
- 질문한 면접관 뿐만 아니라 다른 면접관도 차례로 보면서 대답해야 한다.
- 자연스럽게 말하고, 답을 외우고 있는 것처럼 보이는 것을 피하라.

● 들을 때의 매너
- 약 90%는 면접관의 눈을 응시하면서 듣는다.
- 끄덕임과 미소로 주의를 기울이고 있음을 보인다.
- 면접관이 말하는 도중에 끼어 들지 않는다.

5단계 : 사후 분석

다음 면접을 위해 면접직후 면접과 관련된 사후 분석이 필요하다. 그래야 정말 원하는 면접 기회가 왔을 때 자신있는 지원자의 모습을 갖출 수 있다.

6단계 : Thanks Letter를 보낸다.

- 48시간 이내에 인터뷰 기회와 응대에 대한 감사의 내용을 담아 Thanks letter를 보낸다.
- 자신의 이름을 호의적으로 기억하게 하는데 목적이 있으므로 인터뷰 관련 다른 사항은 포함시키지 않도록 한다.

참고로 IBM 홈페이지의 취업준비센터에 가면 이력서 작성 요령과 면접 준비 요령을 자세히 볼 수 있는데, 좋은 자료이므로 꼭 한번 찾아가 보기를 권한다.

http://www-8.ibm.com/employment/kr/ko/career/index.html

| 프레젠테이션 면접 |

한 그룹이 특정한 주제에 대해 토론을 하는 집단 토론 방식과는 달리, 직군별로 전문성 있는 주제에 대해 자신의 의견, 지식, 경험 등을 발표하게 함으로써 수험생 개인의 역량과 특성이 최대한으로 발휘될 수 있도록 하는 면접방식이다.

중점 평가 항목은 각 직군에서 요구되는 문제 해결 능력, 전문성, 창의성, 기본 실무 능력 등이 있다. 미리 주제를 주어 프레젠테이션 준비를 해오게 하는 경우도 있지만, 현장에서 주제를 선택하게 한 뒤 1시간 정도 준비 시간을 주고 바로 프레젠테이션 면접을 보는 방법도 있다. 내용은 가급적 모두가 공감할 수 있는 주제를 중심으로 자신의 의견을 정리해 발표한다. 부적절한 용어 사용이나, 무리한 주장은 하지 말아야 하며, 자신의 논리적인 판단을 근거로 발표할 수 있는 능력을 실러 놓아야 한다.

대비 포인트로는 파워포인트의 올바른 사용도 중요하지만, 무엇보다 설득력 있는 발표가 중요하다. 발표할 때에는 시선 처리, 손동작, 목소리 톤의 조절, 포인터 사용 등에 특히 유의해야 한다.

사람들은 말하는 내용보다 목소리 톤이나 말하는 방법과 모습 등 비언어적 요소에 더 큰 영향을 받는다고 한다. 갑자기 주어진 프레젠테이션 면접 주제를 짧은 시간 안에 전문성 있게 준비한다는 것은 어렵다. 그렇다면 면접관들은 프레젠테이션 면접에서 어느 부분을 집중적으로 보겠는가?

참고로 프리젠테이션의 대가로 평가 받는 애플의 CEO 스티브 잡스의 프리젠테이션을 추천한다.

www.apple.com/quicktime/qtv/specialeventoct05/index.html

| 협상 전략 |

지원한 회사로부터 같이 일해보자는 제안을 받기 전에 조직 내 그 직위에 대한 급여 한도를 확인해 보고 업계에서의 일반적인 수준을 확인해 두어야 한다. 급여 조건은 단순히 돈만 해당하는 것은 아니다. 다음은 협상 이전에 사전 정보를 갖고 협상해야 할 요소들을 열거해 두었다.

기본 급여	수습 기간과 수습 기간 내 급여 조건
상여금 지급 조건	상여금 지급 총액
스톡 옵션 조항	우리사주 투자 기회
직책	후생 조건(점심)
근무 시작 시기	휴가 일정
지원 가능한 자원	전문적인 분야 개발 기회
자녀 등록금 지원	인센티브

그리고, 자신이 무엇을 기대하고 있는지, 기꺼이 포기할 수 있는 요소들은 무엇인지, 절대 포기할 수 없는 기준선은 어디인지 스스로 파악하고 있어야 만 한다.

협상에 관해 다음의 전략을 구사하면 유리할 것이다.

첫째, 사전에 철저히 준비하라.

당신이 지원하는 직책이나 기업체 혹은 산업을 위해 당신이 자신있게 할 수 있다고 생각하는 일은 무엇인가? 또 여러분이 가지고 있는 경력이나 학력 이 시장에서 어떻게 평가되고 있으며, 어떤 보상을 받고 있는가?

둘째, 자신에게 중요한 것이 무엇인지를 알아야 한다.

여러분에게 중요한 것은 급여인가? 혹은 직위나 경력, 성장 가능성인가? 자신이 받아들일 수 있는 가장 낮은 수준은 어느 정도인가?

셋째, 협상에 임할 경우 상대방과 동등한 입장에 있다고 생각하라.

회사측이 일방적으로 모든 협상 권한을 가지고 있지 않다. 면접을 거쳐 협상 단계에 이르렀다면 힘의 균형이 여러분에게 어느 정도 기울어져 있거나 적어도 평행이라고 생각하면 된다.

넷째, 일에 대한 일관성 있는 모습을 보여라.

가장 이상적인 협상 모습은 제안하는 사람이나 제안을 받아들이는 사람 모두가 만족할 만한 결과를 이끌어 내는 것이다. "급여도 중요하지만, 어떠한 일을 맡아 하느냐가 더 중요하다."라는 어조를 유지하는 것이 필요하다.

저자의 수업을 들었던 L학생은 학과 교수님의 추천을 받아 건실한 중소기업의 비서직 면접을 보러 갔다. 회사 사장님은 밝은 인상에 차분하고 야무지게 대답하는 L학생이 마음에 드셨는지 면접이 끝날 즈음 "희망 연봉이 얼마인가요?"라고 물어 오셨다.

L 학생은 저자에게 배운 대로 먼저 액수를 대답하지 않고 "급여도 중요하지만, 제가 입사하게 되면 구체적으로 어떤 일을 담당해야 하는지 좀 더 자세히 알고 싶습니다."라고 말했다. 사장님은 자신의 비서가 담당해야 할 업무를 자세히 설명해 주시면서 "연 2000만 원 이상은 안 됩니다."라고 먼저 액수를 밝혔다. 협상의 기회를 잡은 L 학생은 "업무를 잘 수행하려면 생활이 안정되어야 하는데, 서울에서 연 2000만 원으로는 어렵다고 들었습니다. 적어도 연 2500만 원은 되어야 한다고 봅니다."라고 대답했다. 사장님은 L 학생의 의견을 절충해 "연 2400만 원으로 급여를 책정하겠다."고 결정했다.

L 학생이 100만 원을 손해봤다고 생각하는가? 아니다. L 학생은 협상을 아주 잘 해서 400만 원이나 이득을 봤다.

● **변현정의 면접 시나리오 사례**

나의 강점 & 회사에 기여할 수 있는 부분

문제 해결 능력 및 전문성

휴학기간 중 제조회사 근무 경험은 제가 회사에 입사 시, 경험을 바탕으로 한 문제 해결에 많은 도움이 될 것입니다.
또한 2번의 학생회 경험으로 리더십 및 팀워크, 조직 기술 등 배울 수 있는 기회가 되었기 때문에 이러한 저의 경험이 신입 사원으로서의 실수를 줄여줄 수 있을 것입니다.
마케팅 전문성을 기르기 위한 브랜드전략 전문가 과정 수료 또한 입사 후 전문적인 일을 능히 수행해 낼 수 있을 것입니다.

관련학과 전공(경영계열), 예술적 면모(창의성)

어떠한 일을 수행할 때, 그 일에 대해 알고 수행하는 것과 이해하고 수행하는 것에는 분명 차이가 있습니다.
경영계열을 전공한 저에게는 일의 수행을 깊이 이해함으로써 최고로 해나갈 수 있고, 마케팅 전략에서 필수인 창의적인 역량을 지니고 있기 때문에 회사의 브랜드 전략에 큰 일꾼으로 성장할 것입니다.
작은 예로 파워포인트 비주얼에 높은 비중이 있었던 수업에서 A+을 받았습니다.

호기심, 유연성 및 강한 의지

많은 일에 호기심을 가지고 분석해보는 것을 좋아하고, 어떠한 어려운 일에 관심을 가지고 임하여 포기하지 않고 성공했을 시 느끼는 보람을 매우 좋아합니다.
한번 관심을 가진 일을 열정으로 완성시키고자 하는 노력과 의지는 회사에서 제가 맡은 업무의 최선, 최고의 수행에 분명 많은 기여를 할 거라 자신합니다.
또한 마케팅 전략에 있어 유연성이는 태도는 매우 중요하기 때문에 저에게 가장 적합한 업무라고 자부합니다.

자주 하는 질문

자기소개를 해보시기 바랍니다.	안녕하십니까. "변화를 주도하는 여자" 변현정입니다. 브랜드, 마케팅 전략에 있어 변화와 그 변화에 능동적인 자세, 유연성은 필수적이라 생각합니다. 9개월간 회사 경험 및 많은 아르바이트로 문제 해결 능력과 유연성을 배웠고, 브랜드전략전문가 과정을 통해 제가 하고자 하는 일에의 열정과 전문성을 길렀습니다. "기업이 만드는 것은 제품이지만, 소비자가 사는 것은 브랜드다"라는 말이 있습니다. 기업과 제품 물론 중요하지만 그 기업과 제품을 소비자에게 각인시키는 브랜드와 마케팅에 깊은 매력을 느끼고 있습니다. 귀사의 성공적인 마케팅 전략을 함께하고 싶은 미래 최고의 마케터, "변현정"입니다.
장래의 경력계획은?	저의 가장 큰 꿈은 나의 이름을 건, 세계적이지만 가장 한국적인 명품브랜드를 만드는 것입니다. 그러기 위해서는 수많은 경험을 해야 할 것이고, 많은 시행착오를 겪을 것이라는 각오도 하고 있습니다. 전 귀사의 마케팅전략을 통해 최고의 브랜드자산가치를 지닌 브랜드를 관리하는 매니저의 위치에 오르고 싶은 욕심이 있습니다. 그리하여 가장 최후에는 귀사의 브랜드를 세계 최고로 만들고 싶습니다.
여가 시간에 주로 무엇을 합니까?	전는 사람과 사람 사이의 관계를 중요하게 생각합니다. 여가시간에는 많은 사람들을 만나 서로에 대해 알고, 담소를 나누며 서로의 가치를 공유하고 있습니다. 또한 독서도 매우 좋아하기 때문에 자기 전에는 꼭 책을 읽고 시간이 나는 자투리 시간마다 마케팅이나 광고, 자기계발, 상식에 관한 책을 읽으며 시간을 보내고 있습니다.

● 김지현의 면접 시나리오 사례

자주 하는 질문

당신의 강점은 무엇입니까?

저는 회사 생활, 학생회 등의 사회 경험을 통한 1)팀워크 능력과, 학생의 신분임에도 제 자신의 홍보와 다른 사람들과의 네트워킹을 위해 만든 거의 명함 디자인으로 검증 받은 2)창의성, 전문성을 갖추기 위해 일반 직장인 대상이었던 브랜드전략 전문가 과정을 학생의 신분으로 수료했던 3)도전정신을 저의 강점으로 꼽을 수 있습니다.

당신의 약점은 무엇입니까?

저의 약점은 욕심이 많고, 호기심이 너무 강하며 자기 주장이 강하다는 점입니다. 이를 보완하기 위해 유연성 있는 사고와 지속적인 피드백을 통해 저 자신을 업그레이드하고 있습니다. 또한 욕심과 호기심을 열정으로 승화시켜 맡은 바 업무를 최선을 다해 수행해내고자 노력합니다.

당신의 업무스타일은?

저는 어떠한 일의 전체적인 흐름을 알아야 부분적인 일도 완벽하게 처리할 수 있다고 생각합니다. 때문에 맡은 일에 대해서는 기본적인 분야와 목적 등을 알고 일을 시작하며, 내가 맡은 일은 내 능력과 열정이라고 생각하기 때문에 밤을 새는 한이 있어도 완벽하게 처리하고자 합니다.

당신의 관리스타일은?

저는 휴머니즘의 매력을 좋아하기 때문에 어떠한 일이나 사람과의 관계에도 사무적이지 않고 인간적인 관계가 돈독해지도록 노력하고 있습니다. 업무시간 후의 술자리나 대화 중간에 아이디어가 많이 나오고, 사람만큼 큰 자산도 없다고 생각하기에 사람냄새나는 사람이 되도록 노력하고 있습니다.

나의 3가지 강점 (특 성)

- 강한 책임감
- Power Point SKILL
- 조직 적응력

나의 강점으로 회사에 기여 할 수 있는 부분은?

맡은 일에 대한 책임감이 강하기 때문에 한 번 업무를 맡으면 그 일이 끝날 때까지 몰입합니다. 또 그 업무가 완벽해 지도록 성실하게 검토하고 수정하는 작업을 계속합니다. 따라서 중요한 업무에 대해 실수가 거의 없습니다.

또, PPT를 만드는 것이 우수합니다. 컴퓨터 동아리 회장을 하면서 후배들에게 PPT를 교육했고, 많이 만들어 봤기 때문에 잘 할 수 있습니다. 프리젠테이션이 필수인 회사에서 이것은 매우 필요한 부분이라 생각합니다.

대학생활 동안 동아리 활동 이외에 다수의 봉사활동 경험이 있습니다. 따라서 어느 조직이나 쉽게 적응 할 수 있습니다. 이것은 바로 기업의 성과까지 연결 될 수 있을 것입니다.

Price - 면접에서 자주 하는 질문

Q. 당신의 업무스타일은 무엇입니까?

어떤 업무를 하기 전에 미리 종이에 계획표를 구상합니다.
일단, 계획표가 완성 되면 계획표에 따라 업무를 실행합니다.
또, 한 번 일에 몰두하면 그 일이 끝날 때까지 자리를 뜨지 않고 일을 마무리 합니다.

Q. 당신의 관리 스타일은 무엇입니까?

감성적 리더십! 이것이 제가 지향하는 관리 스타일 입니다.
인간존중의 관리가 이루어 졌을 때 사람들이 더 좋은 성과를 내고 목표 의식을
증진시킬 수 있다고 생각하기 때문입니다.
그럴지만 무조건적으로 감성에 치우치는 것이 아니라 필요 할 땐 객관적으로
사람들을 관리합니다.

Q. 장래의 경력계획은 무엇입니까?

제일 먼저 기획부서에서 기업의 전반적인 경영방침을 배우겠습니다. 그 기업을 파악한 후
사회공헌부서에서 저의 능력을 펼쳐 보겠습니다. 사회공헌 부서에서 일하면서 사회복지
관련 대학원을 다니며 전문능력을 키우겠습니다. 그리고 나서 사회공헌 전략 컨설턴트가
되어 기업 강의를 하고 싶습니다. 내가 계획한 사회공헌활동으로 이미지 제고가 된 기업
들이 많아 졌을 때, 대학에서 사회공헌에 대한 강의를 하고 싶습니다.

Q. 여가시간에는 무엇을 합니까?

취미 생활로 첫 번째는 재즈댄스를 배웁니다.
재즈댄스를 통해 스트레스를 없앨 수 있고, 에너지가 재충전됨을 느낄 수 있습니다.
이를 통해 다음 일을 할 때 좀 더 상쾌한 기분으로 적극적으로 행할 수 있습니다.
그 뿐 아니라 재즈 댄스를 통해 유연성과 체력을 기르고 있습니다.

두 번째는 그림을 그립니다. 그림을 그릴 때 행복한 감정을 느끼고 그림을 그리면서
생각을 정리 할 수 있습니다. 이를 통해 컨디션을 최적의 상태로 만들어 주어 그것이
성과에 까지 영향을 미칠 수 있을 것입니다.

6 실행 계획 수립
— 마일스톤(Milestone)

아는 것 만으로는 지식이라 할 수 없다. 진정한 지식이란 실행에서 오는 것이다. 전략 방향 도출을 통해 목표 달성을 위한 행동 전략을 수립했다면 이에 따른 계획표를 작성하고 실행에 옮겨야 한다. 즉, 취업 목표 달성을 위해 필요한 가장 핵심적인 활동과 이러한 활동의 시기를 짜 놓은 표를 만들어 수립된 전략이 제대로 수행되고 있는지 점검하고 관리하는 것이 필요하다.

지금까지 자신의 목표달성을 이루기 위해 필요한 교육이나 역량강화 내용을 항목별로 나누어 마일스톤(Milestone)을 작성하면 일목요연하게 자신의 계획을 실행하고 점검할 수 있다. (136페이지 여군 장교를 꿈꾸는 서기연의 실행 계획 참조)

또한 중요한 것은 자신이 세운 전략을 실행에 옮기면서 피드백을 해야 한다는 것이다. 피드백을 통해 자신이 세운 전략을 제대로 수행하고 있는 지를 확인하고 계획대로 이루어지지 않은 부분이 있다면 그 이유와 원인을 파악해 향후에는 그런 일들이 재발하지 않도록 해야 한다.

이런 피드백 활동은 자신의 꿈과 목표를 달성하는데 불의의 재난을 막는 화재 경보기 같은 역할을 충분히 해 줄 것이다.

● **여군 장교를 꿈꾸는 서기연의 실행 계획**

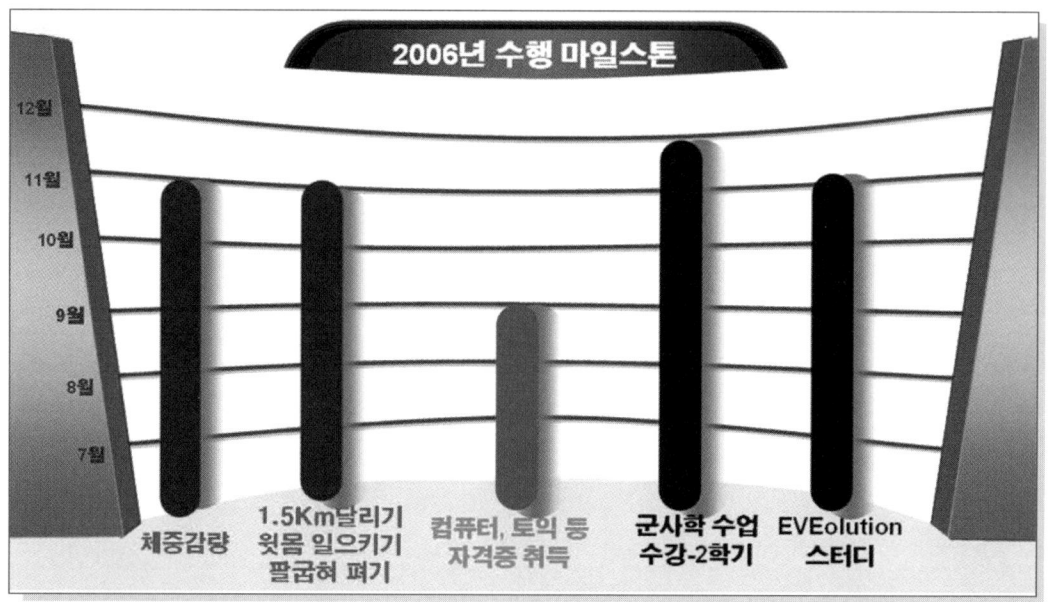

6장

사례로 배우는
취업마케팅
성공전략

1 홍보 전문가 — 최유리

Choi yu-ri

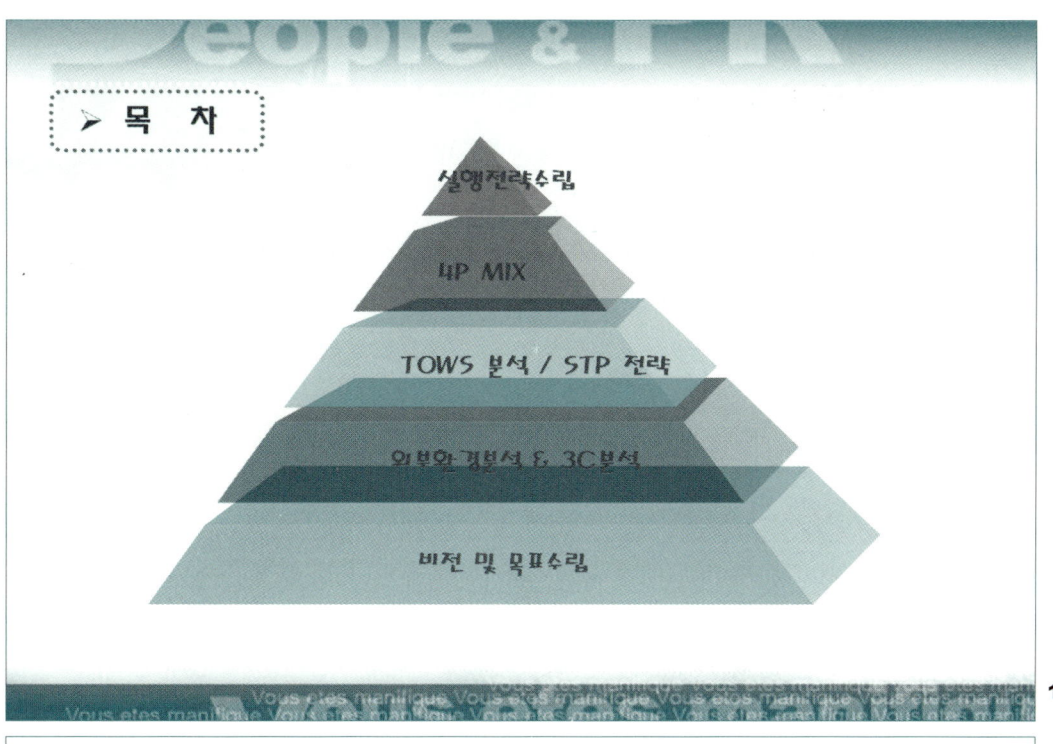

➤ 목 차

실행전략수립

4P MIX

TOWS 분석 / STP 전략

외부환경분석 & 3C분석

비전 및 목표수립

1

2

1. 비전 및 목표수립

1. 비전 및 목표 수립

건강
건강한 정신에 건강한 정신이 깃든다

경쟁자
긴장감을 위한 필수 요소

가족
영원한 안식처, 울타리

즐길 수 있는 능력
노력하는 자를 이기는 건 즐기는 자이다

FOR MY LIFE

자신감
자신감은 나를 완벽하게 알 때 나온다

책
책 속에 길이 있다

멘토
지혜와 신뢰로 이끌어주는 스승

계획
목표 달성을 위한 나만의 전략

3

4

1. 비전 및 목표 수립

눈부신 햇살에 시원한 바람이 기분 마저 상쾌하게 해주는 스위스의 작은 마을. 남편과 나는 손님들을 맞이하려는 준비로 바쁘다. 나의 80번째 생일을 맞이하여 이 곳에서 생일파티를 계획 했기 때문이다. 초대장에 깜짝 항공권을 같이 보내서 손님들은 부담 없이 올 수 있었다.

남편과 나는 노후를 스위스에서 보내고 있기 때문에 친구들과 자식들을 자주 볼 수 없는 현실이라 가끔 안타까워 했기에 이번 기회에 생일파티도 할 겸 가족이 모두 모이는 자리를 마련하였다.

나의 여동생 가족과 아들, 딸 가족 그리고 나의 오래 벗들이 모두 도착하였다. 그동안 못했던 이야기들을 하며 즐거운 저녁식사를 한다. 나의 아들,딸은 고맙다는 말을 하며 준비해 온 선물을 건네 준다. 나는 아이들 교육에 좀 관심이 많은 엄마였다. 그래서 처음엔 공부하기 싫어하는 아이들과 실랑이를 벌일 때도 있었지만 성장하여 자신들이 원하는 일을 하고 있는 지금 나에게 고맙다는 말을 하는 것이다. 그렇게 키운 아이들이 이렇게 컸다니...... 갑자기 지난 세월들이 파노라마처럼 그려진다.

나의 인생에는 세 가지 중요한 기회가 있었다. 취업에 대해 걱정하던 23살, 홍보팀장으로서 중요한 프로젝트를 맡아 성공을 거두게 되었던 27살, 그리고 내가 코치로서 거듭나 제 2의 삶을 시작하게 되었던 32살.

지금 그 세 가지 갈림길에서 만났던 고마운 사람들이 모두 이 자리에 모여있다. 이렇게 나같이 행복한 사람은 어디에도 없을 것이다.

눈을 감고 편안한 상태로 상상했던 나의 80번째 생일 파티의 모습이었다. 한적한 시골마을에서 가족들이 모두 모여 파티를 하는 장면은 나도 모르게 행복한 미소를 짓게 하였다. 이런 그림이 그려질 줄 몰랐는데 나의 잠재 의식 속엔 벌써 미래를 구상하였던 것이었다. 상상 속의 상황을 가슴 깊이 간직한 채 한걸음씩 가까워 지도록 노력해야겠다는 생각이 들었다. Dreams come true !

1. 비전 및 목표 수립

● 비전 수립 방법(열정)

1. 세상에서 당신을 가장 흥분시키는 것은 무엇인가?

   -> 새로운 것에 대한 탐색

2. 세상에서 당신을 가장 화나게 하는 것은 무엇인가?

   -> 거짓말

3. 만약에 당신이 세상에서 당신을 가장 흥분시키는 것을 가르친다면 무엇을 가르칠 것인가?

   -> 여행을 통한 새로운 세계를 탐험하는 것

4. 만약에 당신이 세상에서 당신을 가장 화나게 하는 것을 가르친다면 무엇을 가르칠 것인가?

   -> 거짓말을 하여 상대는 물론 자신까지 속이는 것

5. 만약에 일요일 아침 6시에 당신을 잠자리에서 벌떡 일어나게 하는 것이 있다면 그것은 무엇인가?

   -> 나 자신을 발전시키는 일, 여행 계획

6. 어떤 주제를 가지고 이야기할 때 당신은 흥분되고 끊임없이 이야기할 수 있는가?

   -> 트렌드

5

6

1. 비전 및 목표 수립

선언문

나는 남에게 도움을 줄 수 있는 사람이 될 것이다.

나는 개인브랜드 매니저가 되어 다른 사람의 인생을

함께 그려나가고 싶다.

나의 가장 큰 소망은 의미 있는 삶을 사는 것이다.

1. 비전 및 목표 수립

YURI's Vision

행복한 인생을 찾아
떠나는 사람들의
가이드이자 동반자

7

8

1. 비전 및 목표 수립

• 목표설정 실습 – 1년 후

2007	홍보팀 입사
현재 상황	영어 실력 부족 홍보 분야 관련 지식 부족
해야 할 일 정하기	• 영어 구사능력 강화 • 취업 정보 탐색 – 각 기업정보 수집 필요 • 취업전략 수립 – 홍보 분야에 대한 전문지식 습득 필요
결과 진술	• 입사한지 1년도 채 안되었지만 실력 있는 직원으로 소문나 '이달의 직원'상을 받았다. • 나의 성실성을 인정 받아 큰 프로젝트에 참가할 기회가 왔다.

1. 비전 및 목표 수립

목표설정 실습 – 4년 후

2010	홍보 기획 전문가 최유리
현재 상황	홍보업계에서 일을 한지 5년이 지나 프로가 되어있는 나의 모습 팀장으로서 중요한 프로젝트를 수행하고 있다.
해야 할 일 정하기	• 꾸준한 어학 실력 향상 필요 • 관련 분야 종사자 외 네트워킹 확대 • 근무 시간 외 대학원 진학 준비 및 각종 세미나 참가, 자격증 취득
결과 진술	• 능숙한 영어로 회사홍보에 대한 프레젠테이션을 하고있다. 참가한 인원들이 기립해서 박수를 보내준다. • 특별 휴가로 타히티로 떠난다.

9

10

1. 비전 및 목표 수립

목표설정 실습 – 10년 후

2015	진로를 결정하는 이들에게 가뭄의 단비 같은 고마운 존재가 되었다.
현재 상황	다른 사람들이 고민하는 문제에 있어서 현실적이고 적극적인 해결 방안을 찾을 수 있도록 도와주고 있다.
해야 할 일 정하기	• 코치에 대한 정보 수집. • 관련 분야의 지식을 습득하는 일. (경영학, 심리학) • 다방면의 경력 사항 필요
결과 진술	경영 대학원 졸업장을 자랑스럽게 나의 서재에 걸어놓았다. 코칭 전문 회사에 입사하여 풍부한 경력을 바탕으로 실력을 발휘하고 있다. 내가 상담하던 사람들에게서 고맙다는 연락을 받고 뿌듯해 하고 있다. 상담에 강의에 몸이 10개라도 부족한 실정이다. 하지만 너무나 행복하다.

1. 비전 및 목표 수립

· 목표설정 실습 – 15년 후

2020	개인 브랜드 회사 CBO – "People&PR"
현재 상황	학위 취득 후. 코칭 회사에서 쌓아온 경험으로 나만의 개인 브랜드 회사 설립
해야 할 일 정하기	· 인맥 확대 · 코칭 업계에서 근무 경험 바탕 개인 회사 설립 · 개인 서적 출판 등 홍보 활동 활발히 진행
결과 진술	그동안 풍부한 경력을 바탕으로 신개념의 개인 컨설팅 회사 설립. 나와 만난 후 변화되는 회원들의 모습을 보며 뿌듯해 하고 있다. 어떤 분은 나를 만난 후 자신이 변화된 것에 너무나 감사하다고 저녁 식사에 초대한다.

11

12

1.비전 및 목표 수립

행복한 인생을 찾아
떠나는 사람들의
가이드이자 동반자

홍보팀 입사

2007

홍보팀 팀장 및
대학원준비

2010

코칭 회사 근무 &
강연 활동

2015

People & PR 설립
및 강연 활동

2020

144

2. 외부 환경 분석

2. 외부 환경 분석

• 거시 환경 분석 - 법·정치적 환경

주 제	내 용	기 회 요 인	위 협 요 인
주 5일 근무제 확산	주 5일 근무제 100인 이상 사업장으로 확대 적용(2006년 7월 부터)	자기계발 관련 교육 및 서비스 관련 직업 유망 직업으로 각광	
정치 불안정	한나라당의 약진과 열린 우리당의 후퇴 등 여소야대의 정국	대선을 앞두고 대학 취업난을 극복할 정책 도입 가능성 증대	실질적인 개선 및 지원책이 아닌 경략적 정책 가능성
의료 광고 규제 완화	병원의 광고 및 홍보 규제 완화 예경	관련 분야의 전문가 부족	

2. 외부 환경 분석

· 거시 환경 분석 - 경제 · 기술적 환경

주 제	내 용	기회요인	위협요인
비 정규직 근무 형태의 증가	Outsourcing 및 Staffing 사업 발달	관련 분야 취업 기회의 증가로 경력개발 용이	기업체의 정규직 채용 감소
기업의 상시 구조 조정제도 도입	2001년 9월 이후국 내 대기업 및 외국 계 기업의 상시 구조 조정제도 실시	경력 개발 컨설팅 및 커리어 코치 사업 확대	정규직 위주의 신 규 채용
인턴십 제도 도입 업체 증가	한국 P&G등 대다 수의 기업들이 인턴 십 제도 도입	인턴십 제도를 통해 실질적인 능력 인정 받을 기회 증가	

15

16

2. 외부 환경 분석

· 거시 환경 분석 - 경제 · 기술적 환경

주 제	내 용	기회요인	위협요인
채용 시장 호조세	채용 인원 계획 증가: 3만6,238 (2005년 3만5,708명보다 1.6% 증가)	취업기회 확대	경제의 불안정으 로 일시적인 상승 일 가능성
외국계 기업 투자증가	Staffing 문화 도입	Staffing 분야 발전가능성	
창업 확산 분위기	창업을 위한 컨설팅 필요	코칭의 수요 예상	

2. 외부 환경 분석

- 거시 환경 분석 - 사회 · 문화적 환경

주 제	내 용	기 회 요 인	위 협 요 인
취업 경쟁률 심화	2005년 공채 경쟁률 : 102:1 (전년도 85:1)		취업난으로 대기업 취업의 어려움 가속
신입취업 명문대 프리미엄	대기업 신입사원의 경우 서울대, 고려대, 연세대의 취업자 수가 절반에 육박(SK그룹의 5년 간 통계조사 자료.)	상대적으로 경쟁이 덜 한 중소기업 targeting	지방대 학생으로 명문대 학생들에 비해 상대적인 인지적 열세
취업 시장에서 여성의 상대적 열세	여성고용 할당제 등이 추진되고 있지만 결혼, 육아 등의 이유로 남성에 비해 취업 기회의 상대적 열세	여성에게 유리한 근무 조건의 기업으로 취업 시도	

17

18

2. 외부 환경 분석

- 거시 환경 분석 - 사회 · 문화적 환경

주 제	내 용	기 회 요 인	위 협 요 인
새로운 형태의 직업 출현	미래의 직업은 삶과 일이 결합된 형태로 변화	직업관련 전문가의 필요성 증대	전문성이나 변화적응력이 없을 경우 사회에서 도태 가능성 증가
개인 브랜드의 시대	기업이나 제품과 마찬가지로 개인도 하나의 브랜드로서 관리 및 평가	경력개발 및 홍보 등 관련 사업 성장 가능	전문가로서의 능력 뿐만 아니라 개인 홍보 등 다양한 노력 필요
개인 브랜드 관심 증가	그에 따른 시장의 확대 및 비대화 우려	사업의 성장 가능	차별화된 전략 수립 필요

3. 3C 분석

19

20

3. 3C 분석

경쟁자 분석 (Competitors)

경쟁자	강 점	시 사 점
안석화	연세대학교 도서관학과 졸업. 나라기획, 힐튼호텔 홍보 책임자를 거쳐 국제 광고대행사 JWT(J.Walter Thompson Co.)의 상무이사. 싱가포르항공의 글로벌 크리에이티브 전략 팀장. 노키아의 아시아태평양 총괄 책임자. 메켄 에릭 슨과 오길비 앤 매더에서 모토로라 아시아태평양 비즈니스 총괄 책임자 및 글로벌 마케팅총괄책임자로 활동	➢ 여성으로서 한계를 극복하고 세계적인 마케팅 전문가로 재탄생 ➢ 자신감 있는 모습과 나 자신을 사랑하는 법 ➢ 늦었다고 생각할 때가 가장 빠른 시기임을 명시하기
전미옥	대우중공업 사보편집장, 서울경제신문 〈주간 어린이경제신문〉 편집장을 거쳐 현재 '전미옥컨설팅'의 대표, 사단법인 한국사보협회의 부회장이다. 삼성전자, LG전자, 포스코, 한전KDN 등의 기업체와 고려대, 이화여대, 경희대, 홍익대, 단국대, 서울여대, 한겨레문화센터에서 커뮤니케이션, 변화관리, 셀프리더십, 커리어관리, 시간관리, 여성의 조직생활과 인간관계 등을 주제로 강의하고 있으며 온 · 오프라인 매체에서 관련분야 칼럼리스트로 활동 중	➢ 홍보 업계에서 코칭으로 진출한 경우 ➢ 벤치마킹 대상 1호 ➢ 다양한 경험 필요

3. 3C 분석

경쟁자 분석 (Competitors)

경쟁자	강 점	시 사 점
광고홍보 학과 학생	➤ 관련분야 종사자와 네트워킹 활발히 진행됨 ➤ 전문분야로서 경쟁력 확보 공모전 등을 통한	➤ 홍보분야의 전문성을 갖기 위한 노력 필요 ➤ 광고홍보학과 학생과의 네트워킹
EVEolution 멤버	➤ 경영지식을 바탕. 마케팅 부서 입사 희망 ➤ 지치지 않는 체력과 끈기. 섬세함	➤ 서로 보유지식 전달 및 관련 정보 교류 ➤ 동반자로서 네트워킹 필요

3. 3C 분석

고객 분석 (Customers)

구 분	고객의 니즈(Needs)	시 사 점
글로벌 코스메틱 기업	높은 수준의 영어 구사 능력 창조적인 사고방식	높은 토익 점수 확보 취업 경쟁력 업그레이드
국내 화장품 회사	활발하게 진행되는 해외시장 진출에 따른 언어능력 요구	토익 점수 확보(850) 인맥 관리. 지원분야 지식 확대 필요
코칭 회사	자기개발에 대한 관심의 확 대로 수요 증가 예상	경력 필요 인적 네트워크 구축
스태핑 회사	경력 개발의 기회 증가	자격증 및 외국어 점수 확보 네트워킹을 통한 기회 물색

3. 3C 분석

자기 분석(Me-Company)　　성격 유형 분석(MBTI Analysis)

유　형	ESTJ
특　징	구체적이고 현실적이고 사실적이며 활동을 조직화 하고 주도해나가는 지도력이 있다.
강　점	실질적이고 현실 감각이 뛰어나며 일을 조직하고 계획하여 추진시키는 능력이 있다. 기계 분야나 행정 분야에 재능을 가졌으며, 체계적으로 사업체나 조직체를 이끌어 나간다. 타고난 지도자로서 일의 목표를 설정하고, 지시하고 결정하고 이행하는 능력이 있다. 미래의 가능성 보다 현재의 사실을 추구하기 때문에 현실적, 실용적인 면이 강하다.
약　점	속단속결하는 경향과 지나치게 업무 위주로 사람을 대하는 경향이　있으므로 인간 중심의 가치와 타인의 감정을 충분히 고려해야 한다.

23

24

3. 3C 분석

자기 분석(Me-Company) 성격 유형 분석 (DISC)

유　형	설득형
특　징	다른 사람을 설득하거나 영향을 미침으로써 스스로 환경을 조성한다.
강　점	• 호의적인 인상을 준다. • 말솜씨가 있다. • 열정적이다. • 사람들을 즐겁게 한다. • 사람과 상황에 대하 낙관적이다.
약　점	• 마음이 약해지면 쉽게 설득 당한다. • 지나치게 열정적이고 낙관적이다.

3. 3C 분석

자기 분석(Me-Company) 성격 유형 분석(strong직업흥미검사)

유 형	ECA
특 징	진취형 (판매, 상품유통, 조직관리, 사무활동, 가정/가사)
강 점	• 진취적인 사람들로서 리더십, 권력, 지위를 주구한다. • 조직의 목표 달성과 경제적인 성공을 위해 다른 사람들과 함께 일하고, 이들을 이끄는 것을 좋아한다. • 금전적인 측면과 대인관계 측면에서 모험을 시도하기 좋아한다. • 경쟁적인 활동에 참여하기를 좋아한다.
특징적 활동, 대표직업	판매,구매하기, 회의, 집단 조직, 회사 이끌기 사람과 프로젝트를 관리하기 생활설계사, 여행사 직원, 판매원,

25

26

3. 3C 분석

• 자기 분석(Me-Company)　　　　역량 분석(Personal Value Chain Analysis)

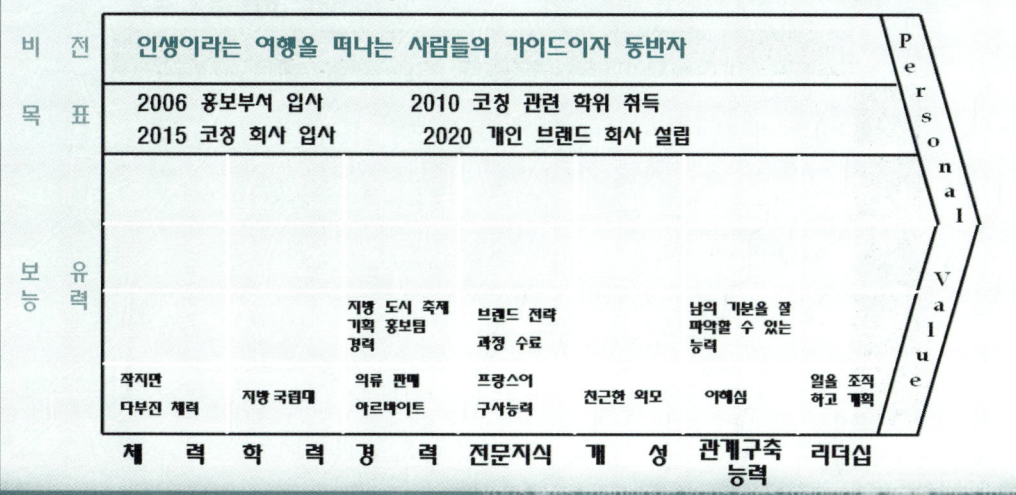

151

TOWS분석

4. TOWS 분석

4. TOWS 분석

기회 · 위협 요소 도출

NO	기회 Best 5	위협 Best 5
1	평생직장 개념이 점차 사라 짐에 따라 자기개발 필요성 증가	전문성이나 변화 적응력이 없을 경우 사회에서 도태 가능성 증가
2	개인 브랜드 매니저와 홍보기획분야의 업무 연관성	여성전문직의 열세로 기회는 많으나 차별화된 전략이 없을 경우 불리함
3	새로운 형태의 직업 출현	지방 소재 대학교 재학생으로서 사회적 인지도 부족
4	기업의 상시 구조조정과 비 정규직. 계약직의 증가로 인한 경력개발의 필요성	전문가로서 뿐만 아니라 개인 홍보 필요
5	여성 전문직의 필요	극심한 취업난

4. TOWS 분석

· 강점 · 약점 도출

NO	강점 Best 5	약점 Best 5
1	변화를 즐기는 성격	관련 지식의 부족 (경영학,심리학)
2	원만한 대인관계로 인적 네트워크 구축 가능성	순간 집중력은 뛰어나나 끈기 부족
3	제 2외국어 구사 능력으로 인한 기회 확대	귀가 얇다 마음이 약해지면 쉽게 설득 당한다
4	앞에서 이끌어 주시는 훌륭하신 스승님 존재	지나치게 낙관적
5	구체적이고 현실적인 성격	고급 외국어 구사 능력 필요

4. TOWS 분석

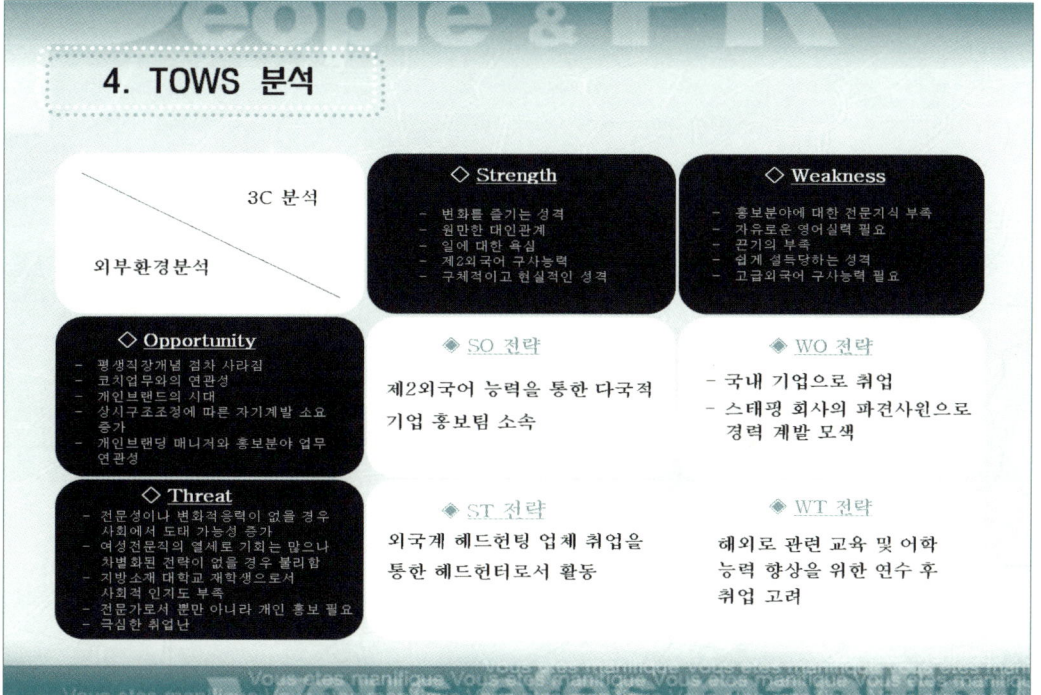

153

31

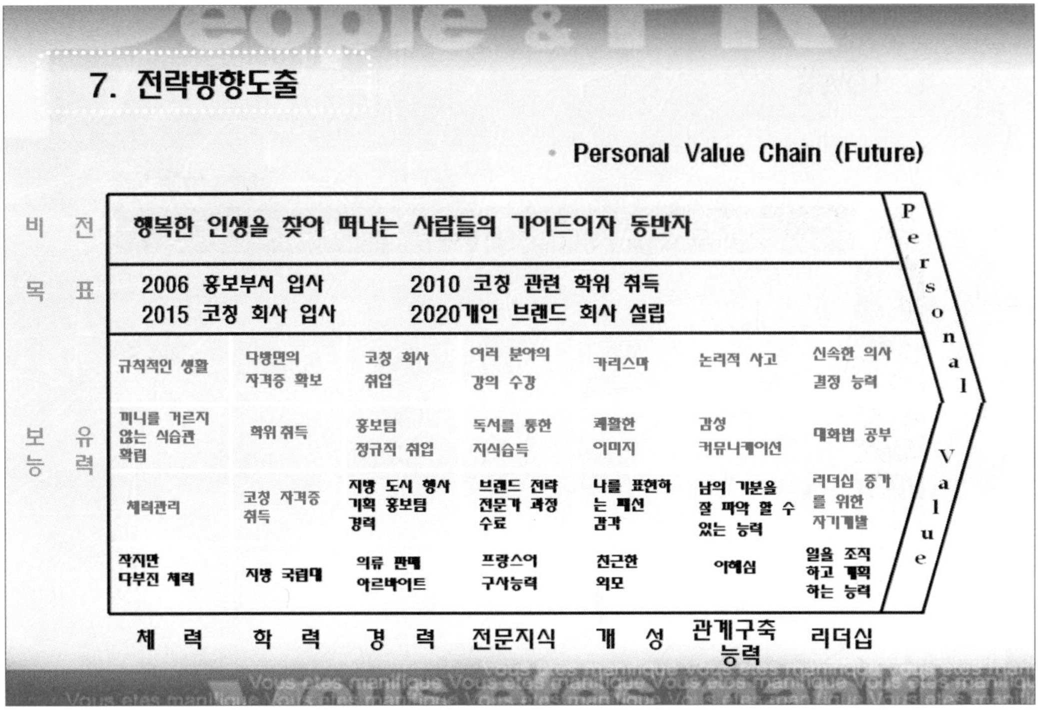
7. 전략방향도출
Personal Value Chain (Future)
비 전
행복한 인생을 찾아 떠나는 사람들의 가이드이자 동반자
목 표
2006 홍보부서 입사
2010 코칭 관련 학위 취득
2015 코칭 회사 입사
2020개인 브랜드 회사 설립
보 유 능 력
규칙적인 생활
다방면의 자격증 확보
코칭 회사 취업
여러 분야의 강의 수강
카리스마
논리적 사고
신속한 의사 결정 능력
끼니를 거르지 않는 식습관 확립
학위 취득
홍보팀 정규직 취업
독서를 통한 지식습득
쾌활한 이미지
감성 커뮤니케이션
대화법 공부
체력관리
코칭 자격증 취득
지방 도시 행사 기획 홍보팀 경력
브랜드 전략 전문가 과정 수료
나를 표현하는 패션 감각
남의 기분을 잘 파악 할 수 있는 능력
리더십 증가를 위한 자기개발
작지만 다부진 체력
지방 국립대
의류 판매 아르바이트
프랑스어 구사능력
친근한 외모
이해심
일을 조직하고 계획하는 능력
체 력
학 력
경 력
전문지식
개 성
관계구축 능력
리더십
Personal Value

32

STP전략
5. STP 전략

5. STP전략

· **Segmentation**

회사명	YH BOURJOIS	태평양	부루벨코리아
회사규모	중소기업	대기업	중소기업
채용방법	상시 채용 네트워킹 통한 채용	상시채용,공채	공채, 수시채용
채용계획	비공개	하반기 공채	현재 접수 중
채용요건	영어능력	영어능력, 4년제 대학 졸업자	어문 및 상경계열 대학졸업자
취업가능성	50 %	50%	50%
선호도	매우 매우 선호	선호	매우 선호

5. STP전략

· **Segmentation**

회사명	SK㈜	한화유통	현대기아자동차
회사규모	대기업	대기업	대기업
채용방법	공채,상시 채용	상시 채용,공채	공채, 수시 채용
채용계획	하반기 공채 마감	하반기 공채 마감	하반기 공채 마감
채용요건	G-TELP 의무	2007년 2월 졸업 예정자	지원 분야에 따른 요구 전공학과 다름
취업가능성	15 %	30%	30%
선호도	보통	선호	선호

5. STP전략

• **Segmentation**

회사명	MANPOWER	PRAIN	ESCADA
회사규모	외국 자본 기업	전문기업	중소기업
채용방법	상시 채용 네트워킹 통한 채용	상시 채용,공채	공채, 수시 채용
채용계획	비공개	상시 채용 중	하반기 공채 마감
채용요건	영어 능력	영어 능력, 4년제 대학졸업자	어문 및 상경계열 대학졸업자
취업가능성	50 %	30%	30%
선호도	매우 매우 선호	매우 선호	매우 선호

35

36

5. STP전략

• **Targeting**

BOURJOIS YH　　**부루빌코리아**　　**MANPOWER**

Target No.1　　　　Target No.2　　　　Target No.3

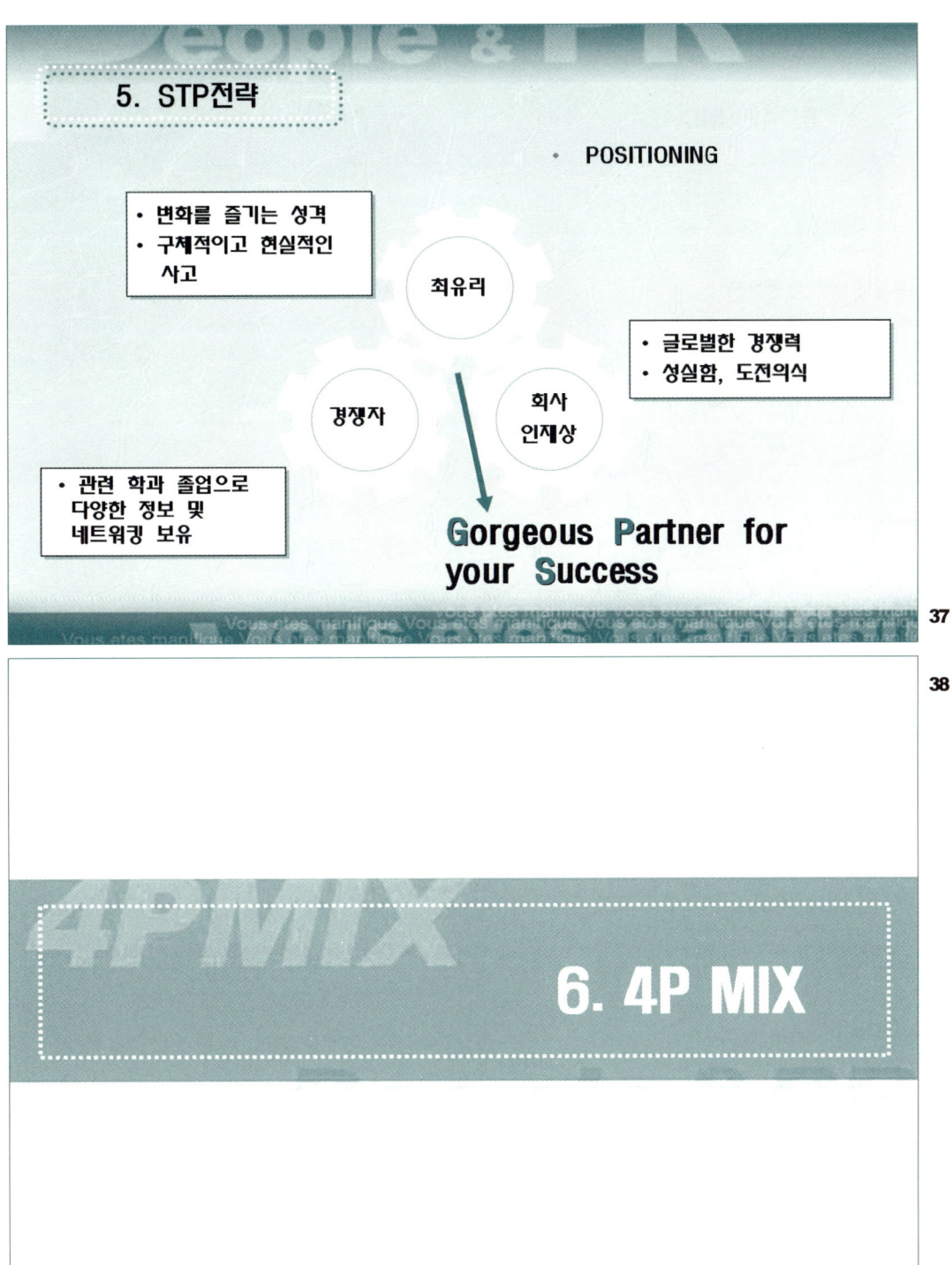

6. 4P MIX

PRODUCT

최 유 리

연락처 : 010-0000-0000
E-mail : Yuri@****.***
주소 :충북 청주시 흥덕구 복대 1동 OO 아파트

§지원 분야§ 기획홍보

§경력 사항§
1. 회사명 : 청주직지축제추진위원회   2006. 6 ~ 2006. 9
담당 부서 : 기획 홍보팀
●담당업무
 - 언론기사 작성
 - PRESS GUIDE 작성
 - 대학생 참여 방안 모색
  (기존의 행사 홍보 리플렛과 차별화된 전략으로
  책갈피 제작)

2. 충북대학교여성취업동아리 'EVEolution' 2006. 6.~현재
직위 : 회장
●활동내용
 - 비전 및 실행 계획 수립
 - 취업 정보 공유. 면접 준비
 - 포럼 오프라인 및 세미나 참가

3. 충북대학교 불어불문학과 학생회 활동 2004. 3 ~2005. 12
 직위 : 홍보부장
●활동내용
 -불문과 연중행사 '프랑스영화제'기획, 홍보

§학력 사항§
충북대학교 불어불문학과 졸업 예정 (2007.2)

§교육 사항§
브랜드 전략 전문가 수료 (2006.8 / 인스팟)
Alliance francaise de PARIS 수료 (2005.7 / alliance francaise)
La stage de francaise AN-SUNG 수료 (2003.6~7 / 중앙대학교)

§자격증 및 특이 사항§
브랜드 전략 전문가 (2006.8 인스팟)
DELF B1 (프랑스어 능력 자격증) B1 취득
(2006.5 ambassade de France en Coree)
TOEIC (2006.3 한국토익진흥위원회)
운전면허자격증 (2004.1 충북지방경찰청)

39

40

6. 4P MIX

PRODUCT

§ 자기소개서 §

저의 취미이자 특기는 '승마'입니다. 현재 충북대학교 승마동아리 '페가수스'에서 활동도 하고 있습니다. 승마를 잘 하기 위해선 우선 말(馬)을 하지 못하는 말(馬)을 이해하는 것이 중요합니다. 말(馬)과의 리포(rapport)가 형성이 되어야 하고 말(馬)을 이해하고 사랑할 수 있을 때 승마를 잘 할 수 있습니다. 기업이 성공하기 위해서도 승마와 같은 커뮤니케이션 방식이 필요하다고 생각합니다. 우선 고객의 마음을 이해하고 고객과 하나가 될 때 고객은 기업과 브랜드에 열렬한 팬(fan)이 된다고 생각합니다.

동화책만 읽던 제가 7살 때 처음 접한 소설은 '꼬마 니꼴라'였습니다. 평소 독서를 중요시 여기신 아버지, 어머니 께서 크리스마스 선물로 사주셨던 책이었습니다. 프랑스 작가 르네 고시니의 재치 넘치는 글과 장 자끄 상페가 그린 프랑스적 삽화가 어우러진 이 책을 통해 어린 시절부터 프랑스와 프랑스 언어에 대한 관심을 키워왔고 사람들에게 꿈과 희망을 줄 수 있는 사람이 되고자 하는 비전을 가지게 되었습니다.

저는 최근 4학년 여름방학기간 동안 청주시가 주최하는 청주직지축제에서 기획홍보 팀원으로 활동하였습니다. 저의 실질적으로 보도자료와 press guide를 작성하는 등의 업무를 수행하였습니다. 방송국과의 인터뷰를 직접 기획하고 응하는 등 적극적으로 업무에 임해 축제의 성공에 일익을 담당하였습니다. 또한 이를 통해 전문가로서 필요한 능력과 자세에 대해서도 배울 수 있었습니다.

2005년 7~8월 2달간 프랑스 파리에 거주하며 Alliance francaise de paris 의 어학원에서 불어에 대한 자신감을 키웠습니다. 연수 후 떠난 유럽 5개국 배낭여행에서 여러 나라사람들을 만나며 그들의 문화를 체험 할 수 있었습니다. 그 결과 세계화에 부응하는 국제적인 시각을 가질 수 있었습니다.

저의 장점을 한마디로 표현하라면 '행동가' 라는 것입니다. 세계적인 경영컨설턴트인 톰피터스는 자신의 저서인 '미래를 경영하라'에서 자신은 행동가로 기억되고 싶다고 했습니다. 저는 어떤 일을 이니 해야 할 일이 있을 때는 두려움을 느끼거나 걱정하는 데 시간을 보내지 않고 직접 행동으로 옮깁니다. 특히 두렵거나 어려운 일은 더욱 그렇습니다. 저는 얼마 전에 서울에서 '브랜드 전략 전문가' 과정에 참석해 끝까지 마쳤습니다. 그 당시 저는 청주와 서울이라는 거리상의 문제가 있었고 청주 직지 축제에서 일을 하는 중이라 시간을 내기가 어려웠습니다. 학생이 내기에는 큰 교육비도 문제가 되었습니다. 하지만 저에게 꼭 필요한 교육이라 생각하고, 팀장님 및 부모님을 대화의 설득을 통해 적극적인 지원과 도움을 받을 수 있었습니다.

6. 4P MIX

PRICE

- 자신에 대해 간략히 설명해 주세요.

< La joie venait toujour apres la peine >
"영광은 항상 고통이 지나간 뒤 찾아온다."
프랑스의 시인인 기욤 아폴리네르의 시 'Le pont mirabeau' 에서 나온 구절입니다.
항상 노력하는 자만이 실패의 쓴 맛을 경험 할 수 있습니다.
실패를 두려워 하지 않고 도전하는 자신감 넘치고 당당한 여성 최유리 입니다.

- 당신의 장점은 무엇입니까?

" 저는 행동가 입니다."
저의 장점을 한마디로 표현하라면 '행동가' 라는 것입니다. 세계적인 경영컨설턴트인
톰 피터스는 자신의 저서인 '미래를 경영하라'에서 자신은 행동가로 기억되고 싶다고
했습니다. 저는 어떤 일이 있을 때 두려움을 느끼거나 걱정하는 데 시간을 보내지 않고
직접 행동으로 옮깁니다. 특히 두렵거나 어려운 일은 더욱 그렇습니다.

41

42

6. 4P MIX

· PROMOTION

브랜드전략전문가 양성과정
수 료 증

Certificate of
Brand Strategy Specialist Program
No. 03-127

과정명 (Program Name) : 브랜드전략 전문가 과정
기간 (Period) : 2006.08.02. ~ 08.30.
성명 (Name) : 최 유 리

brandcareer.com

상기 귀하는 (주)인스팟에서 2005년 08월02일 ~ 08월30일 실시한
제10기 브랜드전략전문가 과정[Brand Strategy Specialist Program]을
성공적으로 수료하였으므로 이 증서를 수여합니다.

2006년 08월 30일

주식회사 인스팟 대표이사 김 재 열

People & PR
Gorgeous Partner for your Success

최유리
Tel.
E-mail

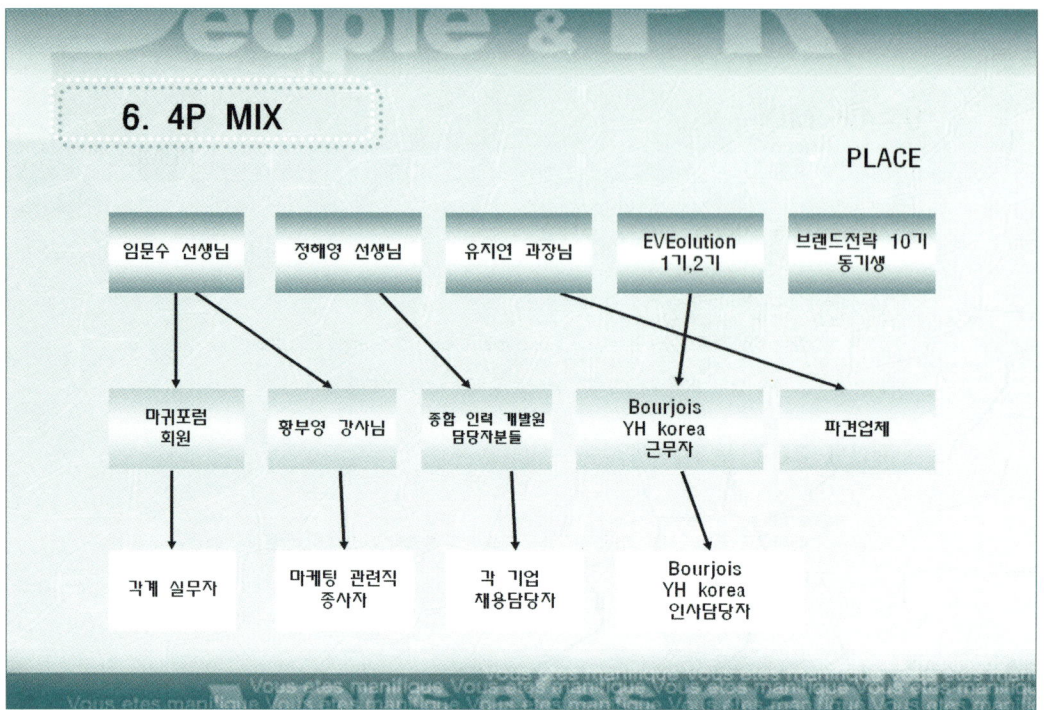

6. 4P MIX

PLACE

임문수 선생님 · 정해영 선생님 · 유지연 과장님 · EVEolution 1기,2기 · 브랜드전략 10기 동기생

마귀포럼 회원 · 황부영 강사님 · 종합 인력 개발원 담당자분들 · Bourjois YH korea 근무자 · 파견업체

각계 실무자 · 마케팅 관련직 종사자 · 각 기업 채용담당자 · Bourjois YH korea 인사담당자

43

44

7. 전략 방향 도출

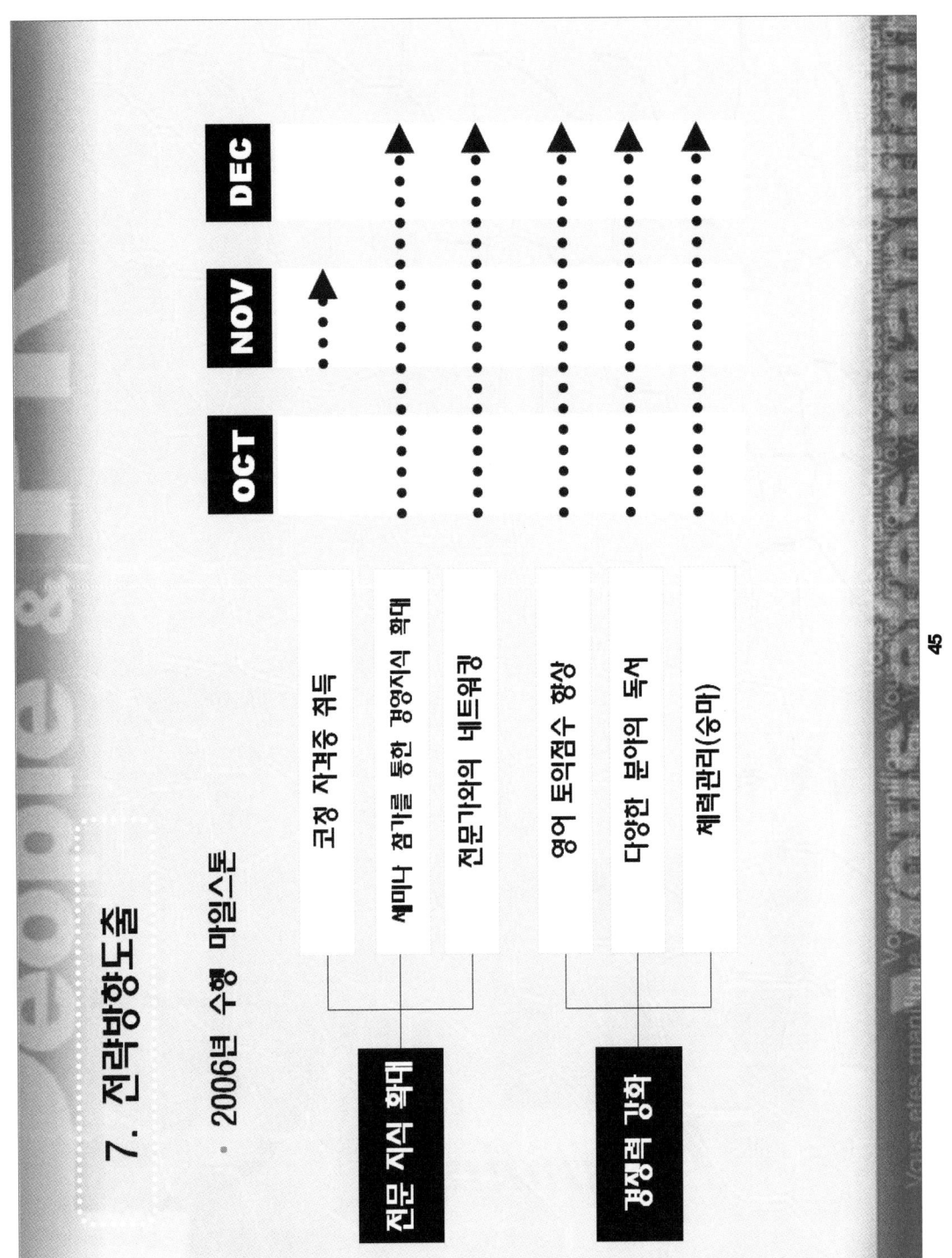

7. 전략방도출

- 2006년 수행 마일스톤

	OCT	NOV	DEC

전문 지식 확대
- 관정 자격증 취득
- 세미나 참가를 통한 경영지식 획득
- 전문가어어 네트워킹

경쟁력 강화
- 영어 토익점수 향상
- 다양한 분야의 독서
- 체력관리(승마)

2 브랜드 매니저 – 변현정

Prologue

비 전 및 목 표 수 립

외 부 환 경 분 석

3C 분 석 [내부 환경 분석]

TOWS 분 석

STP 전 략

6P MIX

실 행 계 획 수 립

1

2

1
EVEolution

비 전 및 목 표 수 립

인생의 비전과 그 비전을 달성하기 위한 구체적인 목표를 수립한다

Why Branding

163

비전 및 목표 수립

· Vision 수립

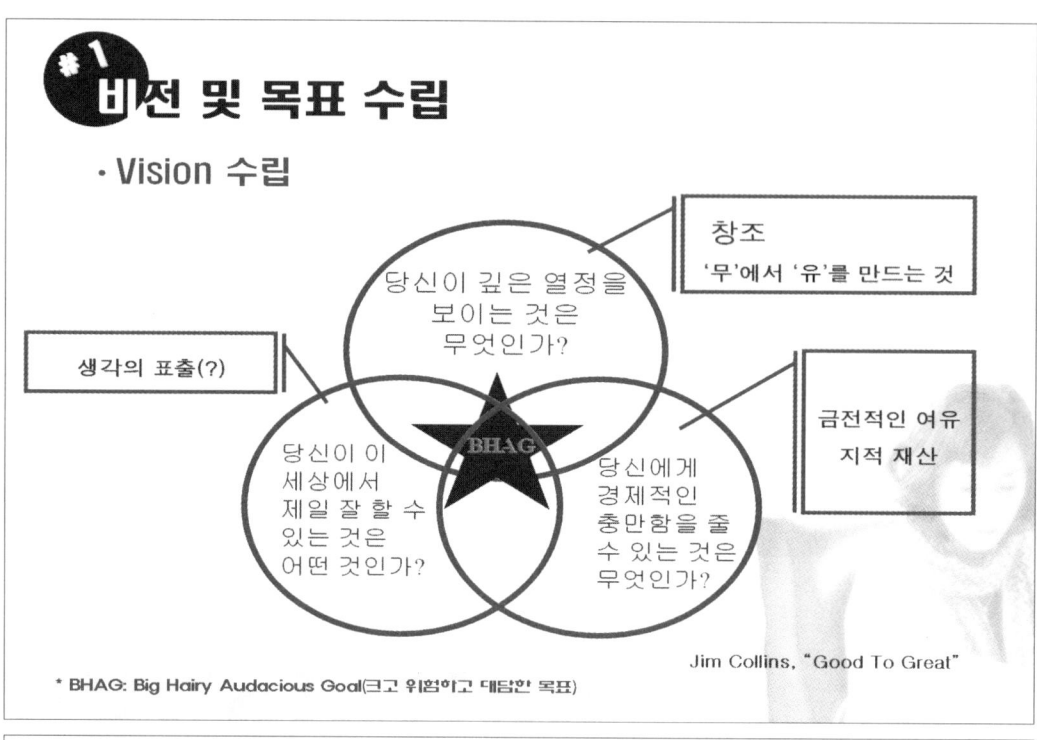

창조
'무'에서 '유'를 만드는 것

당신이 깊은 열정을 보이는 것은 무엇인가?

생각의 표출(?)

금전적인 여유
지적 재산

당신이 이 세상에서 제일 잘 할 수 있는 것은 어떤 것인가?

당신에게 경제적인 충만함을 줄 수 있는 것은 무엇인가?

BHAG

Jim Collins, "Good To Great"

3   * BHAG: Big Hairy Audacious Goal(크고 위험하고 대담한 목표)

4

비전 및 목표 수립

· 비전 수립 방법 (열정)

1. 세상에서 당신을 가장 흥분시키는 것은 무엇인가?
   인정받는 것, 모르는 것을 알아갈 때(호기심)
2. 세상에서 당신을 가장 화나게 하는 것은 무엇인가?
   실패, 빗나간 결과
3. 만약에 당신이 세상에서 당신을 가장 흥분시키는 것을 가르친다면 무엇을 가르칠 것인가?
   누군가로부터 인정받는 것은, 나 자신의 존재를 느끼게 해주는 것이다.
4. 만약 일요일 아침 6시에 당신을 잠자리에서 벌떡 일어나게 하는 것이 있다면?
   나의 능력을 인정받을 수 있는 일을 할 때
   (ex. 취업 등 합격발표일, 포토샵 작업 등 좋아하는 일을 하는 것)
5. 어떤 주제를 가지고 이야기할 때 당신은 흥분되고 끊임없이 이야기할 수 있는가?
   보았던 책, 광고, 사람의 심리와 관련된 이야기

비전 및 목표 수립

·비전 수립 방법

그곳은 경치가 아름답고 공기가 맑고 때가 묻어있지 않은 교외이다.

나의 생일은 남편과 가족들, 그리고 가장 가까운 주변 사람들 약 **20**명 정도가 모여 조촐한 파티를 하고 있다. 이미 결혼을 하고 행복한 가정을 꾸리고 있는 나의 자녀들은 현모양처 같았던 어머니를 존경한다 말하고 있고, 나의 주변 친구들과 선후배들은 성공과 인간관계, 두 가지 모두에서 성공할 수 있었던 나의 능력을 칭찬해주며 진심으로 나의 생일을 축하해주고 있다.

그들은 단지 성공만이 최고는 아님을 알고, 수많은 선택의 갈림길에서 나를 모델삼아 결정을 내려왔고 각자의 성공을 이루어냈음을 이야기하고 있다.

또한 모두들 내가 만들어낸 브랜드의 옷을 입고 서비스를 받고 책을 읽으며 **10**월 **23**일 오늘, 나의 생일파티에 기꺼이 함께 해주고 있다.

5

6

비전 및 목표 수립

·성공적인 삶을 위해 필요한 것

1. **열정과 능력**   나의 일에 지치지 않는 열정과 나의 능력을 인정받는 것

2. **가족 및 동반자**   항상 기댈 수 있고, 서로에게 존재감만으로도 힘이 되어주는 사람들

3. **친구**   희로애락을 함께해줄 수 있고, 외롭지 않도록 곁에 있어 주는 친구들

4. **경제적인 여유**   원하는 것을 얻고자 할 때 걸림돌이 되지 않는 충분한 재산

5. **마음의 안정**   급하여 그르치지 않고, 항상 여유로울 수 있는 마음의 안정

6. **여유와 시간, 취미**   시간에 쫓기어 피곤하지 않고, 기분전환을 위한 취미

7. **사회적, 제도적 뒷받침**   나의 능력에 제재를 받지 않고 마음껏 펼칠 수 있는 사회

8. **건강**   언제까지든 나의 삶에 든든한 뒷받침이 되어주는 육체적, 정신적 건강

 비전 및 목표 수립

· Technique : 기도문

항상 나에게 깨달음과 각오를 하게 해주는 모든 것에 감사합니다.

실패의 쓴맛도 중요하지만 성공의 기쁨을 느끼도록 도와주십시오.

다른 사람들을 축복하시고, 특히 나 자신이

원하는 모든 일들이 원활하게 잘 풀리도록 해주십시오.

평생 배움이 있고 보람이 있는 삶을 살게 해주십시오.

7

8

 비전 및 목표 수립

· 비전 선언문

최고의 가치를
더욱 돋보이게 해 주는 사람

비전 및 목표 수립

· 목표 설정 실습

	2006	**2010**	**2015**	**2020**
목표 진술	2006 SK텔레콤 마케팅 부서 입사			
현재 상황	• 토익 점수 아직 기준치 미달 • 영어 회화 스킬 부족 • 브랜드 및 SK텔레콤에 관한 정보, 지식 부족			
해야 할 일 정하기	• 토익 점수 향상(900점) 및 영어 회화 학원 수강 • 브랜드 및 SK텔레콤에 관한 정보 탐색 등 입사 기회 모색 • 브랜드 관련 포럼이나 세미나 참가 및 전문가 과정 수료			
결과 진술	친구들이나 주변 사람들에게 SK텔레콤의 로고가 새겨진 명함을 자랑스레 내밀고 있고, 부모님의 자식 자랑이 가득한 전화통화를 부듯하게 엿듣고 있다.			

9

10

비전 및 목표 수립

목표 설정 실습

	2006	**2010**	**2015**	**2020**
목표 진술	2010 인테리어 공부 시작 / 브랜드 책 집필			
현재 상황	• 인테리어에 관한 전문 지식 및 실무 경험 부족 • 인테리어 공부를 처음부터 시작하기엔 다소 많은 나이 • 많은 독서 및 SK텔레콤 경력이 책 집필에 도움이 될 것.			
해야 할 일 정하기	• 실내건축기사 자격증 준비 / 실기시험을 위해 미술학원 등록 • 책 집필을 위한 계획 수립 및 원만한 대인관계 유지			
결과 진술	내 책이 베스트셀러에 오르고 초청된 강연장에는 사람들이 가득하다. 실내건축기사 자격증 시험에 합격하여 합격통지서를 받고 행복해하고 있고, 시험 삼아 우리 집을 멋지게 인테리어 하고 있는 나의 모습이 거기에 있다.			

비전 및 목표 수립

· 목표 설정 실습

	2006	2010	**2015**	2020

목표 진술	2015 SK텔레콤 브랜드 관리자로 승진 / 브랜드 개발
현재 상황	• 브랜드에 관한 실질적인 업무 경력 9년 차 • 브랜드 개발 부서에 몸담으며 틈틈이 쌓아온 아이디어 보유
해야 할 일 정하기	• 브랜드 관련 독서 및 인터넷 서핑을 통한 브랜드 개발 논문 등 관련 사례 습득 • 브랜드 전문가 및 단체와 교섭, 모임 참여 등으로 인적 네트워킹 구축
결과 진술	동료, 친구들과 함께 승진 축하파티를 하며 많은 축하선물을 받고 있다. 내가 만든 브랜드가 대한민국 최고의 브랜드로 선정되어 표창을 받고, 해외 유명업체로부터 계약 의뢰가 쏟아지고 있다.

11

12

비전 및 목표 수립

· 목표 설정 실습

	2006	2010	2015	**2020**

목표 진술	2020 인테리어컨설팅 회사 설립 / 브랜드 코치
현재 상황	• 인테리어 감각 능력 검증 받음. • 사업 등록을 위한 법적 절차 등의 정보가 아직 미숙 • 브랜드 코치로서의 능력은 아직 검증 받지 못한 상태
해야 할 일 정하기	• 사업 등록을 위한 조언자 탐색이나 인터넷을 통한 등록 절차 확인 및 실행 • 인테리어 컨설팅 회사 개업을 위한 온라인, 오프라인 공간 확보 및 홍보 • 브랜드 코치 과정 수료
결과 진술	온라인, 오프라인을 통해 개업한 컨설팅 회사에 내 이름을 알고 있는 사람들을 통해 입소문이 나기 시작했다. 브랜드 코치로서 임문수 선생님을 통해 얻은 강의를 성공적으로 끝내고 선생님께 칭찬을 받고 있다.^^

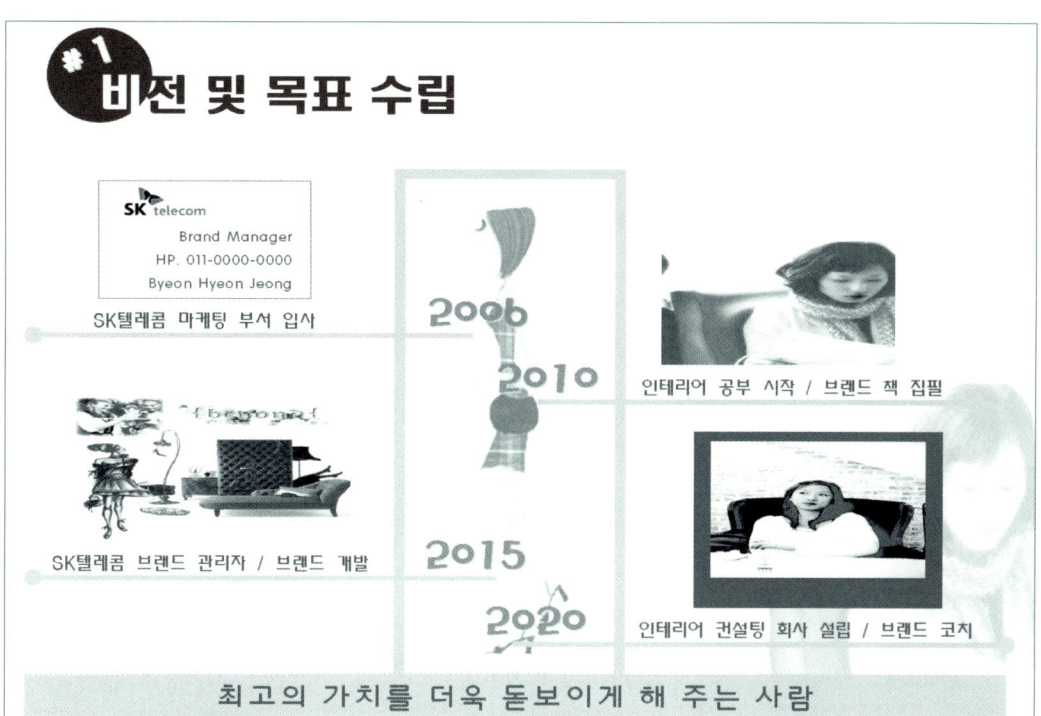

#1 비전 및 목표 수립

SK telecom
Brand Manager
HP. 011-0000-0000
Byeon Hyeon Jeong

SK텔레콤 마케팅 부서 입사

2006

2010

인테리어 공부 시작 / 브랜드 책 집필

SK텔레콤 브랜드 관리자 / 브랜드 개발

2015

2020

인테리어 컨설팅 회사 설립 / 브랜드 코치

최고의 가치를 더욱 돋보이게 해 주는 사람

13

14

2 외부 환경 분석

EVEolution

설정한 목표를 달성하기 위한 거시 환경 분석을 한다

Why Branding

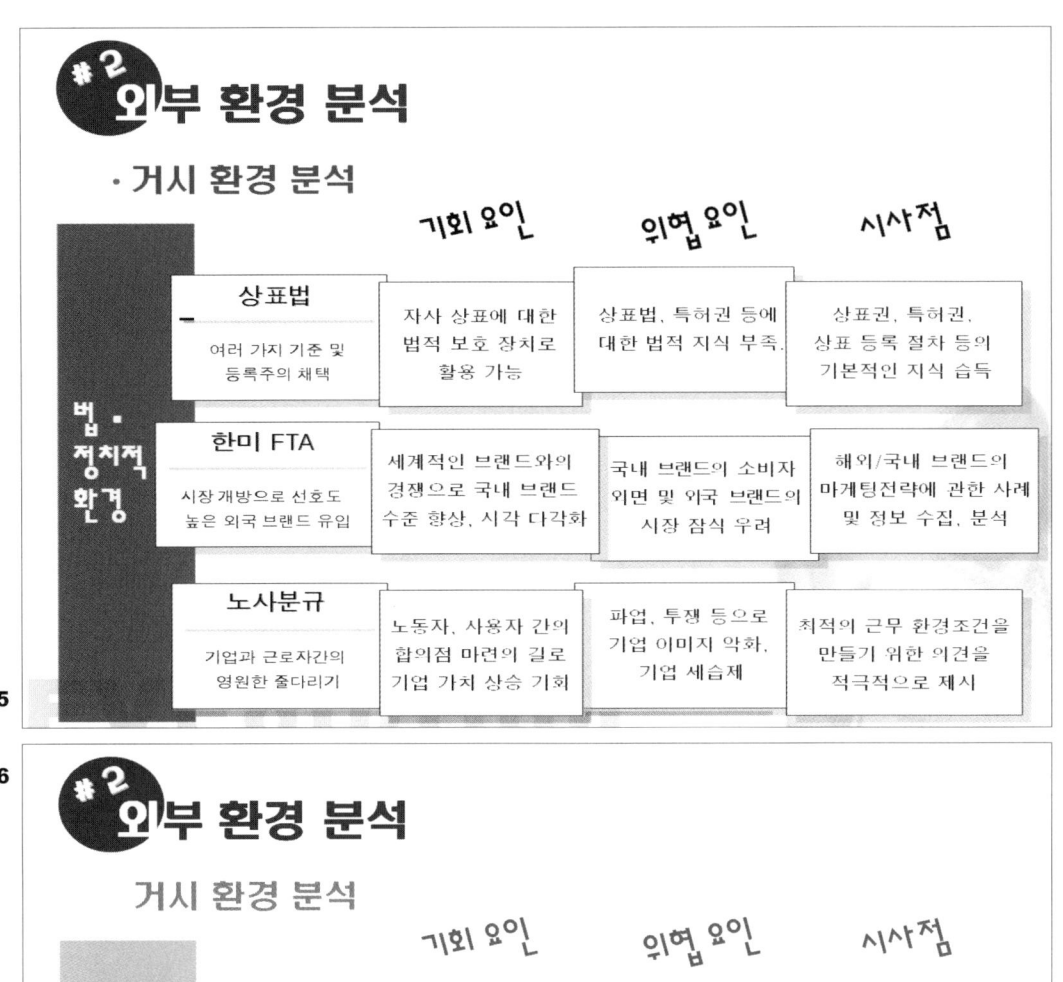

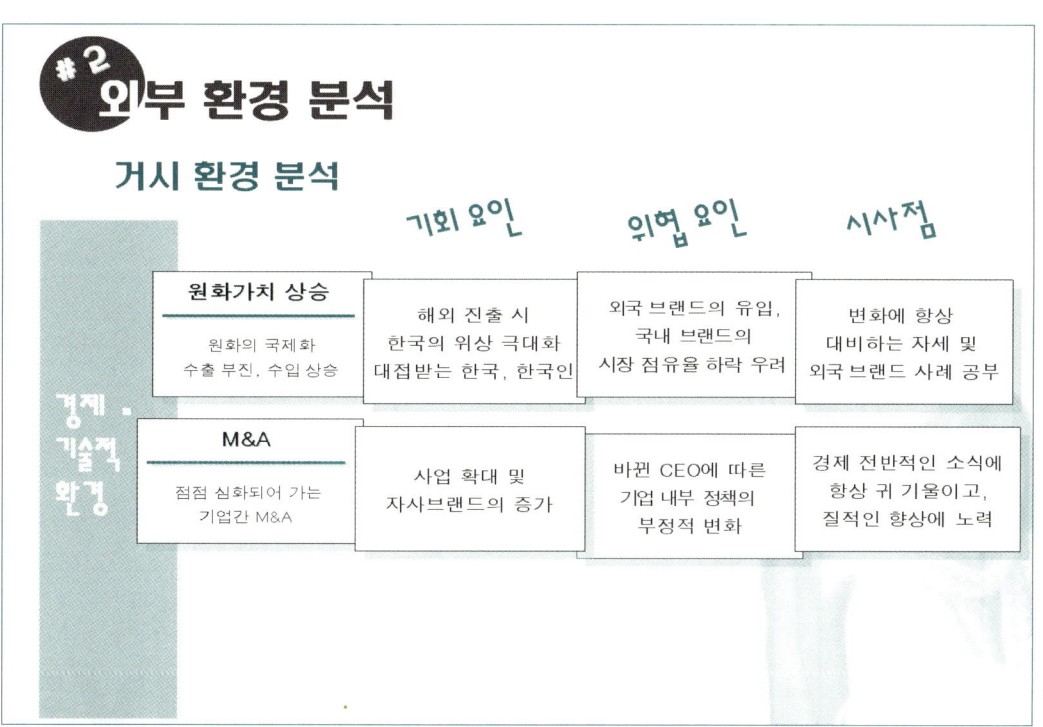

#2 외부 환경 분석

거시 환경 분석

		기회 요인	위협 요인	시사점
경제 · 기술적 환경	**원화가치 상승** 원화의 국제화 수출 부진, 수입 상승	해외 진출 시 한국의 위상 극대화 대접받는 한국, 한국인	외국 브랜드의 유입, 국내 브랜드의 시장 점유율 하락 우려	변화에 항상 대비하는 자세 및 외국 브랜드 사례 공부
	M&A 점점 심화되어 가는 기업간 M&A	사업 확대 및 자사브랜드의 증가	바뀐 CEO에 따른 기업 내부 정책의 부정적 변화	경제 전반적인 소식에 항상 귀 기울이고, 질적인 향상에 노력

17

18

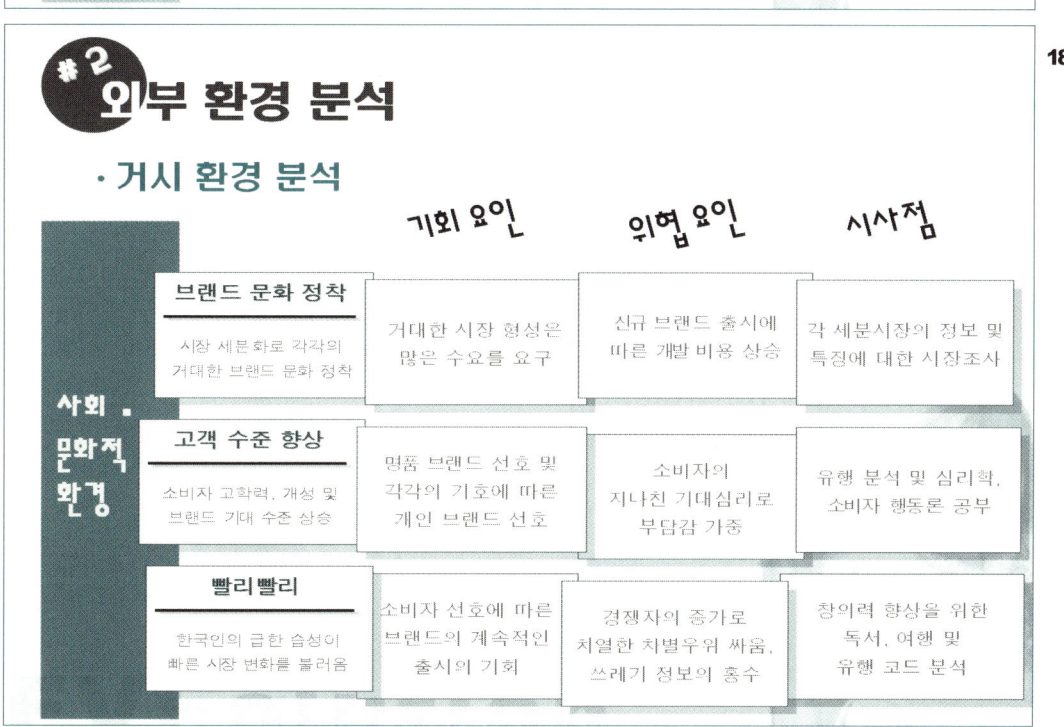

#2 외부 환경 분석

· 거시 환경 분석

		기회 요인	위협 요인	시사점
사회 · 문화적 환경	**브랜드 문화 정착** 시장 세분화로 각각의 거대한 브랜드 문화 정착	거대한 시장 형성은 많은 수요를 요구	신규 브랜드 출시에 따른 개발 비용 상승	각 세분시장의 정보 및 특징에 대한 시장조사
	고객 수준 향상 소비자 고학력, 개성 및 브랜드 기대 수준 상승	명품 브랜드 선호 및 각각의 기호에 따른 개인 브랜드 선호	소비자의 지나친 기대심리로 부담감 가중	유행 분석 및 심리학, 소비자 행동론 공부
	빨리빨리 한국인의 급한 습성이 빠른 시장 변화를 불러옴	소비자 선호에 따른 브랜드의 계속적인 출시의 기회	경쟁자의 증가로 치열한 차별우위 싸움, 쓰레기 정보의 홍수	창의력 향상을 위한 독서, 여행 및 유행 코드 분석

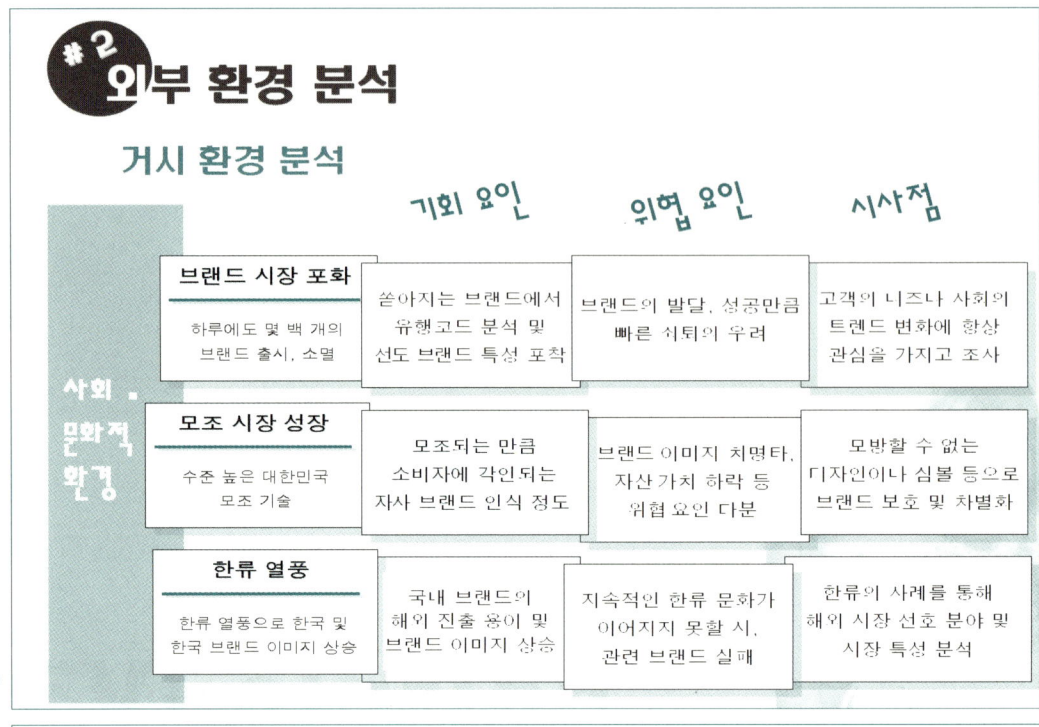

#2 외부 환경 분석

거시 환경 분석

	기회 요인	위협 요인	시사점
브랜드 시장 포화 하루에도 몇 백 개의 브랜드 출시, 소멸	쏟아지는 브랜드에서 유행코드 분석 및 선도 브랜드 특성 포착	브랜드의 발달, 성공만큼 빠른 쇠퇴의 우려	고객의 니즈나 사회의 트렌드 변화에 항상 관심을 가지고 조사
모조 시장 성장 수준 높은 대한민국 모조 기술	모조되는 만큼 소비자에 각인되는 자사 브랜드 인식 정도	브랜드 이미지 치명타, 자산 가치 하락 등 위협요인 다분	모방할 수 없는 디자인이나 심볼 등으로 브랜드 보호 및 차별화
한류 열풍 한류 열풍으로 한국 및 한국 브랜드 이미지 상승	국내 브랜드의 해외 진출 용이 및 브랜드 이미지 상승	지속적인 한류 문화가 이어지지 못할 시, 관련 브랜드 실패	한류의 사례를 통해 해외 시장 선호 분야 및 시장 특성 분석

사회 · 문화적 환경

19

20

3
EVEolution

3C 분석 [내부 환경 분석]

나 자신의 성격과 역량을 분석하여 경쟁력을 세운다

Why Branding

3C 분석

· 경쟁자 분석 [Competitors]

현재 경쟁자

노장오	이시혁	브랜드 전략전문가과정 10기 동기생들
내용 : • 네이밍 업체 인워드브랜딩 대표 • 스카이라이프, 칼리, 꿈에그린, CION→CYON 외에도 수많은 히트 네이밍 경력 • NJ(Naming Jockey) 인력양성 • 변리사 겸업으로 법 환경하의 상황에도 전문적 기질 발휘.	**내용 :** • SK텔레콤 내 10개 브랜드의 실질적 브레인. • SK텔레콤의 콘텐츠 강화부분을 위해 TU미디어로 승진, 이전됨. • 02년 마케팅 역사상 최고라 칭해지는 붉은악마 프로젝트의 실질적 지휘자.	**내용 :** • KT, 경동보일러, 신씨네 등 기업의 마케팅팀 등에서 현재 활동 중인 주역들. • 전문성을 가지고 있고, 실전 경험이 풍부함.
시사점 : 오랜 브랜드네이밍 경력 및 창의적인 네이밍 실력을 본받고 더 높은 차원의 매니징 역할을 수행하기 위한 노력이 필요함. 벤치마킹 대상	**시사점 :** 최악의 상황에서도 성공적인 마케팅 전략을 펼칠 수 있었던 파워와 10개 브랜드를 관리하는 책임감 및 능력을 본받음. 벤치마킹 대상	**시사점 :** 자신의 업무를 더욱 고차원화 하기 위해 전략 전문가 과정에 참여한 열정을 본받음. 이 분들과의 네트워킹 구축 및 커뮤니케이션 강화가 필요.

21

22

3C 분석

· 경쟁자 분석 [Competitors]

잠재적 경쟁자

ANNA	C양	경영학부, 신문방송학과, 광고학과 학생들
내용 : • 브랜드 네이미스트의 선발주자 • 브랜드에 관한 교육 기회 선점 및 영문과 전공으로 외국어의 스킬을 보유하고 있음 • 마케팅이나 경영 전공 아님	**내용 :** • 홍보 분야 취업 희망자 • 불어불문학과 전공으로 높은 수준의 불어 구사 능력 보유 • 관련 분야의 경험이 있고, 일에 대한 욕심과 끈기가 있음	**내용 :** • 마케팅 뿐 아니라 광고나 PR, 대중매체 등에 관한 지식과 사회 선배들의 연줄(?)을 보유하고 있음 • 관련 전공자임
시사점 : 후발주자인 점을 감안하여 더 많은 교육 기회를 이용하고 어학 능력에 집중하여 우위 선점에 노력해야 함	**시사점 :** 관련 분야의 전문성을 가지기 위한 노력을 가중하고, 선의의 경쟁자 뿐 아니라 동료로서의 네트워킹 구축	**시사점 :** 마케팅 및 브랜드에 관한 전문적인 지식 습득 및 독서로 전공 계열의 경쟁자보다 우위 선점의 노력이 필요함

3C 분석

· 고객 분석 [Customers]

	니즈(NEEDS)	시사점
이동통신회사	높은 어학수준과 전문적이고 창의적인 인재를 요구함. 지역별 채용 있음.	토익과 회화 능력 향상에 힘쓰고, 수도권 응시를 위한 경쟁력을 갖추거나 지방 지역에 응시.
건설회사	상경계열 채용 인원은 적은 편. 높은 어학수준 요구. 진취적이고 적극적인 인재를 요구.	건설 산업에 관한 넓은 시야를 확보하고 어학능력 향상에 집중.
화장품회사	열정적이고 변화에 적극적이며 협동심이 강한 인재를 요구. 기타 수준은 타 기업과 비슷함	화장품 브랜드에 관한 일반적 지식과 화장품 브랜드 산업에 관한 체계적인 정보를 얻음.
브랜드 컨설팅 회사	뛰어난 언어감각과 창의성 및 경력이 있는 인재를 요구함. 인턴 및 수시 채용.	외국어 공부를 통해 언어감각을 키우고, 인턴십을 통한 입사 기회를 노릴 수 있음.

23

24

3C 분석

· 자기 분석 [Me-Company]

성격유형 분석(DISC & MBTI & STRONG)

유형	『결과 지향형』 & 『ESTP』 & 『ERA』
특징	• 자신의 능력을 테스트하고 능력을 발전시킬 수 있는 기회를 적극적으로 모색하고, 특이한 과제나 중요한 지위를 좋아한다. • 현실적인 문제 해결 능력에 능하며 적응력이 강하고 관용적이다.
강점	• 그룹활동이나 위원회에 한 일원으로 참여하면 쉬지 않고 일한다. • 일을 맡을 때나 끝마칠 때 자신감 있는 태도를 취한다. • 문제 해결 능력이 뛰어나고 적응을 잘한다. • 순발력이 뛰어나고 예술적인 면과 판단력을 지니고 있다.
약점	• 승부근성이 강하다. • 다른 사람에게 이용당하거나 자신이 약해 보이는 것을 두려워한다. • 인내심이 부족하고 긴 설명을 싫어한다. • 강압적이거나 직선적이다.
대표적인 직업	• 건축업자 • 의상디자이너, 조경사/조각가, 사진작가 • 마케팅 중역, 경매인

3C 분석

· 자기 분석 [Me-Company]

역량분석(Personal Value Chain Analysis)

최고의 가치를 더욱 돋보이게 해 주는 사람

| 2006 | SK텔레콤 마케팅 부서 입사 | | 2010 | 인테리어 공부 시작 / 브랜드 책 집필 |
| 2015 | SK텔레콤 브랜드 관리자 / 브랜드개발 | | 2020 | 인테리어 컨설팅 회사 설립 / 브랜드 코치 |

체력	경력	전문지식	개성	대인관계	리더십
밤샘 가능한 체력	학원 홍보 아르바이트 제조회사 총무팀 근무	브랜드전략 전문가 과정 수료	낙천적이고 포기하지 않음	술자리 좋아함	친교모임 총무
빠지지는 않는 외모	TM 및 서비스교육	유통관리사 자격증	놀기 좋아함	사람과의 교제 좋아함	학생회 활동 2회

25

26

4
TOWS 분석

EVEolution

외부 및 내부(자신) 환경분석을 통해 전략을 도출한다

Why Branding

TOWS 분석

· 기회 · 위협 요소 도출

기회 Best 5

1. 브랜드 산업의 발달로
   취업 기회의 확대

2. 고객 성숙도 향상으로
   잠재적 브랜드 시장 확대

3. 한미FTA로
   국내 브랜드 수준 세계화

4. 거대 시장 확산으로
   브랜드 문화 정착

5. 한국 기업의 해외 진출로
   브랜드 산업의 글로벌화

위협 Best 5

1. 브랜드 산업의 발달로
   잠재적 경쟁자 증가

2. 고객수준 향상으로
   지나친 기대심리

3. 한미FTA 협상으로
   선호도 높은 외국 브랜드의 유입

4. 사회의 급속한 발전과 변화로
   브랜드의 빠른 쇠퇴 우려

5. 상표법의 등록주의로
   자사 브랜드 뺏길 우려

27

28

TOWS 분석

· 강점 · 약점 요소 도출

강점 Best 5

1. 다양한 사회 경험으로
   문제 해결 능력이 뛰어남.

2. 자신감 및 판단력이 있고
   의지가 강하며 포기를 모름.

3. 관련 학과 전공으로
   기본적인 경영학 지식을 보유.

4. 유연성, 순발력이 뛰어나고
   논리분석적인 면모를 지님.

5. 지적 호기심 및
   예술적인 면(창의성)이 강함.

약점 Best 5

1. 토익 점수 기준치 미달 및
   회화 능력 부족

2. 어학연수 경험이 없으며,
   지방대 출신이라는 사회 고정관념

3. 인내심이 부족하고
   긴 설명을 좋아하지 않음.

4. 과도한 욕심으로
   많은 일을 벌려놓는 경향이 있음.

5. 자기 주장이 강하고
   강압적이며 직선적임.

TOWS 분석

· TOWS 분석

3C 분석 / 외부 환경 분석	◇ **Strength**	◇ **Weakness**
	• 다양한 사회 경험 • 자신감 및 판단력 • 관련학과 전공 • 유연성, 순발력 • 지적 호기심, 창의성	• 부족한 외국어 스킬 • 어학연수 無 • 인내심 부족 • 과도한 욕심 • 강압적, 직선적
◇ **Opportunity** • 잠재적 브랜드 시장 • 브랜드 산업의 성장 • 브랜드 명품화 및 고객 수준 향상 • 한국기업의 세계 진출 • 한미FTA로 브랜드 수준 세계화	◆ **SO 전략** 다양한 사회 경험을 강점으로 SK텔레콤 브랜드 부서 입사 사회 경험, 유연성, 창의성을 무기삼아 경쟁력 높임.	◆ **WO 전략** 브랜드 컨설팅 회사에 입사하여 경력 및 전문성 향상에 노력 외국어 스킬 향상을 위해 학원 수강 등의 노력 필수
◇ **Threat** • 잠재적 경쟁자의 증가 • 외국 브랜드의 유입 • 브랜드의 빠른 쇠퇴 우려 • 고객의 지니친 기대심리 • 상표법의 여러 제한 기준	◆ **ST 전략** 취업의 문턱이 조금 원만한 기업의 브랜드 부서 모색 여러 전문가 과정 수료를 통해 경생자 사이에서 우위 선점	◆ **WT 전략** 외국어 공부 및 해외 연수 기회를 모색 지속적인 구직 활동 및 관련 자격증 공부 병행

29

30

5

EVEolution

STP 전략

지금까지의 분석을 통해 구체적인 기업을 선정하고 나를 어필한다

Why Branding

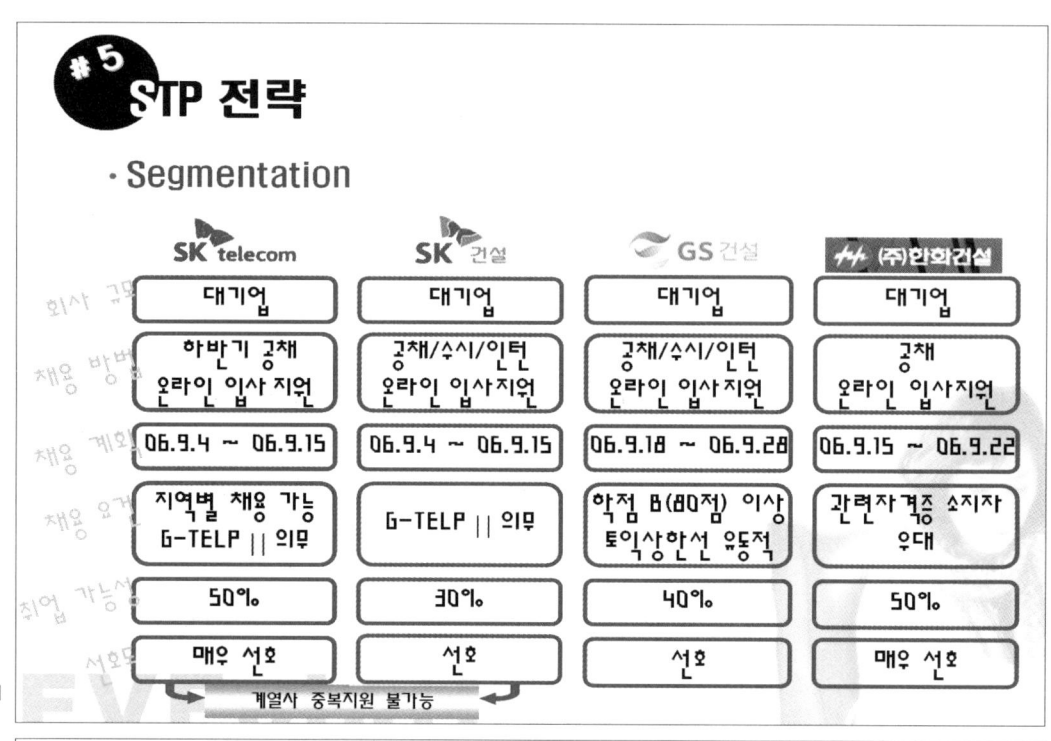

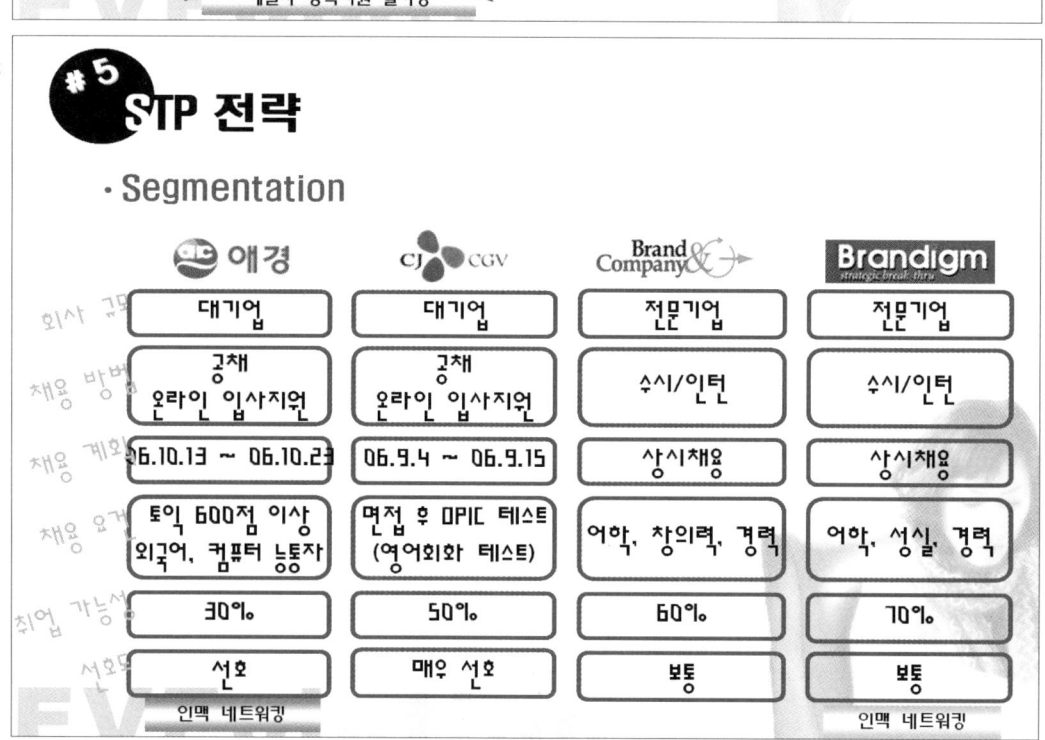

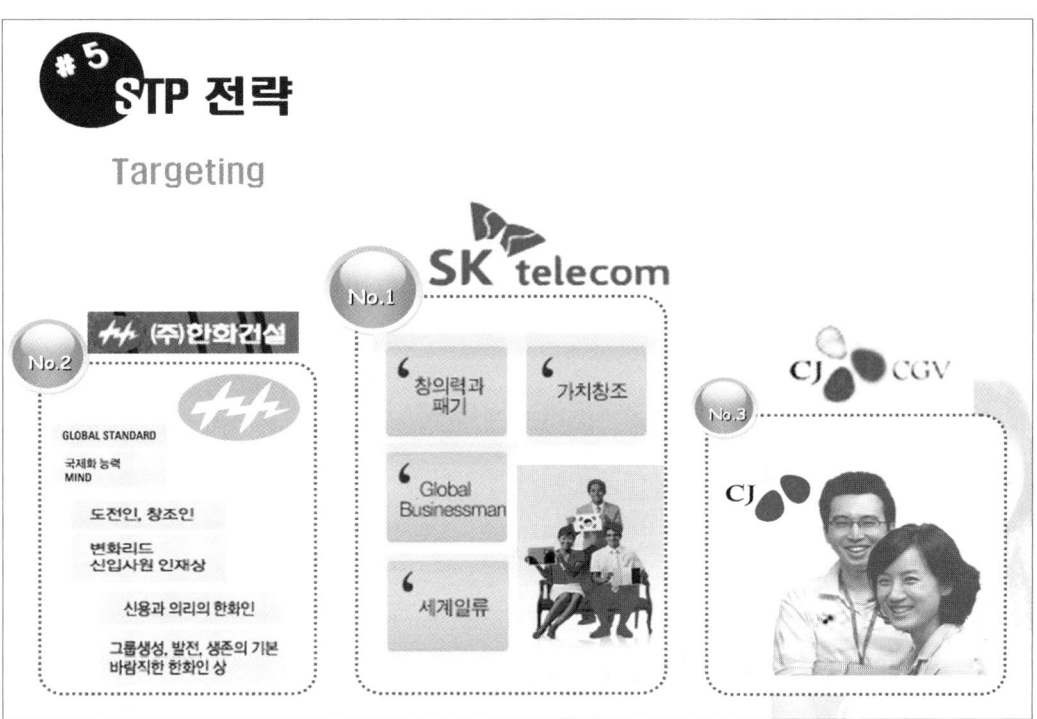

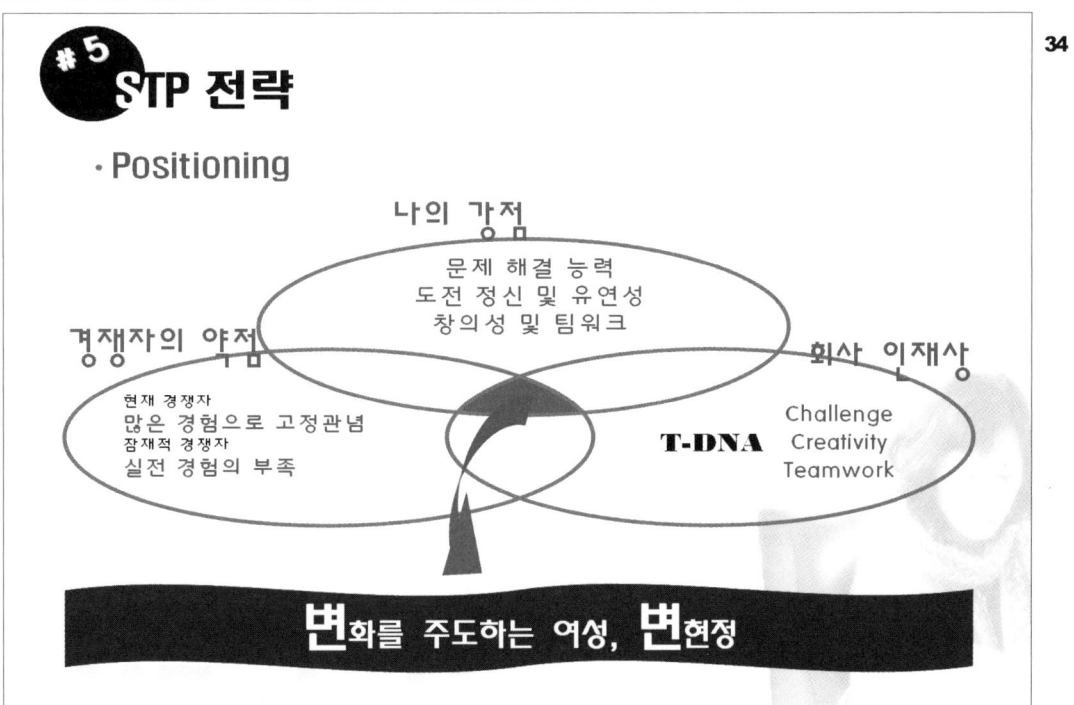

6

EVEolution

5P MIX

타깃기업에게 '변현정'이라는 상품을 판매할 전략을 수립한다

Why Branding

35

36

#6
5P MIX

· Product

이력서

변현정

충북 청원군 오창면 각리 우림필유1차 000-000 (우) 363-883
H.P. 011 - 0000 - 0000 / TEL. 043) 215 - 0000
e-mail daisy@00000.000

지원 분야 SK텔레콤 마케팅 부서

경력 사항

교내

충북대학교 경영대학 학생회 홍보국장   2006-03 ~ 2007-02
담당 업무 교내 행사의 프로모션, 안내 및 홍보 역할 담당
성취 업적 신입생오리엔테이션, 가요제 등의 행사에 많은 학생들이
동참하였고, 경영대 행사에 다른 과 학생들까지도 관심을
가지고 참여.

리스크 분석 및 관리 Project 수행   2004-09 ~ 2004-12
담당 업무 ㈜청공정밀의 리스크 분석 및 해결방안 제시 프로젝트 수행
성취 업적 프리젠테이션 스킬 및 발표 능력이 향상되었고, 좋은 성적을
받음.

국제경영학과 학생회 여학생부장   2004-03 ~ 2005-02
담당 업무 참여율이 낮은 여학생의 학교 행사 참여 유도 역할 담당
성취 업적 체육대회 등에 여학생만의 경기를 넣어 참여율이 낮은
여학생들의 참여를 유도하였고, 이는 성공적이었음.

교외

㈜장유산업 총무팀 근무   2005-05 ~ 2006-01
담당 업무 경리 보조, 제품/고객 관리 및 TM업무
성취 업적 고객들께서 만족하시고 찾아오신 적도 있을 정도로 평판이
좋았고 퇴사 전 계속 일하자는 제의를 받음.

SK텔레콤 TM 서비스교육   2005-04 ~ 2005-05
성취 업적 서비스 마인드 및 고객지향적 사고를 가지게 되었고, 이후
장유산업에서의 업무에 많은 도움이 되었음.

학력 사항
충북대학교 국제경영·정보시스템학부 국제경영학 전공
(2007. 02. 졸업예정)

특기 사항
MS-OFFICE, HWP 능통
AUTO-CAD R14, 포토샵

자격 사항
자동차 운전면허증 1종 보통
유통관리사 2급
컴퓨터 활용능력 2급

위 사항은 사실과 틀림없음을 확인합니다.
2006. 00. 00.
변 현 정 (인)

5P MIX

· Product

자기소개서

변 현 정

지원 동기 및 희망 직무

◎ 나는 매일 진화한다 ◎

급격한 변화와 무한 경쟁 속에서 SK 텔레콤은 끊임없이 변화와 성장을 거듭해 세계적인 초일류 기업이 되었습니다. 저 역시 제 자신을 최고의 브랜드로 만들기 위해 다양한 사회경험을 쌓아왔고 직무 능력 향상을 위해 관련 교육 수료 등 끊임없이 진화와 발전의 노력을 다하고 있습니다. 이러한 저의 삶의 자세와 가치관을 실현할 수 있는 곳이 SK 텔레콤이라고 믿기 때문에 이렇게 지원하게 되었습니다.

고2때부터 SK텔레콤 입사라는 저의 꿈은 한 번도 변한적이 없고 저의 SK 텔레콤에 대한 애정이 너무 커서 주위 사람들이 신기해 할 정도였습니다. 2005년도에는 회사 업무의 간접경험을 하고 싶어서 SK 텔레콤의 TM 및 서비스 교육을 받았을 정도 입니다. 제가 희망하는 직무는 Customer Marketing입니다.

그 직무가 고객과 함께 숨쉬고 고객과 함께 진화할 수 있다고 믿기 때문입니다.

성격의 장·단점 및 성장과정

◎ 미래의 DNA를 보유한 여성, 변현정 ◎

개방적이고 단란한 가정에서 자립심을 배웠고 제가 어떠한 일을 하든 신뢰를 가지고 지원해주셨던 부모님 덕에 여러 경험은 물론 인간 관계에서의 신뢰도 배울 수 있었습니다.

저는 회사 생활, 학생회 등의 사회 경험을 통한 1)팀워크 능력과 학생의 신분임에도 제 자신의 홍보와 다른 사람들과의 네트워킹을 위해 만든 개인 명함 디자인으로 검증 받은 2)창의성, 전문성을 갖추기 위해 일반인 대상이었던 브랜드 전략 전문가 과정을 학생의 신분으로 수료했던 3)도전정신을 저의 강점으로 꼽을 수 있습니다.

저의 약점은 욕심이 많고 호기심이 너무 강하며, 자기 주장이 강하다는 것인데 이를 보완하기 위해 유연성 있는 사고와 피드백을 통해 저 자신을 업그레이드 합니다.

가장 기억에 남는 일

◎ 내 자신이 OK 할 때까지! ◎

이번 여름방학 2개월 동안 자신의 커리어(Career)를 찾아가는 내용의 서적 집필에 사례모델로 참여했습니다. 인생의 비전(Vision)을 수립하고 그 비전에 따른 목표를 설정한 후 그에 따라 자신의 역량을 키워나가 성공한 인생을 말할 수 있는 사람이 되자는 것이 서적 집필의 목적이었습니다.

지금까지는 토익, 영어회화, 자격증 등을 위주로 저 자신을 위한 도전적인 취업이 아닌 사회가 바라는 수동적인 취업 준비를 해 왔고 이러한 준비는 '단기적인 취업' 준비밖에 될 수가 없었습니다.

하지만 이번 서적 집필을 계기로 '취업'이 아닌 '직업(Career)'을 고민하게 되었고 장기적인 인생의 비전과 경력 목표 등 명확한 미래를 설계할 수 있었습니다. 그 동안 생각해보지 않았던 비전과 목표를 2개월이라는 짧은 기간 동안 고민해야 했기 때문에 결코 쉽지는 않았지만 자료 수집과 전문가들과의 대화 및 상담 등 각고의 노력을 통해 제가 가야 할 길을 찾을 수 있었습니다. 제 경력계획서를 본 주변 분들로부터 많은 칭찬을 받았고 이러한 찬사들을 통해 성취감은 더욱 커졌으며 이러한 기회를 얻은 것에 너무나 감사하고 있습니다.

기타 하고 싶은 말

◎ 꿈꾸는 자의 특권 ◎

SK텔레콤을 꿈꾸는 자에게 주어지는 최고의 특권을 얻어 내고 싶습니다!

저는 제가 가지고 있는 창의성(Creativity)을 강점으로 SK 텔레콤에 도전(Challenge)하여, 세계 최고의 기업에서 최고의 핵심인재로서의 역량을 발휘해 SK 텔레콤과 함께 할 것(Teamwork)을 자신 있게 말씀 드립니다.

도전, 창조, 공동체의 DNA를 보유한 신화하는 여성, 변현정입니다.

5P MIX

· Price

나의 강점 & 회사에 기여할 수 있는 부분

문제 해결 능력 및 전문성

휴학기간 중 제조회사 근무 경험은 제가 회사에 입사 시, 경험을 바탕으로 한 문제 해결에 많은 도움이 될 것입니다.

또한 그번의 학생회 경험으로 리더십 및 팀워크, 조직 기술 등을 배울 수 있는 기회가 되었기 때문에 이러한 저의 경험은 신입 사원으로서의 실수를 줄여줄 수 있을 것입니다.

마케팅 전문성을 기르기 위한 브랜드 전략 전문가 과정 수료 또한 입사 후 전문적인 일을 능히 수행해 낼 수 있을 것입니다.

관련학과 전공(경영계열), 예술적 면모(창의성)

어떠한 일을 수행할 때, 그 일에 대해 알고 수행하는 것과 이해하고 수행하는 것에는 분명 차이가 있습니다.

경영 계열을 전공한 저에게는 일의 수행을 깊이 이해함으로써 최고로 해나갈 수 있고, 마케팅 전략에서 필수인 창의적인 역량을 지니고 있기 때문에 회사의 브랜드 전략에 큰 일조으로 성장할 것입니다.

작은 예로 파워포인트 비중에 높은 비중이 있었던 수업에서 A+를 받았습니다.

호기심, 유연성 및 강한 의지

많은 일에 호기심을 가지고 분석해보는 것을 좋아하고, 어떠한 어려운 일에 관심을 가지고 임하여 포기하지 않고 성공했을 시 느끼는 보람은 매우 좋아합니다.

한번 관심을 가진 일을 열정으로 완성시키고자 하는 노력과 의지는 회사에서 제가 많은 업무의 최선, 최고의 수행에 분명 많은 기여를 할 것이라 자신합니다.

또한 마케팅 전략에 있어 유연성 있는 태도는 매우 중요하기 때문에 저에게 가장 적합한 업무라고 자부합니다.

5P MIX

· Price

자기소개를 해보시기 바랍니다.

안녕하십니까. '변화를 주도하는 여자' 변현정입니다.
브랜드,마케팅 전략에 있어 변화와 그 변화에 능동적인 자세, 유연성은 필수적이라 생각합니다.
9개월간 회사 경험 및 많은 아르바이트로 문제 해결 능력과 유연성을 배웠고, 브랜드전략전문가 과정을 통해 제가 하고자 하는 일에의 열정과 전문성을 길러습니다.
"기업이 만드는 것은 제품이지만, 소비자가 사는 것은 브랜드다"라는 말이 있습니다. 기업과 제품도 물론 중요하지만 그 기업과 제품을 소비자에게 각인시키는 브랜드와 마케팅에 깊은 매력을 느끼고 있습니다.
귀사의 성공적인 마케팅 전략을 함께하고 싶은 미래 최고의 마케터, "변현정"입니다.

장래의 경력계획은?

저의 가장 큰 꿈은 나의 이름을 건, 세계적이지만 가장 한국적인 명품브랜드를 만드는 것입니다.
그러기 위해서는 수많은 경험을 해야 할 것이고, 많은 시행착오를 겪을 것이라는 각오도 하고 있습니다.
저는 귀사의 마케팅전략을 통해 최고의 브랜드자산가치를 지닌 브랜드를 관리하는 매니저의 위치에 오르고 싶은 욕심이 있습니다. 그리하여 가장 최후에는 귀사의 브랜드를 세계 최고로 만들고 싶습니다.

여가 시간에 주로 무엇을 합니까?

저는 사람과 사람 사이의 관계를 중요하게 생각합니다.
여가시간에는 많은 사람들을 만나 서로에 대해 알고, 담소를 나누며 서로의 가치를 공유하고 있습니다.
또한 독서도 매우 좋아하기 때문에 자기 전에는 꼭 책을 읽고 시간이 나는 자투리 시간마다 마케팅이나 광고, 자기계발, 상식에 관한 책을 읽으며 시간을 보내고 있습니다.

5P MIX

· Price

당신의 강점은 무엇입니까?

저는 회사 생활, 학생회 등의 사회 경험을 통한 1)팀워크 능력과, 학생의 신분임에도 제 자신의 홍보와 다른 사람들과의 네트워킹을 위해 만든 개인 명함 디자인으로 검증 받은 2)창의성, 전문성을 갖추기 위해 일반 직장인 대상이었던 브랜드전략 전문가 과정을 학생의 신분으로 수료했던 3)도전정신을 저의 강점으로 꼽을 수 있습니다.

당신의 약점은 무엇입니까?

저의 약점은 욕심이 많고, 호기심이 너무 강하며 자기 주장이 강하다는 점입니다.
이를 보완하기 위해 유연성 있는 사고와 계속적인 피드백을 통해 저 자신을 업그레이드하고 있습니다.
또한 욕심과 호기심을 열정으로 승화시켜 맡은 바 업무를 최선을 다해 수행해내고자 노력합니다.

당신의 업무 스타일은?

저는 어떠한 일의 전체적인 흐름을 알아야 부분적인 일도 완벽하게 처리할 수 있다고 생각합니다.
때문에 맡은 일에 대해서는 기본적인 분야와 목적 등을 알고 일을 시작하며, 내가 맡은 일은 내 능력과 열정이라 생각하기 때문에 밤을 새는 한이 있어도 완벽하게 처리하고자 합니다.

당신의 관리 스타일은?

저는 휴머니즘의 매력을 좋아하기 때문에 어떠한 일이나 사람과의 관계에도 사무적이지 않고 인간적인 관계가 돈독해지도록 노력하고 있습니다. 업무시간 후의 술자리나 대화 중간에 아이디어가 많이 나오고, 사람만큼 큰 자산도 없다고 생각하기에 사람냄새나는 사람이 되도록 노력하고 있습니다.

5P MIX

· People

 이미 알고 있음
즉각적인 만남
소개에 의한 피드백

A Group

 중개자
해당분야 활동 사람들
문제점/목표/개선점 조언

B Group

 채용에 대한 결정 가능
제안서를 받음
일자리를 만들어 냄

C Group

A Group	B Group	C Group

· 임문수 선생님
· 정해영 선생님
· 윤지연 선생님
· 송영욱 교수님
· EVEolution 1기
· 황부영 강사님
	· 최상훈 주임님
	· 마귀 회원들
	· 브랜드 전략전문가
	  10기 동기들
	· 성상훈 5H텔레콤사원
	· 종합인력개발원
		· 기업의
		  인사채용 담당자

★ 네트워킹이란? 필요를 느끼기 전에 미리 구축하는 인간관계 **41**

42

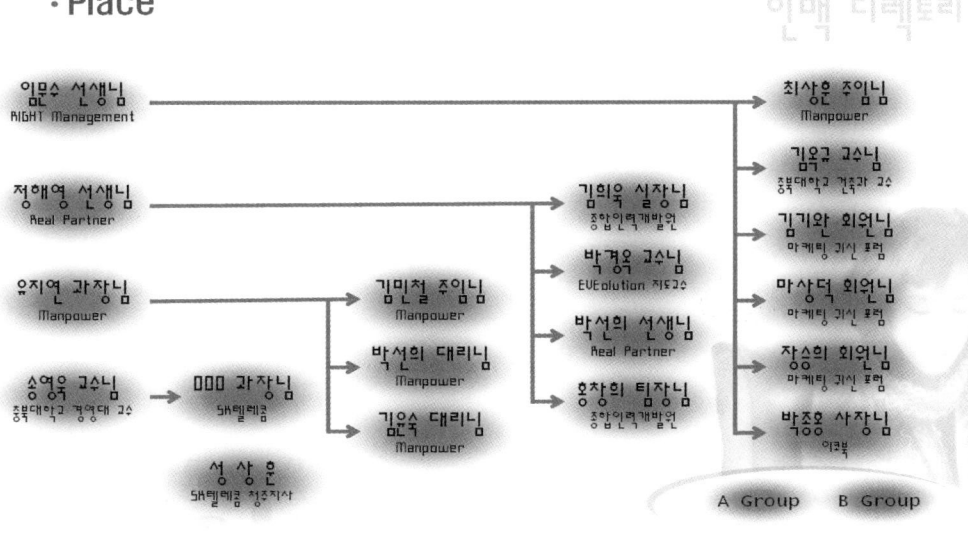

5P MIX

· Place

5P MIX #6

·Promotion

브랜드전략전문가 양성과정

수 료 증

과정명 : 브랜드전략 전문가 과정
기간 : 2006. 08. 02 ~ 08. 30.
성명 : 변 현 정

상기 귀하는 (주)인소풋에서
2006년 08월 08일 ~ 08월 30일 실시한
제 10기 브랜드전략전문가 과정
(Brand Strategy Specialist Program)을
성공적으로 수료하였으므로
이 증서를 수여합니다.

2006년 08월 30일

주식회사 인소풋 대표이사 김 재 연

변 현 정

Your BRAND Partner

H.p) 011- XXXX XXXX
e-mail) daisy XXXX @ I   XXXX

수료증, 명함

43

184

7
EVEolution

실 행 계 획 수 립

성공적인 취업을 위한 지금까지의 전략을 수행할 계획을 수립한다

? Why Branding

44

45

전략 방향 도출

· 2006년 수행 마일스톤

전문성	브랜드 관련 자격증 공부	9월 — 12월
	마케팅 워크샵 등 참여	8월 — 12월
	전문가와의 네트워킹	7월 — 12월
창의성	영어, 불어 등 외국어 공부	9월 — 12월
	마케팅, 리더쉽 등의 독서	7월 — 12월
	항상 메모하는 습관	7월 — 12월
기 타	이력서, 자기소개서 보완	8월 — 12월
	면접 및 프레젠테이션 연습	9월 — 12월

전략 방향 도출

· Personal Value Chain [Future]

최고의 가치를 더욱 돋보이게 해 주는 사람

2006 SK텔레콤 마케팅 부서 입사			2010 인테리어 공부 시작 / 브랜드 책 집필		
2015 SK텔레콤 브랜드 관리자 / 브랜드개발			2020 인테리어 컨설팅 회사 설립 / 브랜드 코치		
스포츠마사지 카이로프락틱 배우기	인턴쉽	관련서적 구입 및 독서	노래방 18번 만들기	동호회, 포럼, 카페 등 활동	적극적인 참여 자세
재즈댄스 및 요가	학원 홍보 아르바이트	브랜드 관련 자격증 취득	나만의 PR	개인명함 제작	자기관리, 리더십 독서
밤샘 가능한 체력	제조회사 총무팀 근무	브랜드 전략 전문가과정 수료	이미지 메이킹 낙천적이고 포기하지 않음	브랜드전문가 네트워킹 술자리 좋아함	친교모임 총무
빠지지는 않는 외모	TM 및 서비스교육	유통관리사 자격증	놀기 좋아함	사람과의 교제 좋아함	학생회 활동 2회
체력	**경력**	**전문 지식**	**개성**	**대인관계**	**리더십**

46

47

전략 방향 도출

· 전략 방향 도출

최고의 가치를 더욱 돋보이게 해 주는 사람

→ 브랜드 관련 자격증 공부
→ 브랜드 전문가 과정 수료
→ 현 전문가와의 네트워킹

→ 영어, 중국어 등 외국어 공부
→ 다방면의 상식 습득을 위한 독서
→ 항상 메모하는 습관 들이기

Epilogue

기업이 만드는 것은 제품이지만,

소비자가 구매하는 것은 **브랜드**이다.

대한민국의 루이비통을 만들 여성, 변현정

48

3 항공사 승무원 — 이나연

비전 및 목표 수립

• 비전 수립 방법 (열정)

◆ 세상에서 당신을 가장 흥분 시키는 것은 무엇인가?

● 나의 목표에 다가서는 것

◆ 세상에서 당신을 가장 화나게 하는 것은 무엇인가?

● 능력이 모자라는 나 자신을 볼 때

1

2

비전 및 목표 수립

• 비전 수립 방법 (열정)

◆ 만약에 당신이 세상에서 당신을 가장 흥분 시키는 것을 가르친다면 무엇을 가르칠 것인가?

● 꿈을 가지는 것

◆ 만약에 당신이 세상에서 당신을 가장 화나게 하는 것을 가르친다면 무엇을 가르칠 것인가?

● 포기

비전 및 목표 수립

• 비전 수립 방법 (열정)

◆ 만약에 일요일 아침 6시에 당신을 잠자리에서 벌떡 일어나게 하는 것이 있다면 그것은 무엇인가?

● 새로운 정보

◆ 어떤 주제를 가지고 이야기할 때 당신은 흥분되고 끊임없이 이야기할 수 있는가?

● 내가 이루고 싶은 것을 이야기 할 때

3

4

비전 및 목표 수립

• 비전 수립 방법

나의 70번째 생일, 조그마한 정원이 있는 나의 집에서 나의 남편, 자식들, 친척들, 그 외 다양한 분야의 사람들이 내가 촛불을 끄는 순간을 기다리고 있다.

남편은 나에게 그 동안 곁에 있어주어서 고맙다고 말하고 자식들은 평범하고 행복한 가정에서 자라게 해준 것 을 고맙다고 말한다. 그 외 나의 후배들, 제자들, 친구들, 그뿐 만이 아니라 나를 한번 만나고 인생에 조금이나마 변화를 가져온 사람들은 행복을 느끼게 해주어서 고맙다고 말한다.

나는 이들을 뿌듯하게 지켜보며 앞으로 이 사람들에게 또 무엇을 줄 수 있을지 고민하고 있다.

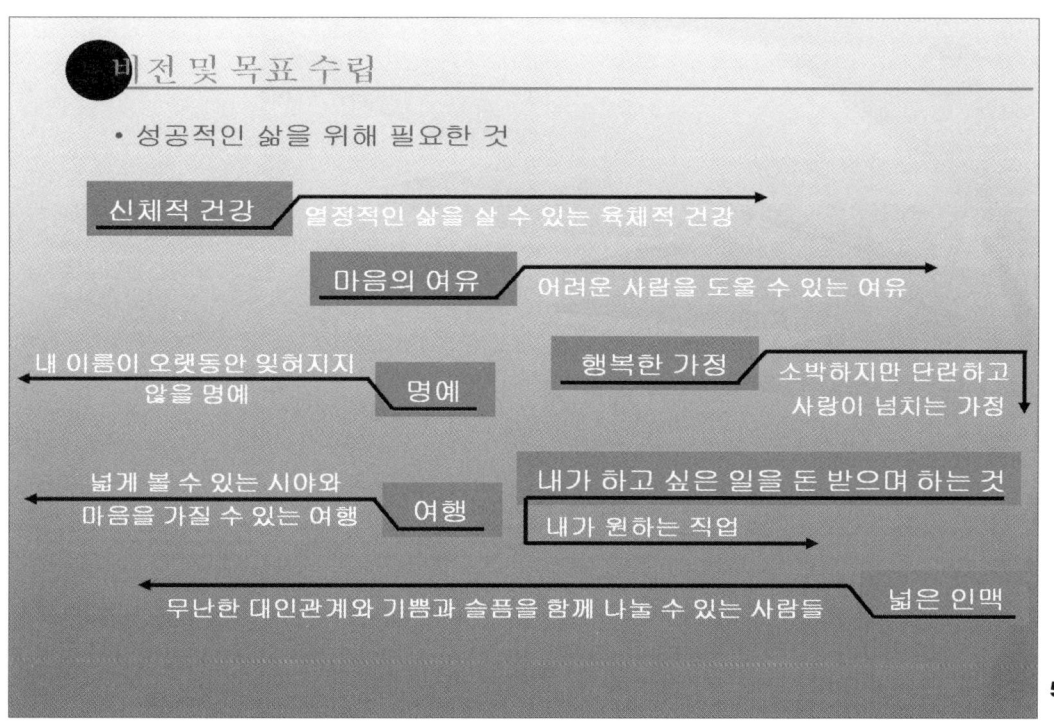

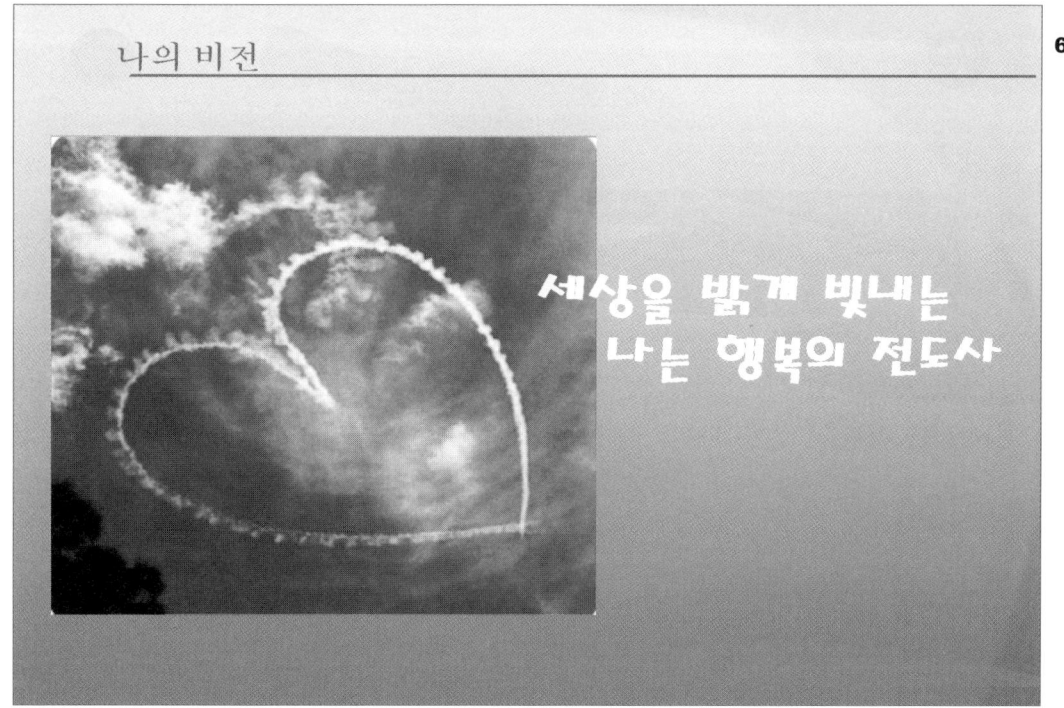

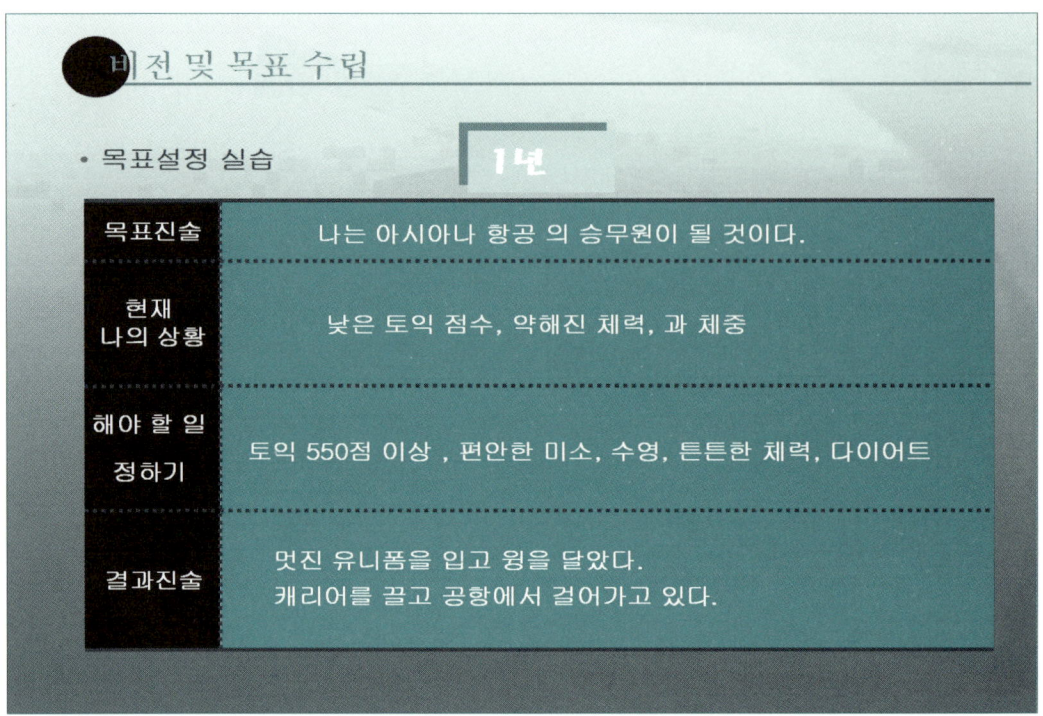

비전 및 목표 수립

- 목표설정 실습

1년

목표진술	나는 아시아나 항공 의 승무원이 될 것이다.
현재 나의 상황	낮은 토익 점수, 약해진 체력, 과 체중
해야 할 일 정하기	토익 550점 이상 , 편안한 미소, 수영, 튼튼한 체력, 다이어트
결과진술	멋진 유니폼을 입고 윙을 달았다. 캐리어를 끌고 공항에서 걸어가고 있다.

7

8

비전 및 목표 수립

- 목표설정 실습

10년

목표진술	나는 최고의 승무원이 될 것이다.
현재 나의 상황	시간에 쫓겨 공부를 소홀히 하였다.
해야 할 일 정하기	방송 1급 자격 취득, 영어공부, 진급, 아시아나 서비스 컨설팅 강사 되기
결과진술	아시아나에서 기내방송을 제일 잘하는 승무원으로 정평이 나있다. 외국인과 자연스러운 대화를 나눈다. 캐빈 매니저로 진급하여 업무지시를 내리고 있다. CS강사가 되어 신입승무원 교육을 하고 있다.

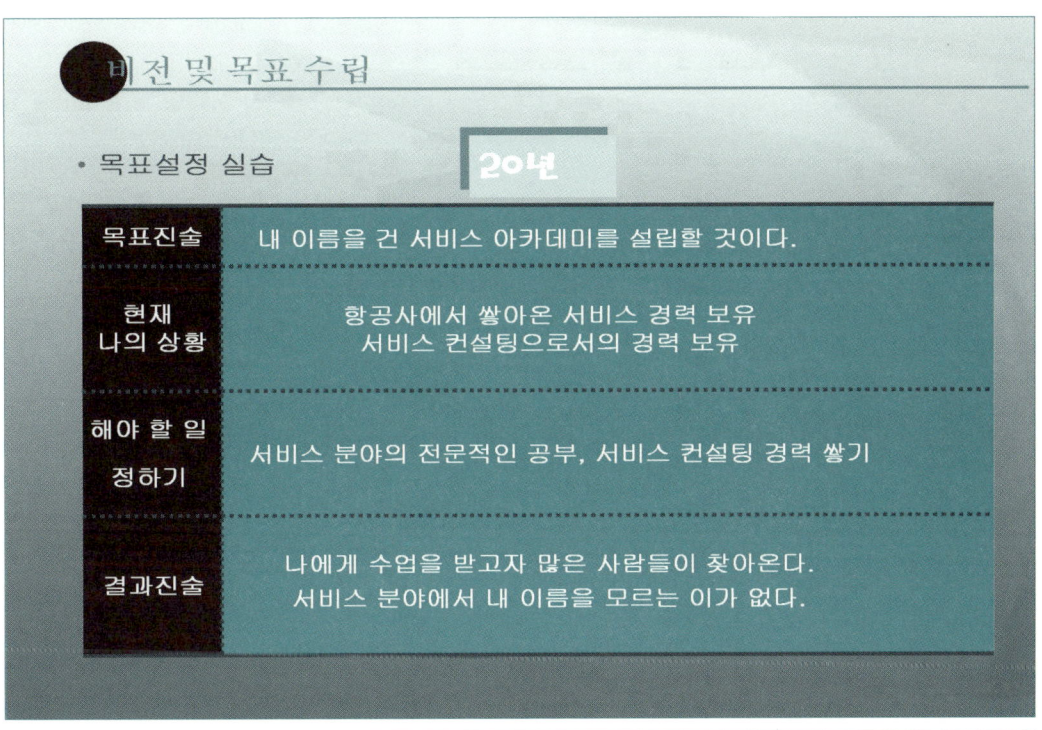

외부 환경 분석

11

환경요인	주요 항목	내 용
법 · 정치적 환경	주 5일 근무제 확산	경기는 좋지 않지만 항공수요는 늘어가고 있다.
	저가 항공사의 출현	한성항공과 제주항공과 같은 저가 항공사가 출현하였다.
	KTX의 출현	KTX가 출현하면서 항공사 국내 수요가 줄어 들고 있다.
	대기업에서 자체적으로 승무원 고용	삼성에서는 자체적으로 경력직 승무원을 고용하고 있다.
	911사태와 같은 급격한 해외 정세	항공사는 국제 정세와 많은 연관이 있으므로 공채가 불안정하다
	항공사 나이제한 엄격	국내항공사는 나이제한을 엄격하게 두고 있다.

12

외부 환경 분석

환경요인	주요 항목	내 용
경제 · 기술적 환경	원화강세	원화 강세로 해외 여행비용의 감소로 인해 해외여행객 이 증가한다.
	항공기 도입	새로운 항공기 도입을 계획중이다
	국민소득 1만 달러 시대	여행에 대한 욕구 증가한다.
	방사선	조종사, 승무원들은 원자력 발전소 작업자보다 세배나 더 많은 방사선에 피폭된다.
	아시아-태평양 지역 항공여행 수요 급등	향후 20년 동안 수요가 연평균 6.6%의 고도성장을 이어 갈 것이라고 예측하였다.

외부 환경 분석

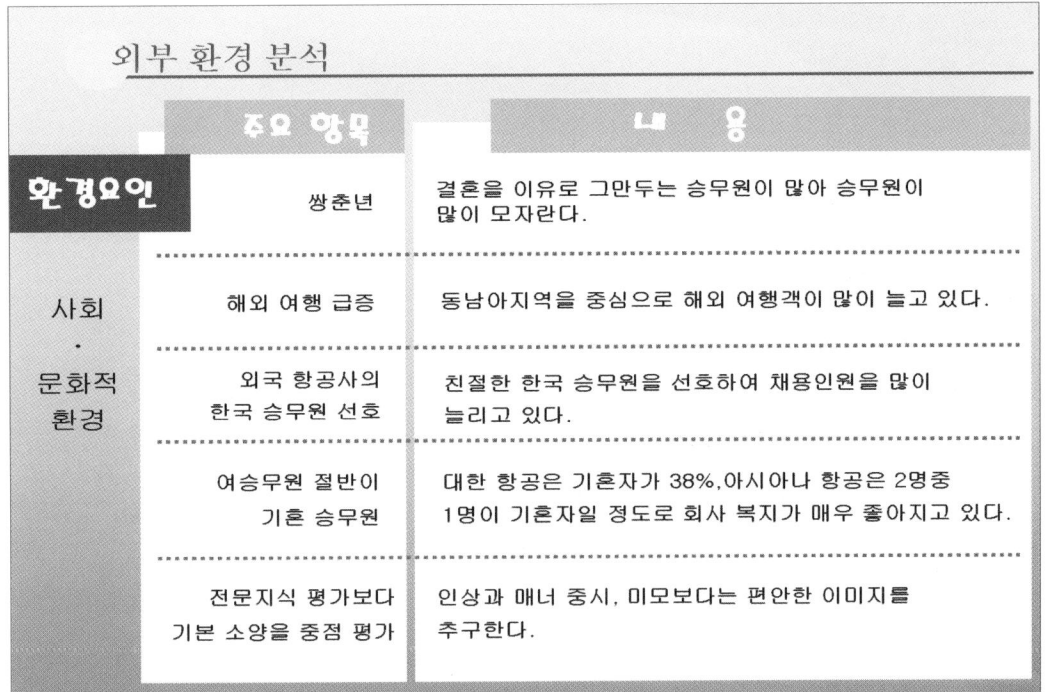

	주요 항목	내 용
환경요인	쌍춘년	결혼을 이유로 그만두는 승무원이 많아 승무원이 많이 모자란다.
사회 · 문화적 환경	해외 여행 급증	동남아지역을 중심으로 해외 여행객이 많이 늘고 있다.
	외국 항공사의 한국 승무원 선호	친절한 한국 승무원을 선호하여 채용인원을 많이 늘리고 있다.
	여승무원 절반이 기혼 승무원	대한 항공은 기혼자가 38%, 아시아나 항공은 2명중 1명이 기혼자일 정도로 회사 복지가 매우 좋아지고 있다.
	전문지식 평가보다 기본 소양을 중점 평가	인상과 매너 중시, 미모보다는 편안한 이미지를 추구한다.

13

14

3C 분석

• 경쟁자 분석 (Competitors)

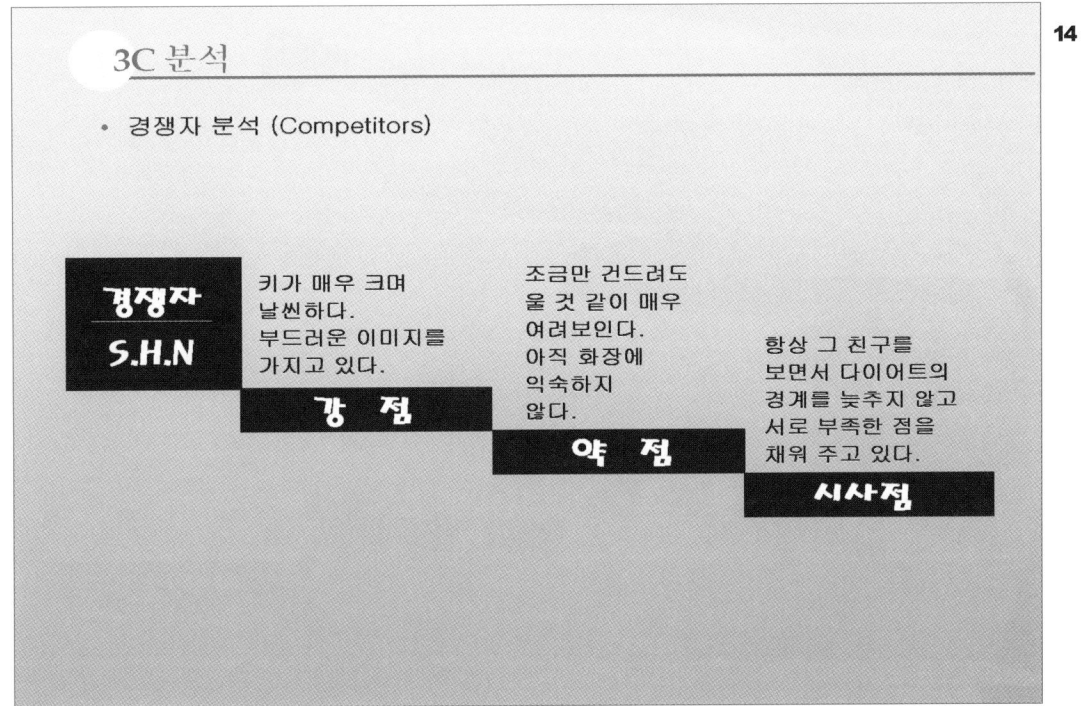

경쟁자 S.H.N
키가 매우 크며 날씬하다. 부드러운 이미지를 가지고 있다.

강 점

조금만 건드려도 울 것 같이 매우 여려보인다. 아직 화장에 익숙하지 않다.

약 점

항상 그 친구를 보면서 다이어트의 경계를 늦추지 않고 서로 부족한 점을 채워 주고 있다.

시사점

3C 분석

- 경쟁자 분석 (Competitors)

경쟁자
승무원양성 학원에 다니 는 학생들

학원 수강생은 정보수집에 빠르다.
외국항공사 경우 학원 대행이 많으므로 유리한 점이 많다.
많은 지원자들을 볼 수 있어 서로 비교해 볼 수 있고, 피드백이 가능하다.

강 점

학원비에 반해 효과를 못 본다는 의견이 대다수이다.
학원 수강생들은 매우 비슷한 성향을 가지고 있어 오히려 감점의 요인이 될 수 있다.

약 점

다른 사람들과의 피드백과 정보수집을 위해서 학원을 다니는 것은 괜찮으나 많은 기대는 하지 않는 것이 좋을 것 같다.
모두 자기하기 나름인 것 같다.

시사점

3C 분석

- 경쟁자 분석 (Competitors)

경쟁자
항공 운항 학생들

학교 수업 자체가 승무원 입사에 맞추어져 있으므로 준비가 철저하게 되어있다.
정보획득에 유리하다.

강 점

항공 운항과는 대부분 전문대에 많이 속해있으므로 아시아나 국제선 입사 기회는 주어지지 않는다.

약 점

지금은 인하공전뿐만 아니라 모든 항공 운항과 학생들에게 기회가 더욱 많은 것은 사실이다.
하지만 아시아나 공채는 4년제가 유리하다.
준비만 철저하게 한다면 굳이 큰 문제는 되지 않으리라 생각한다.

시사점

3C 분석

- 고객 분석 (Customers)

	고객의 니즈 (Needs)	시 사 점
국내 항공사	토익 550점 이상, 키 162 이상 수영 가능자,튼튼한 체력, 곧은 다리, 나이제한.	높은 능력보다는 면접의 비중이 매우 높다. 기본조건을 넘기고 편안한 이미지를 구사 한다면 가능성이 있을 것이다.
외항사	토익 제한 없으나 면접이 영어로 이루어짐, 키 158이상, 나이제한 없음	면접이 영어로 이루어지므로 유창한 영어회화 실력이 요구된다. 나이제한이 없으므로 도전기회는 무궁무진하다.
부모님	내가 하는 일은 모두 지원해 주시나 집에서 직장 다니시기를 원하신다.	안전한 주거만 해결 된다면 내가 하는 일에 대하여 믿고 지원해 주신다.
항공사 고객	편안하고 쉽게 부탁할 수 있는 승무원	예쁘고 화려한 승무원 보다는 정말 편안하고 쉽게 부탁할 수 있는 승무원을 더욱 선호한다.

17

18

3C 분석

- 자기 분석(Me-Company) – 성격 유형 분석(MBTI Analysis)

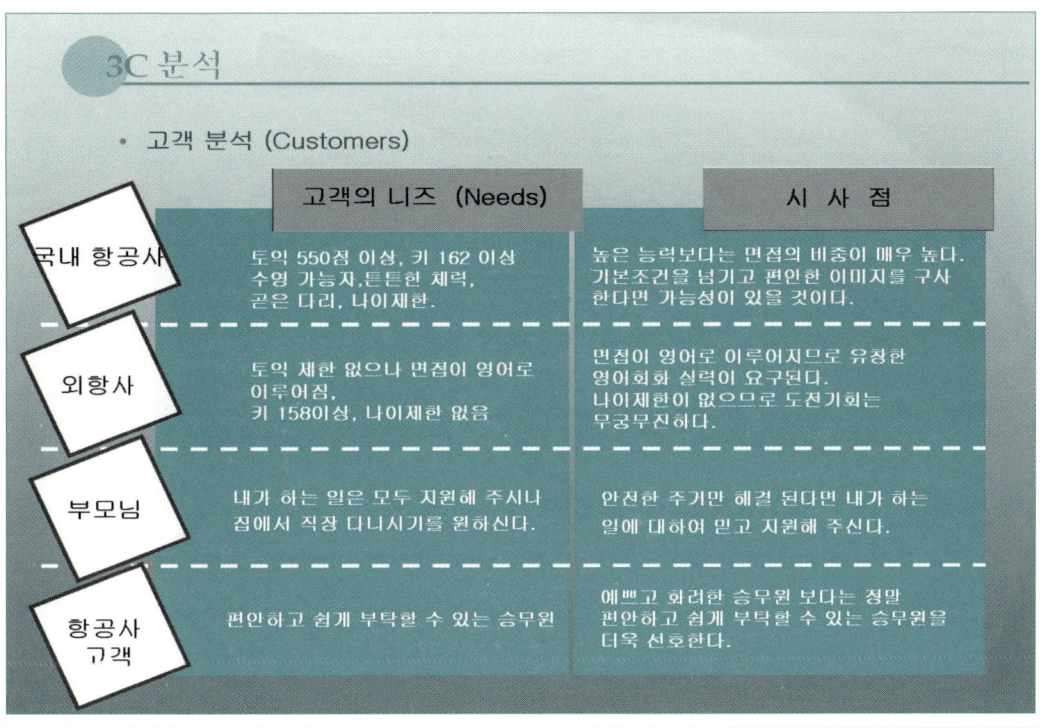

유형

ISTP

특장

조용하고 과묵하고 절제된 호기심 으로 인생을 관찰하며 상황을 파악 하는 민감성과 도구를 다루는 뛰어 난 능력이 있다.

강점

말이 없으며, 객관적으로 인생을 관찰하는 형이다. 필요 이상으로 자신을 발휘하지 않는다. 사람에 따라 사실적 자료를 정리, 조직하길 좋아한다. 민첩하게 상황을 파악하는 능력이 있다.

약점

느낌이나 감정, 타인에 대한 마음을 표현하기 어려워 한다.

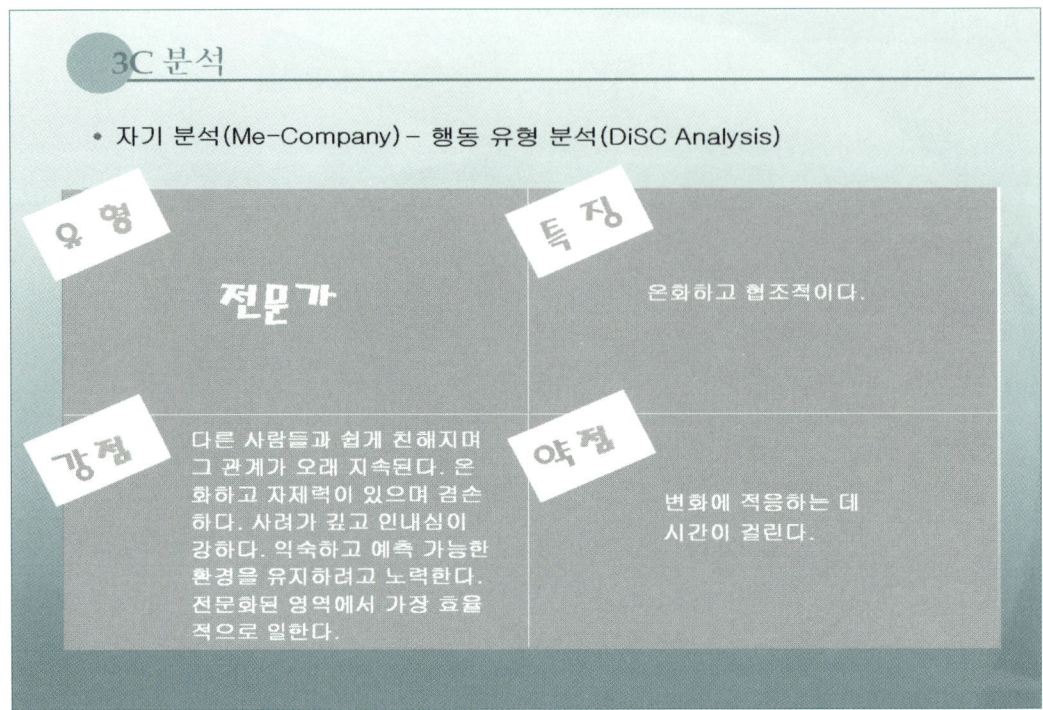

3C 분석

- 자기 분석(Me-Company) – 행동 유형 분석(DiSC Analysis)

유 형	특 징
전문가	온화하고 협조적이다.

강 점	약 점
다른 사람들과 쉽게 친해지며 그 관계가 오래 지속된다. 온화하고 자제력이 있으며 겸손하다. 사려가 깊고 인내심이 강하다. 익숙하고 예측 가능한 환경을 유지하려고 노력한다. 전문화된 영역에서 가장 효율적으로 일한다.	변화에 적응하는 데 시간이 걸린다.

19

20

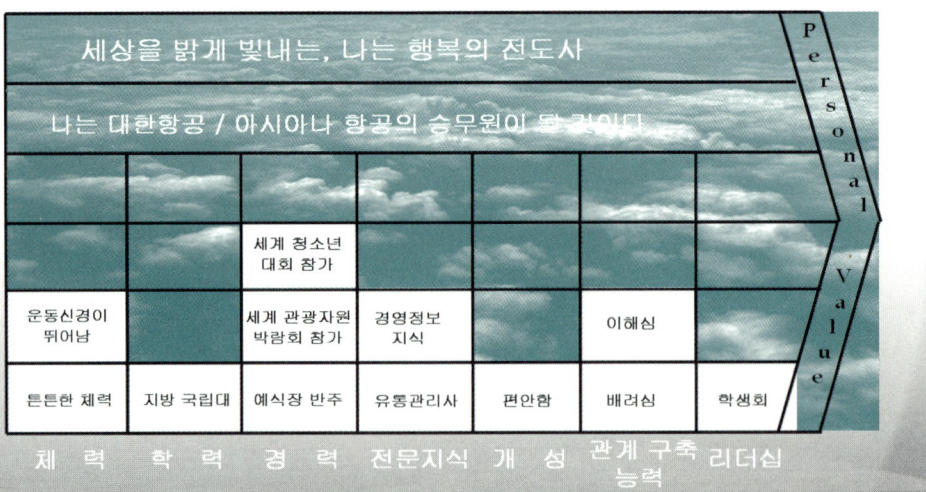

3C 분석

- 자기 분석(Me-Company)- 역량 분석(Personal Value Chain Analysis)

세상을 밝게 빛내는, 나는 행복의 전도사

나는 대한항공 / 아시아나 항공의 승무원이 될 것이다.

체 력	학 력	경 력	전문지식	개 성	관계 구축 능력	리더십
		세계 청소년 대회 참가				
운동신경이 뛰어남		세계 관광자원 박람회 참가	경영정보 지식		이해심	
튼튼한 체력	지방 국립대	예식장 반주	유통관리사	편안함	배려심	학생회

TOWS 분석

• 기회 · 위협 요소 도출

기회 Best 5		위협 Best 5
승무원의 수요 급등	1	체력 관리가 더욱 요구됨
올해 유난히 많은 공채 기회	2	변수에 의한 불안정한 공채
저가항공사, 외국항공사의 취업기회도 많음	3	아시아나 국내선 승무원 수요 하락
복지가 좋아져 평생직장이 됨	4	승무원의 건강 위협
높은 능력보다 편안한 이미지 선호	5	나이 제한으로 어학연수, 휴학 기회가 많이 주어지지 않음

21

22

TOWS 분석

• 강점 · 약점 도출

	강점 Best 5	약점 Best 5
NO. 1	상황을 파악하고 처리하는 능력 탁월	조금은 통통한 몸매
NO. 2	온화하고 협조적	낮은 토익 점수
NO. 3	다른 사람들과 쉽게 친해짐	약해진 체력
NO. 4	배려심이 깊다	감정 표현이 서투르다.
NO. 5	인내심이 강하다.	변화에 적응하는데 시간이 걸린다.

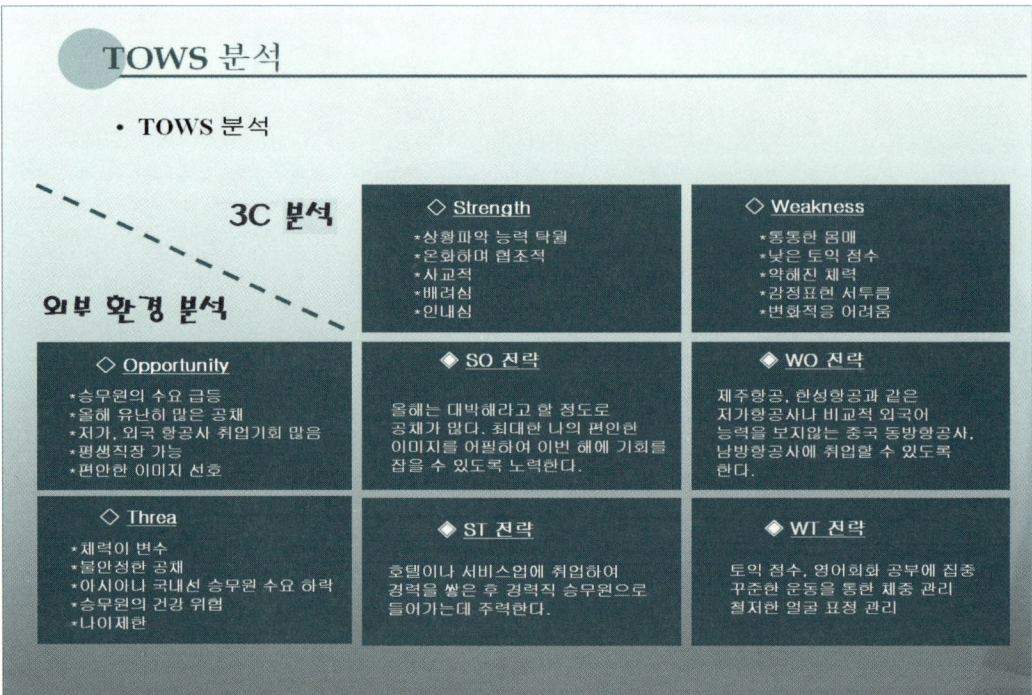

TOWS 분석

• TOWS 분석

3C 분석

외부 환경 분석

◇ **Strength**
* 상황파악 능력 탁월
* 온화하며 협조적
* 사교적
* 배려심
* 인내심

◇ **Weakness**
* 통통한 몸매
* 낮은 토익 점수
* 약해진 체력
* 감정표현 서투름
* 변화적응 어려움

◇ **Opportunity**
* 승무원의 수요 급등
* 올해 유난히 많은 공채
* 저가, 외국 항공사 취업기회 많음
* 평생직장 가능
* 편안한 이미지 선호

◆ **SO 전략**
올해는 대박해라고 할 정도로 공채가 많다. 최대한 나의 편안한 이미지를 어필하여 이번 해에 기회를 잡을 수 있도록 노력한다.

◆ **WO 전략**
제주항공, 한성항공과 같은 지가항공사나 비교적 외국어 능력을 보지않는 중국 동방항공사, 남방항공사에 취업할 수 있도록 한다.

◇ **Threa**
* 체력이 변수
* 불안정한 공채
* 아시아나 국내선 승무원 수요 하락
* 승무원의 건강 위협
* 나이제한

◆ **ST 전략**
호텔이나 서비스업에 취업하여 경력을 쌓은 후 경력직 승무원으로 들어가는데 주력한다.

◆ **WT 전략**
토익 점수, 영어회화 공부에 집중 꾸준한 운동을 통한 체중 관리 철저한 얼굴 표정 관리

23

24

TOWS 분석

❖ Personal Value Chain (Future)

비 전	세상을 밝게 빛내는, 나는 행복의 전도사						Personal Value
목 표	나는 대한항공 / 아시아나 항공의 승무원이 될 것이다.						

	체 력	학 력	경 력	전문지식	개 성	관계 구축 능력	리더십
보 능 유 력	수영		서비스 경력	서비스공부			
	유연성		세계 청소년 대회 참가	외국어능력		솔직한 감정표현	
	운동신경이 뛰어남	석사,박사 학위	세계 관광자원 박람회 참가	경영정보 지식		이해심	
	튼튼한 체력	지방 국립대	예식장 반주	유통관리사	편안함	배려심	학생회

TOWS 분석

* 전략 방향 도출

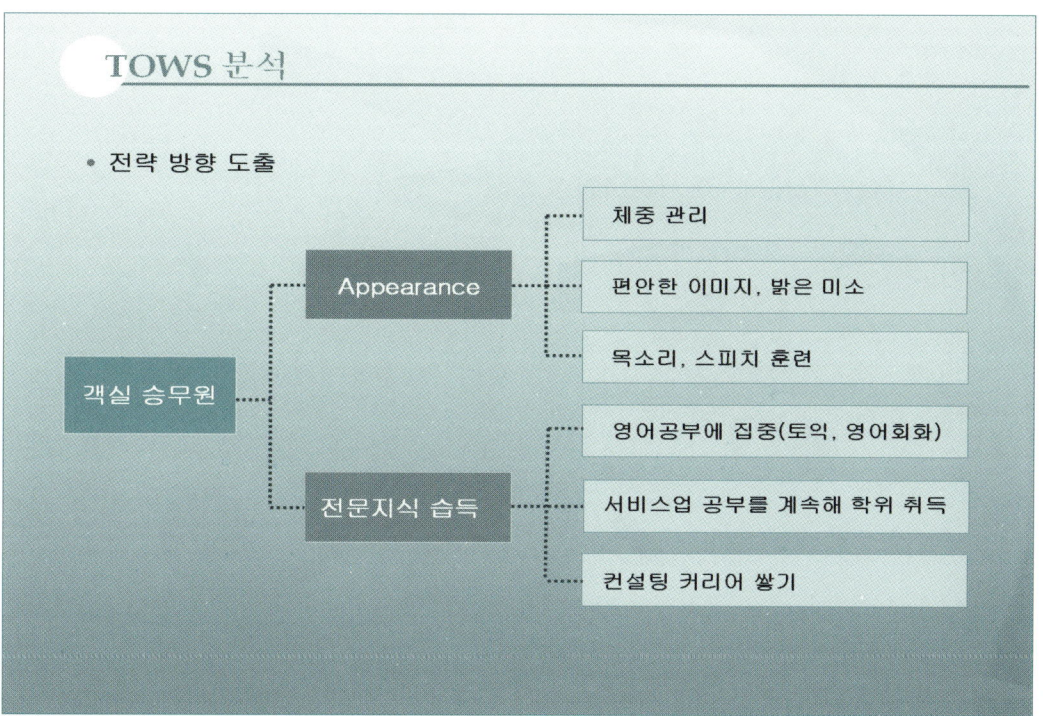

		체중 관리
객실 승무원	Appearance	편안한 이미지, 밝은 미소
		목소리, 스피치 훈련
	전문지식 습득	영어공부에 집중(토익, 영어회화)
		서비스업 공부를 계속해 학위 취득
		컨설팅 커리어 쌓기

25

26

STP 전략

❖ Segmentation

	회사 규모	채용 계획	채용 요건	취업 가능성	선호도	전형 절차	기타
아시아나 항공	메이저 항공사	06년 상.하반기	4년제 이상, 토익 550이상 키 162이상	70%	매우 선호	서류-1차 면접- 체력검사-2차 면접 -신체검사	나이제한 엄격
대한항공	메이저 항공사	06년 상.하반기	2년제 이상, 토익 550이상, 키 162이상	60%	선호	서류-1차면 접- 인적성 검사-2차 면접 -신체검사	다소 나이제한이 유연함
제주& 한성항공	지역 항공사	06년 상.하반기	2년제 이상, 토익 550이상,	50%	선호	서류-1차 면접- 2차 면접-신체검사	
외항사	외국 항공사	수시채용	특별한 채용요건 없음	30%	선호	서류와 면접순이나 외항사 마다 다름	유창한 영어실력 요구

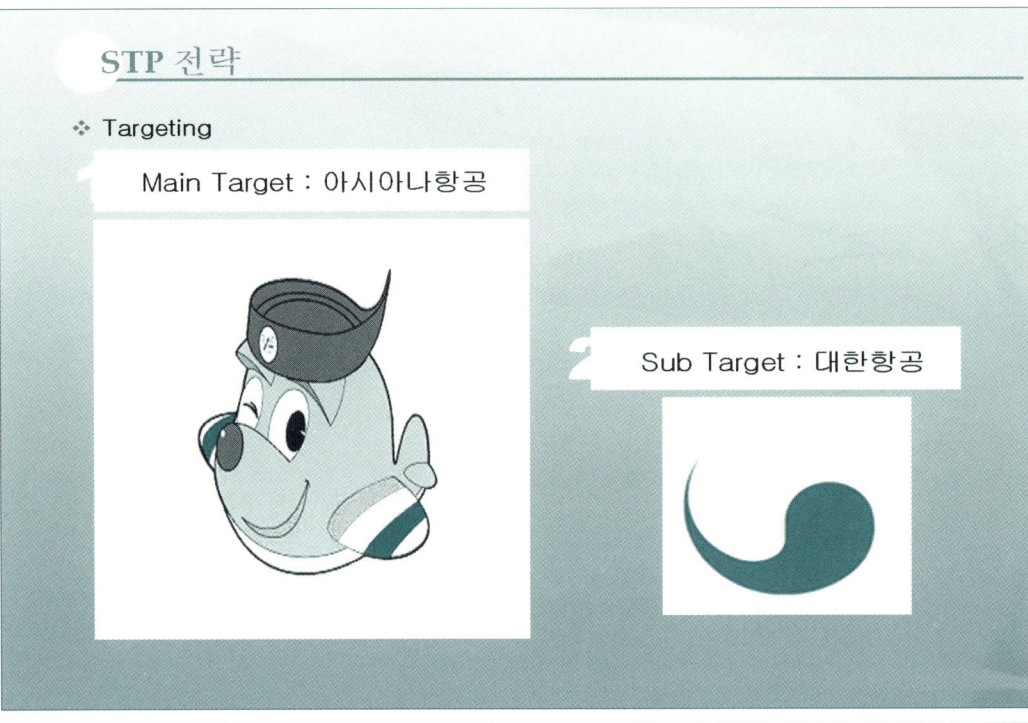

27

28

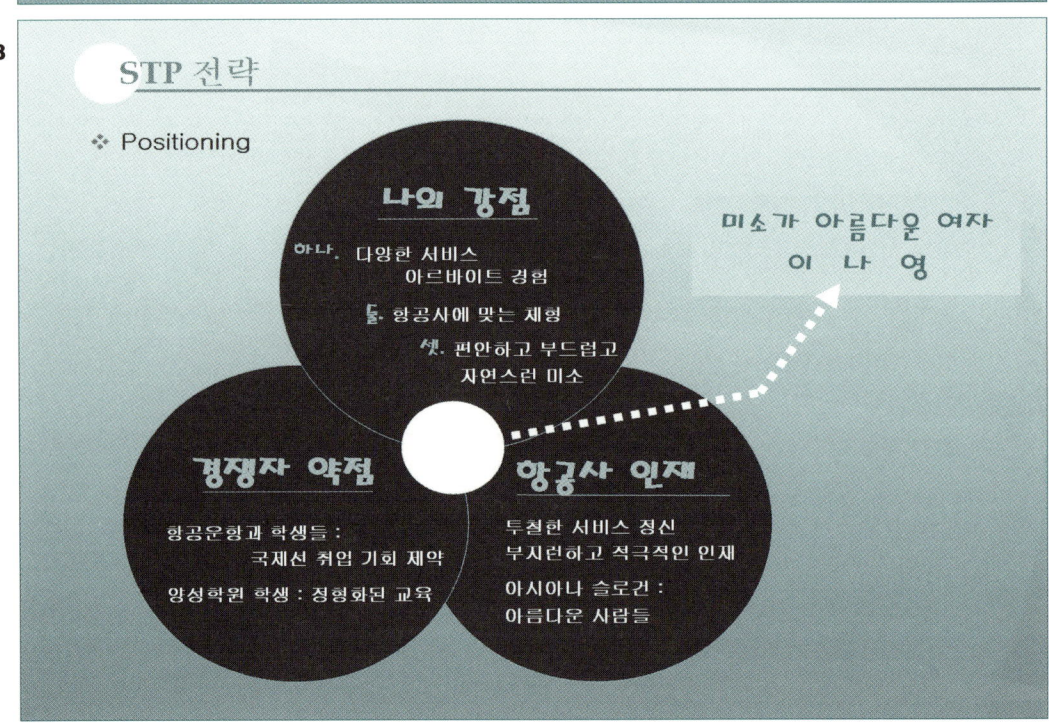

4P Mix

❖ Product - 1.이력서

이름 : 이 나 연
한자 : 李 娜 然
주민등록번호 : 840000-0000000
생년월일 : 1984년 0월 00일
주소 : 충북 증평군 증평읍 00리
00맨션 0동 000호

<학력>
2003.2 청주 일신여자고등학교 졸업
2007.2 충북대학교 경영정보학과 졸업

<경력>
2000~2005 증평 농협 예식장 반주
아르바이트
2003 경영정보학과 학생회
총무차장
2005.2 한국관광공사 상해지사 인턴

<자격증>
자동차 운전면허증
유통관리사

4P Mix

❖ Product - 2.자기소개서

* 자기소개

저희 부모님께서는 화원을 운영하고 계십니다. 그래서 '꽃집의 아가씨'라는 별명을 가지고
항상 올바르고 밝게 자라왔습니다. 그리고 남을 도와가며 살아가라는 부모님 말씀 덕분에
어린시절부터 꽃동네에서 봉사활동을 하며 항상 감사하는 마음을 가슴에 품고 강한 삶의
자세로 살아왔습니다.

저는 고교시절부터 여러 가지 아르바이트를 통하여 남보다 일찍 사회경험을 할 수 있었고,
인내심과 책임감을 배울 수 있었습니다. 또한 다양한 경험을 통하여 넓게 바라볼 수 있는
마음과 눈을 가질 수 있었습니다.

4P Mix

❖ Product – 2.자기소개서

★ 자기소개

2005년 겨울, 학과에서 주최하는 한국관광공사(상해지사) 인턴으로 세계관광자원박람회에 참석했던 경험은 아직도 잊을 수가 없습니다. 전 세계 모든 나라 사람들이 모두 모여 자국을 홍보하는 박람회이기에 한자리에서 세계일주를 할 만큼 많은 나라들을 배우고 공부할 수 있었습니다. 또한 많은 항공사들도 두루 볼 수 있었는데 우리 아시아나 항공사가 세계 최고의 항공사라 자부심을 느낄 수 있었습니다.

특히 저는 독일에서 열리는 '세계청소년 대회'에 한 달 동안 참여한 적이 있습니다. 정말 많은 세계 여러 나라 청소년들을 만나 한국을 알리며 어울릴 수 있었습니다. 비록 인종과 언어가 모두 다르지만 미소를 통하여 마음이 통할 수 있다는 사실을 알 수 있었던 매우 소중한 경험이었습니다.

31

32

4P Mix

❖ Product – 2.자기소개서

★ 지원동기 및 포부

화원을 운영하시는 부모님 덕분에 제가 가끔씩 도와드릴 때가 많습니다. 어깨 넘어 배워온 실력으로 손님께 꽃다발을 만들어 드리는 경우가 종종 있는데 그때만큼은 받으시는 손님께서 꽃으로 인하여 매우 행복해 하십니다. 그런 모습을 보면 저 또한 매우 보람이 깊었습니다. 한 사람, 한 사람 취향에 따라 꽃다발을 만들어야 되는 점이 어렵듯 한 분 한 분 정성을 들여야 하는 서비스 또한 매우 힘든 일이라는 것을 잘 알고 있습니다. 하지만 서비스는 고객과 행복을 연결 시켜줄 수 있는 중요한 고리라고 생각합니다. 저는 이런 고리를 이어줄 수 있는 승무원이 될 수 있다고 자신합니다. 이제는 하늘에서 세계 최고의 서비스를 통하여 고객만족을 구현하는 아시아나의 꽃이 되고 싶습니다.

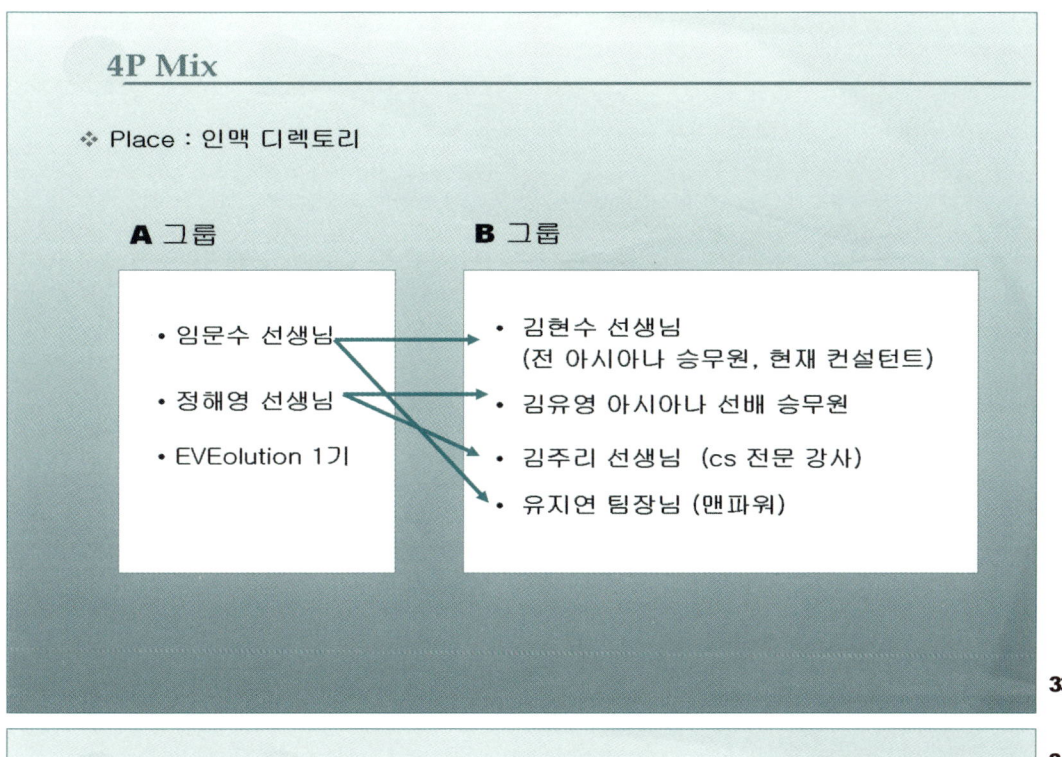

4P Mix

❖ Place : 인맥 디렉토리

A 그룹

B 그룹

A 그룹:
- 임문수 선생님
- 정해영 선생님
- EVEolution 1기

B 그룹:
- 김현수 선생님
  (전 아시아나 승무원, 현재 컨설턴트)
- 김유영 아시아나 선배 승무원
- 김주리 선생님 (cs 전문 강사)
- 유지연 팀장님 (맨파워)

33

34

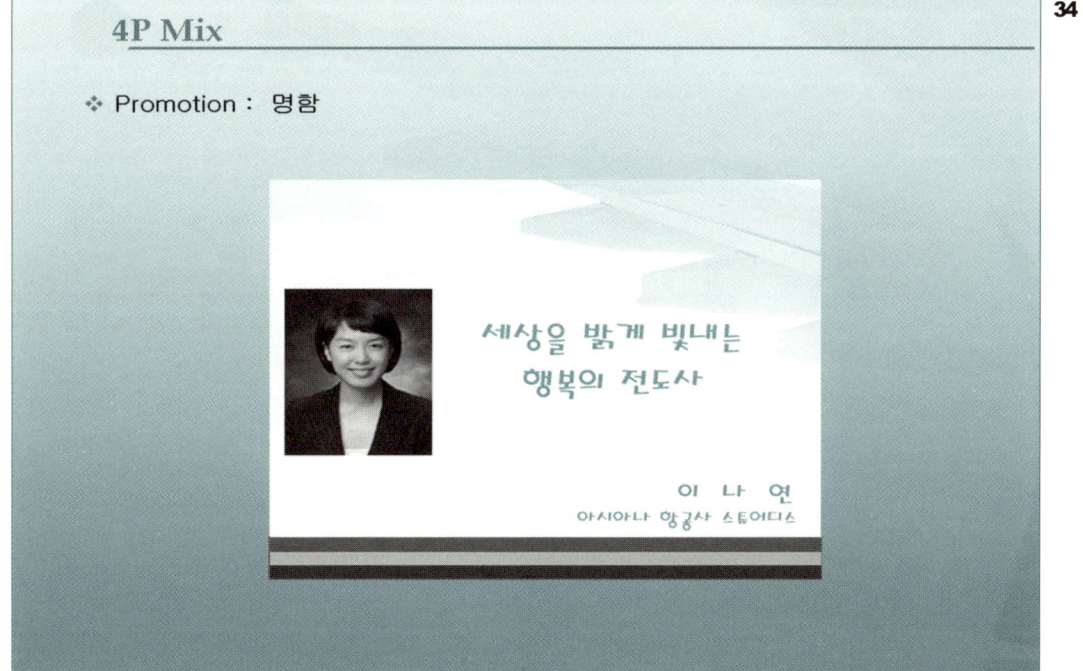

4P Mix

❖ Promotion : 명함

4P Mix

❖ Price : 면접 질문

★ Key Point : 항공사의 특성 상 면접 질문에는 간결하게 대답하는 것이 중요함

안녕하십니까! 미소가 아름다운 여자 이나연입니다. 서비스를 받는 사람처럼 주는 사람 또한 행복해 질 수 있다고 생각합니다. 이제 아시아나에서 저의 행복을 찾고 싶습니다.

대부분 사람들은 서비스라고 하면 다 똑같다고 생각합니다. 하지만 저는 승무원을 준비하면서 승무원은 정말 다르다는 생각이 들었습니다. 승무원이 서비스 분야에서 가장 전문직이라고 생각하게 되었고, 그것은 바로 제가 오랫동안 꿈꿔왔던 모습이었기에 아시아나 승무원에 지원하게 되었습니다.

35

36

4P Mix

❖ Price : 면접 질문

저의 장점은 한번 마음을 먹은 것이 있으면 절대 포기하지 않고 끊임없이 노력을 한다는 것입니다. 단점은 제 자신의 감정을 잘 드러내지 않는다는 것입니다. 하지만 승무원으로서는 오히려 강점이 될 수도 있다고 생각합니다.

10년 후에도 꼭 아시아나의 승무원으로 남아있고 싶습니다. 젊고 참신한 승무원도 좋지만 연륜이 있고 경험이 많은 승무원은 또 다른 프로로써의 매력이 있는 것 같습니다. 저도 꼭 그런 승무원이 되고 싶습니다.

만약에 너무나 감사하게도 제가 아시아나 항공에 들어갈 수 있다면 절대 쫓아가는 승무원이 아닌 회사에서 필요로 하는 승무원이 될 수 있도록 최선을 다하겠습니다.

실행계획수립

❖ 2006년 수행 마일스톤

실행 마일스톤	1월	2월	3월	4월	5월	6월	7월	8월	9월	10월	11월	12월
Appearance												
체중관리	■	■	■	■	■							
목소리 스피치 훈련	■	■	■	■	■	■	■	■				
체력 단련												
수영	■	■			■	■						■
윗몸 일으키기, 악력, 배근력	■	■	■	■	■	■	■	■	■	■	■	
전문 지식 습득												
영어(토익 및 영어회화)	■	■	■	■	■	■	■	■	■	■	■	
모의 면접 훈련				■	■	■						

37

4 호텔리어 — 안나미

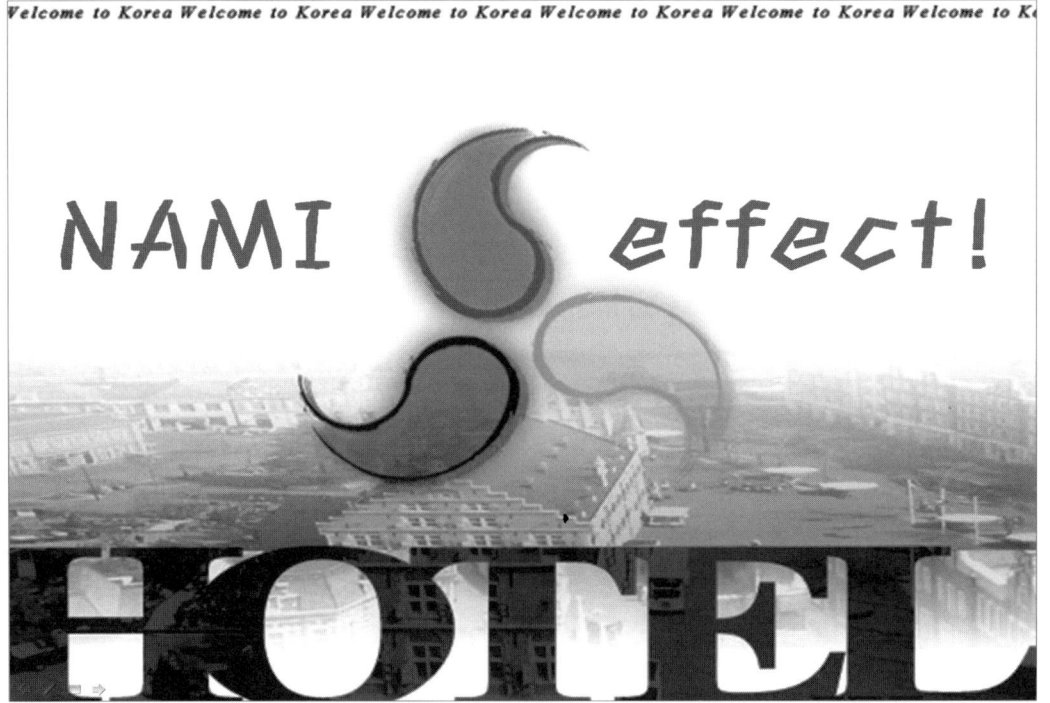

EVEolution 1기 - 호텔리어

1. 비전 및 목표 수립

1

2

비전 및 목표 수립

• 비전 수립 방법(열정)

1. 세상에서 당신을 가장 흥분시키는 것은 무엇인가?

   ➡ 나로 인해 미소 짓고 행복해 하는 사람들

2. 만약에 당신이 세상에서 당신을 가장 흥분시키는 것을 가르친다면 무엇을
   가르칠 것인가?

   ➡ 자신을 가꾸고 자신감을 키우는 방법

3. 일요일 아침 6시에 당신을 잠자리에서 벌떡 일어나게 하는 것이 있다면
   그것은 무엇인가?

   ➡ 새로운 곳으로의 여행

4. 어떤 주제를 가지고 이야기할 때 당신은 흥분되고 끊임없이 이야기할 수
   있는가?

   ➡ 남들은 하지 못했던 나만의 특별한 경험

비전 및 목표 수립

• 비전 수립 방법1 – 생일 파티

70번째 나의 생일!

창밖에는 마치 오늘을 축하하듯 하얀 눈꽃송이가 하늘에서 내려온다. 내가 몸담았던 호텔의 연회장으로 하나 둘 사람들이 모여들고, 환하게 웃으며 나에게 다가와 포옹을 한다. 나는 배우자와 함께 그들을 맞이한다. 나와 함께라서 행복했다는 오랜 친구들, 내 삶의 가장 중요한 전환점에서 나와 함께 했던 EVEolution 1기 멤버들과 EVEolution의 맥을 이어가는 후배들, 나의 삶을 본받고 싶다는 제자들, 나의 서비스를 평생 잊지 못할 것이라는 고객들, 내 책(매너 관련 도서 및 자서전)을 읽고 팬이 되었다는 독자들, 어머니의 삶을 존경한다고 말하는 나의 자식들과 손주들, 조용히 이런 모습을 취재하고 있는 카메라기자!

나는 강단에 서서 그들을 한 명 한 명 바라보며 나의 소감을 이야기한다. 그리고 지금 이 자리의 나를 만들어주신 분들을 소개한다.

"내 사랑하는 부모님과 오빠 그리고 나의 두번째 가족이자 영원한 싸부님 임문수 & 정해영 선생님. 감사합니다 그리고 사랑합니다."

3

4

비전 및 목표 수립

• 비전 수립 방법2 – 장례식장

나의 장례식장.

나의 딸이 추도문을 읽고 있고, 많은 이들이 귀를 기울인다. 나를 너무도 잘 묘사한 친숙한 어휘들이 마치 내가 살아서 그들 곁에 있는 듯하다.

『안나미는 애정이 넘치는 스승이자, 꾸밈없는 진솔한 인간의 본보기였습니다. 고인은 사랑스러운 딸이자, 우리의 형제이며, 아내였습니다. 또 그녀는 어머니이며, 할머니이며, 장모이며, 고모이며, 친구였습니다. 고인은 어떤 사건이나 상황 속에서도 긍정적으로 생각하며, 많은 이에게 편안한 서비스를 선사하였으며, 항상 웃음을 잃지 않았습니다. 안나미로 하여금 우리는 미소 지을 수 있었습니다. 고인은 어디에 가든지 자신의 존재로써 세상을 환하게 만들었습니다. 따라서 누구든 그녀를 잊지 못할 것입니다.』

그렇게 나와의 교감을 느끼자, 그들은 혼자 남았어도 외롭지 않다는 생각을 한다. 마치 내가 그들을 위로하는 것처럼 느끼는 듯 하다.

비전 및 목표 수립

- 성공적인 삶을 위해 필요한 것

  1. 건강한 신체 - 부와 명예도 건강 없이는 무용지물

  2. 내가 사랑하는 사람들 - 내 삶의 영원한 버팀목

  3. 경제적인 여유 - 경제적 여유에서 오는 안정감

  4. 의지할 수 있는 동반자 - 백지장도 맞들면 낫다

  5. 지속적인 취미생활 - 삶의 활력소

  6. 사회적으로 안정된 직장 - 소속감과 내 삶의 자취

  7. 끊임없는 목표 - 구르는 돌에는 이끼가 끼지 않는다

5

비전 선언문

6

NAMI effect

전 세계 사람 모두를
미소 짓게 만들 겁니다

당신은 나로 인해 미소 짓고 있어요 ^^

NAMI effect 로 전 세계 사람 모두가 미소 짓고 있습니다!

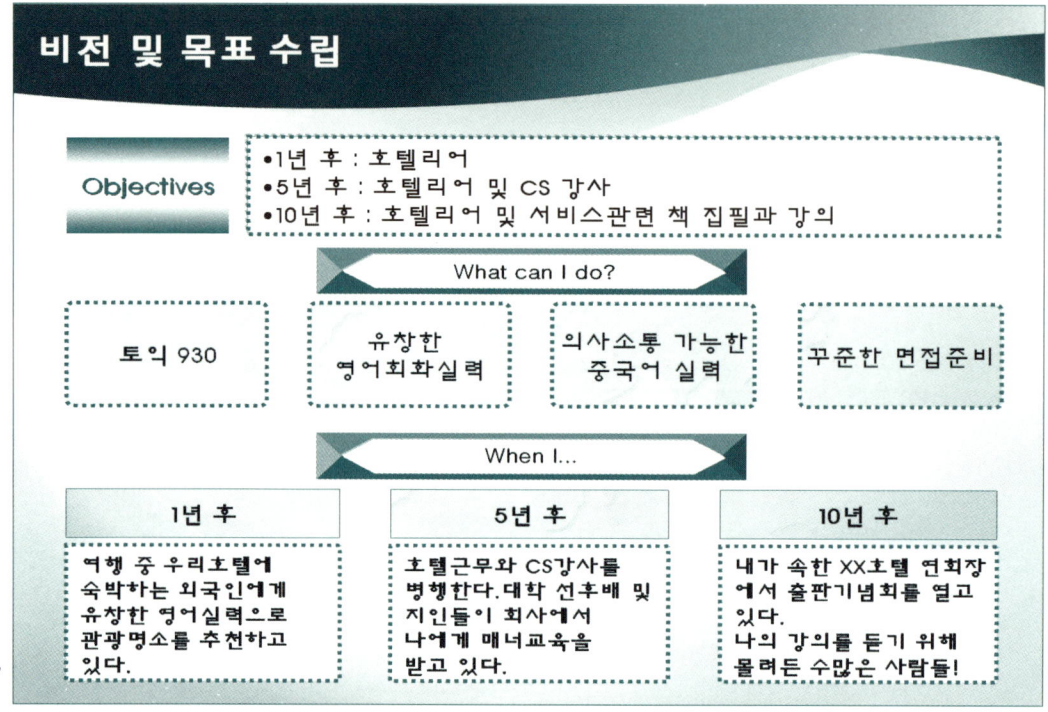

EVEolution 1기 - 호텔리어

2. 외부환경 분석

9

10

거시환경 분석

1. 법 · 정치적 환경

	기회요인	위협요인
• 주 5일 근무제 여가시간의 증대로 서비스산업의 활성화가 예상	호텔 패키지 상품 증가로 성장 예상	가족 단위의 여행 객이 펜션으로 집 중돼 호텔산업의 위축 예상
• 한미 FTA 경쟁력 있는 산업의 수입상의 방문 예상	비즈니스 호텔과 숙박업으로의 호텔 활성화 예상	비경쟁 산업의 경우 거래상 급감 이 호텔 이용 고객 감소로 이어짐
• 북한의 핵 정책 북한의 핵 위험이 국내 관광산업에 악영향을 끼쳐 해외관광객의 감소가 예상	북 · 미 간 북핵문제 종결되면 관광객이 재증가되어 호텔산업 활성	국내 관광 산업 위축으로 호텔산업 타격 예상

거시 환경 분석

2. 경제 · 기술적 환경

11

	기회요인	위협요인
•국민 소득 증가 국민 소득 증가로 여가시간에 지출하는 비용 증가	호텔 내 다양한 시설이용으로 호텔 활성화 예상	해외 여행으로 몰려 오히려 국내 관광산업 위축 우려
• BRICs 출현 국내 제조업 다수가 신흥시장으로 이동 -> 해외 수출입상의 감소		해외 바이어의 방문 감소로 호텔 산업 위축 예상
• 원가환율 절상 & 높은 물가 환율의 10% 절상은 객실점유율 1.1%의 하락을 초래한다는 미국의 조사 결과	상대적으로 타국에 비해 저렴한 물가로 고정관광객 유지	호텔 이용 관광객의 감소로 호텔산업 타격 예상

12

거시 환경 분석

2. 경제 · 기술적 환경

	기회요인	위협요인
•호텔경영의 아웃소싱 확대 아웃소싱으로 파트타이머 및 일용직 채용의 증가	계약직에서 정규직으로의 변환 기회	계약직의 특성상 장기근무의 불확실성
• 국가경제에 민감한 호텔산업 경제적 불황 및 국가정세에 크게 영향을 받음	경제회복세로 접어든 지금 호황기를 맞는 호텔산업	불황이 지속될 경우 큰 타격을 입는 호텔산업

거시 환경 분석

3. 사회 · 문화적 환경

	기회 요인	위협 요인
•호텔의 기능 변화 숙박을 위한 호텔의 기능 외에도 면세품 구매장소, 연회장, Bar 등 다양한 기능으로 인하여 대중들이 스스럼없이 이용할 수 있게 됨	호텔 부대시설 이용 증가로 인한 호텔 활성화 예상	분야별 전문 인력 채용 증가로 초 대졸 이상의 경력자와 경쟁
• <호텔 = 고급> 인식 회사의 창립기념일 파티나 개인의 결혼식, 회갑연 등을 위한 장소로 호텔을 선호하는 추세	컨벤션 사업 활성 화로 호텔의 고용 증가 예상	양극화 현상으로 저소득층의 대호텔 반감 증가 우려
• 네트워킹 위주의 취업 소수의 인원을 네트워킹 위주로 선발	나만의 네트워킹 적극적 활용으로 호텔 취업	한정된 네트워킹으로 제한적인 호텔 취업

13

14

거시 환경 분석

3. 사회 · 문화적 환경

	기회 요인	위협 요인
•중저가 호텔의 출현 저렴한 숙박업소(모텔 및 관광호텔)의 공급이 지속적으로 증가	호텔만의 고급 이미지를 원하는 고객 증가	중저가 호텔로의 고객이동으로 호텔 수요 감소
• 연중무휴의 영업 휴일 없이 근무하는 호텔산업	3D업종으로 호텔 취업을 희망 하는 경쟁자 감소	체력이 관건. 지속적인 운동 필요

EVEolution 1기 - 호텔리어

3. 3C 분석

15

16

3C 분석 – 경쟁자 분석(competitors)

현재 경쟁자		*잠재적 경쟁자*
호텔 경영학과 재학생 & 호텔 교육원생	**해외 호텔대학 수료생**	**김주리 선생님**
호텔 전문지식이 상대적으로 높으며, 취업을 위한 꾸준한 준비를 해온 경쟁자로서, 이들과 같은 조건으로 경쟁하게 되면 상대적으로 불리 => 경쟁에서 밀리지 않기 위해서 꾸준한 호텔 관련 정보 수집은 물론, CS 교육 및 와인매너 교육 등으로 나만의 강점을 부각	영어회화 실력 및 실무능력이 그들의 강점으로 작용 => 꾸준한 영어 회화 준비와 함께 중국어 회화로 나만의 강점 모색	現 삼성 에스원 CS 강사님, 항상 웃으시는 얼굴과 편안한 강의가 인상적 => 제 2차 목표 CS 강사를 위한 벤치마킹 대상

3C 분석 – 고객 분석(customers)

1차 고객   *2차 고객*

Sheraton Grande Walkerhill

특별한 채용 제한을 두고 있지는 않으나, 채용전형에 SK종합적성검사와 G-TELP Level 2 시험 진행
=> 회화공부와 함께 G-TELP 공부 병행하고, 인·적성검사에 대한 사전조사 필요

호텔이용고객

전문적이고 편안한 서비스를 희망
=> 서비스 마인드를 확립하고 내 자신의 이미지 메이킹!

미래의 CS교육생

경험을 바탕으로 한 CS교육을 원하기 때문에 서비스 산업에서의 경력이 매우 중요!
=> 호텔에서 경험을 쌓은 후에 CS 강사 양성과정을 통해 전문적인 CS교육 수료 항상 미소 띤 얼굴 유지

대부분의 호텔

서류전형이 통과되면 수 차례의 면접이 진행 (영어회화 실력요구 大)
=> 실무적인 질문을 위한 호텔 관련 전문지식 향상에 힘을 쏟고, 꾸준한 회화공부 필요

17

18

3C 분석 – 자기 분석(me-company)

유 형	ISTJ (MBTI) & 실천형 (DISC)
특 징	신중하고 조용하며 매사에 철저하고 사리분별력이 뛰어나다
강 점	• 타인의 감정과 기분을 배려하며, 위기상황에서도 안정되어 있다(MBTI) • 대인관계에서 발생하는 문제를 능숙하게 해결한다.(DISC)
약 점	• 감정을 억제하고 비판에 민감해진다. • 지나치게 자신의 목표를 생각하고, 다른 사람에게 다소 비현실적으로 기대한다.

3C 분석 – 자기 분석(me-company)

슈 형	Enterprising – 진취형 (스트롱 직업 흥미 검사)
성격특성	• 조직의 목표 달성과 경제적인 성공을 위해 다른 사람들과 함께 일하고, 이들을 이끄는 것을 좋아한다. • 대인관계 측면에서 모험을 시도하기 좋아하고, 경쟁적인 활동에 참여하기를 좋아한다.
특징적인 활동	• 고객을 대접하기 • 사람과 프로젝트를 관리하기 • 연설, 이야기, 발표
대표적인 직업	**호텔매니저**, 레스토랑 매니저, 판매관리자, 여행사 직원 등

19

20

3C 분석 – 자기 분석(me-company)

VISION	OBJECTIVES
NAMI EFFECT로 전 세계 사람 모두가 미소 짓고 있습니다.	1년 후 : 호텔리어 5년 후 : 호텔리어 및 CS강사 병행 10년 후 : 서비스 관련 책 집필 및 강의

	어학연수	스포츠센터			
요가	경영지식	레스토랑	RSA자격증		리더십
튼튼함	국립대	면세점	유통관리사	깔끔한 외모	다양한 활동
체력	학력	경력	전문 지식	개성	리더십

EVEolution 1기 - 호텔리어

4. TOWS 분석

21

22

TOWS 분석

위험 & 기회

T	O
1. 관광산업에 대한 홍보 부재	1. 호텔산업의 고용 증가
2. 해외여행의 증가	2. 주 5일 근무제도의 시행
3. 새로운 펜션산업의 확대	3. 호텔 이용 고객의 증가
4. 국내 관광객 감소	4. 아시아 관광산업의 활성화
5. 호텔에 대한 부정적 이미지	5. 호텔 내 부대시설 이용 증가

TOWS 분석

약점 & 강점

1. 부족한 어학 실력
2. 중국어 및 일본어 공부의 필요
3. 호텔경영 비 전공
4. 감정 억제
5. 비판에 민감

1. 친절한 서비스 마인드
2. 단정한 외모
3. 이색 자격증
4. 타인의 감정과 기분 배려
5. 위기 상황에 안정적

23

24

TOWS 분석

내부 환경 분석 외부 환경 분석	◇ **Strength** 친절한 서비스 마인드 단정한 외모 이색 자격증 타인의 감정과 기분 배려 위기 상황에 안정적	◇ **Weakness** 부족한 어학 실력 중국어 및 일본어의 필요 호텔경영 비전공 감정억제 비판에 민감한 성격
◇ **Opportunity** 호텔산업의 고용 증가 주 5일 근무제도의 시행 호텔이용 고객의 증가 아시아 관광산업의 활성화 호텔 내 부대시설 이용 증가	◆ **SO 전략** (제1전략) 호텔 고용 증가에 힘입어 이색자격증과 여러 경험을 부각시켜 공채로 입사	◆ **WO 전략** (제3전략) 상대적으로 어학 실력에 대한 요구가 낮고, 기타 능력 위주의 호텔 입사
◇ **Threat** 관광산업의 홍보 부재 해외여행의 증가 새로운 펜션산업의 확대 국내 관광객 감소 호텔에 대한 부정적 이미지	◆ **ST 전략** (제2전략) 사전에 이력서와 자기소개서를 등록시킨 후 수시 채용으로 입사	◆ **WT 전략** (제4전략) 호텔 외어 유통, 비서 등 서비스 관련 직업 모색

VALUE CHAIN

VISION	OBJECTIVES
NAMI effect 로 전 세계 사람 모두가 미소 짓고 있습니다.	1년 후 : 호텔리어 5년 후 : 호텔리어 및 CS강사 병행 10년 후 : 서비스관련 책 집필 및 강의

규칙적인 운동	대학원 진학	인턴십	와인매너 교육	스타일리쉬	전달력 강화
탄력적 몸매	어학연수	스포츠센터	PI 교육	이미지 메이킹	솔선수범
요가	경영지식	레스토랑	RSA자격증	나만의 패션	리더십
튼튼함	국립대	면세점	유통관리사	깔끔한 외모	다양한 활동
체력	학력	경력	전문 지식	개성	리더십

25

26

전략 방향 도출

< SO전략을 위해 >

 어학

1	대부분의 호텔에서 토익 고득점자를 요구 => 토익 930 만들기
2	관광객을 맞이하는 호텔 의 특성상 회화실력 요구 => 꾸준한 영어회화 공부
3	일본,중국인 관광객 급증 => 일본어, 중국어 공부

 지식

1	나만의 강점과 비교우위 필요 => 와인매너 교육 수강
2	호텔 취업은 물론 제2차 목표를 위한 교육 필요 => PI교육 수강
3	비전공자 대비 전반적인 지식 결여 => 호텔관련지식 습득

EVEolution 1기 - 호텔리어

5. STP 전략

S - 시장 세분화

T - 표적 시장 선정

P - 포지셔닝

27

28

STP전략 - 시장세분화(Segmentation)

	Sheraton Grande WALKERHILL	GRAND INTERCONTINENTAL SEOUL	Gyeongju Hilton	Oakwood PREMIER COEX CENTER
회사 규모	대기업	대기업	대기업	대기업
채용 방법 및 계획	2006년 하반기 채용 (09.04 10:00~ 09.15 17:00)	수시 채용	수시 채용	수시 채용
채용 요건	1.SK종합적성 검사 2.자체 영어 Test (G-Telp Ⅱ)	접객 부문-관광 및 호텔 관련, 어학 관련 학과	특별한 채용요건은 없으며, 결원이 발생시 근처 대학교에 채용공고	영어회화 가능자, 용모 단정, 경험자 우대

222

STP전략 – 시장 세분화(Segmentation)

	Sheraton Grande WALKERHILL	GRAND INTERCONTINENTAL SEOUL	Gyeongju Hilton	Oakwood PREMIER COEX CENTER
취업가능성	50%	50%	30%	30%
선호도	매우 선호	매우 선호	선호	선호
전형절차	서류전형-SK종합적성검사,영어-면접-신체검사	서류전형-필기시험,영어시험,인성·적성검사-면접-신체검사	서류전형-면접-신체검사	서류전형-면접-신체검사
기타	상반기 공채 X =>기졸업자들이 하반기공채로 대거 몰릴 것으로 예상	서비스지수 1위로 최고의 서비스를 자랑하는 호텔	객실부 1. Front Office 2. Concierge 3. Health Club 으로 분류	인재가 기업가치의 원천이라는 믿음을 가지고 인재를 양성

29

30

STP전략 – 표적 시장 선정 (Targeting)

Target 1 - Sheraton Walkerhill Hotel

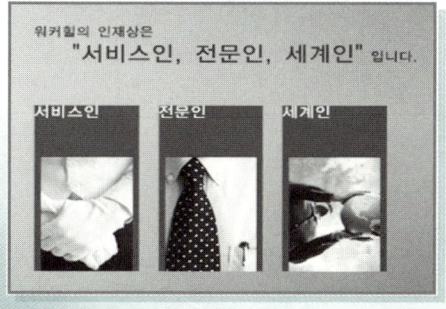

워커힐의 인재상은
"서비스인, 전문인, 세계인" 입니다.

서비스인 전문인 세계인

서비스계열 경험이 많은
서비스인 안나미

끊임없이 자기계발을 하는
전문인 안나미

국제적 감각을 지닌
세계인 안나미

STP전략 – 포지셔닝 (Positioning)

나의 강점

P

경쟁자
약점

호텔의
인재상

나의 강점	다양한 경험 호텔 및 경영,경제 전반적 지식 서비스 마인드
경쟁자 약점	호텔 외 경영,경제 부분 지식 상 대적 결여
호텔의 인재상	고객 지향적 인재 서비스 지향적 인재

31

32

STP전략 – 포지셔닝 (Positioning)

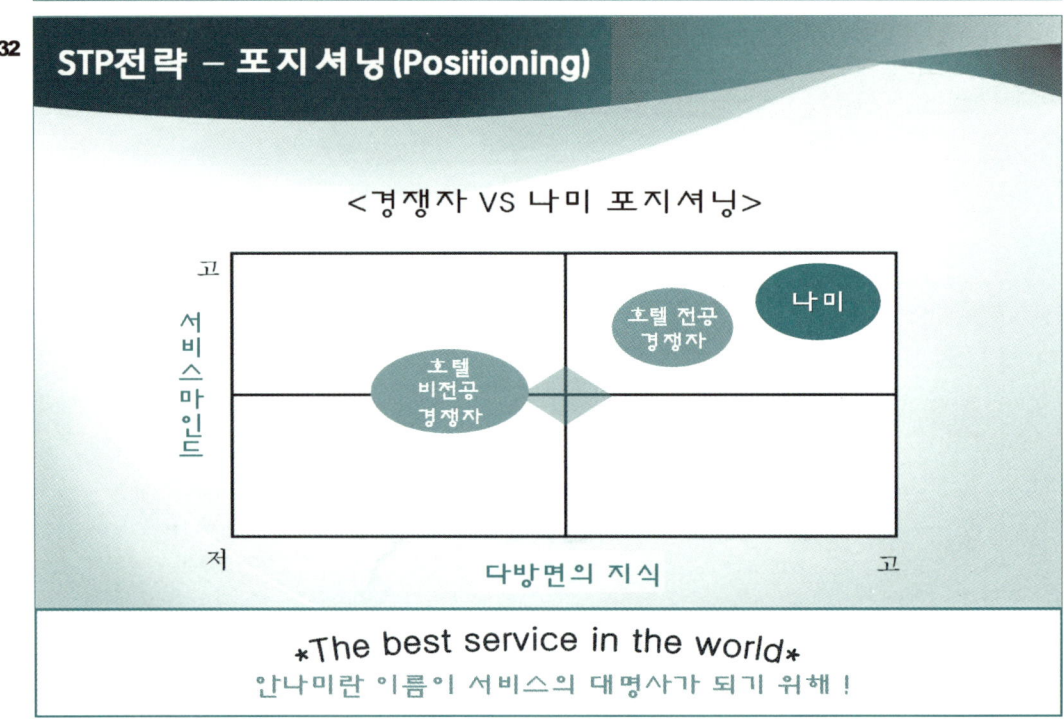

<경쟁자 VS 나미 포지셔닝>

고

서비스마인드

저

호텔
비전공
경쟁자

호텔 전공
경쟁자

나미

다방면의 지식   고

The best service in the world
안나미란 이름이 서비스의 대명사가 되기 위해 !

EVEolution 1기 - 호텔리어

6. 4P분석

Product
Place
Price
Promotion

33

34

1. Product

안 나 미

주소 : 충북 청주시 흥덕구 개신동 XXXA. XXX-XXX
연락처 : (Mobile) 016-XXX-XXXX
        (Home) 043-XXX-XXXX
        (E-mail) tuliplove@0000.000

<응모 부문>
호텔 - 면세 영업 기획

<경력 요약>
면세점, 레스토랑, 스포츠센터 등 서비스 계열의 아르바이트
경험이 많으며, 호주에서 면세점 근무 경험과
Alcohol에 관한 교육을 토대로 호텔의 면세 영업 기획 업무에 지원.

<경력 사항>
최근 회사명 : MDF(시드니 면세점)
                2006년 6월 ~ 2007년 1월

직위 : Sales Assistant
담당업무 :
- 면세 영업 및 호주 특산품 판매
- 신규 직원의 면세점 운영, 제품 설명, 세일즈 방법,
  서류작성 등에 관한 교육
- 면세품 입출고 확인 및 면세 서류 작성, 분류 정리

성취업적 :
- 세일즈 실적에 따른 인센티브 매달 수혜
- 담당 신규 직원의 빠른 능숙도로 승진
- 다양한 상황 속에서 고객을 최우선으로 생각하는
  마인드 확립

<교육 사항>
충북대학교 국제경영전공 2007.2 졸업예정

<자격증 및 특이 사항>
RSA (Responsible Service of Alcohol: 알코올 취급 자격증)
                        - 호주 NSW 2005.10.13
유통관리사   - 대한상공회의소 2006.07.11

<개인 신상>
생년월일 : 1984.XX.XX

본인은 위의 사실과 틀림 없음을 증명합니다.

1. Product

<지원 동기>

몸짓 하나, 글자 하나에도 신경을 기울이는 워커힐

지난 2000년 이산가족방문단의 서울 방문을 앞두고 손님 맞을 채비를 하는 워커힐이 TV에 나온 적이 있습니다. 처음 실시되는 남북이산가족에만 온 국민의 관심이 집중되어 있었고, 정작 어르신들께서 낯선 땅에서 머물러야 할 숙소는 관심 밖의 일이었지요. 이산가족들이 묵을 7, 8층 92개 객실에 거부감을 없애기 위해 외제품을 빼내고 어르신이 좋아하실 만한 영양갱과 우롱차 등을 대신 채워 넣는 등 하루라도 내 집처럼 편안하게 머무를 수 있게 배려하는 모습, 휴가도 반납한 채 준비에 열심인 직원들을 보며 '서비스란 바로 저런 것이다'라는 생각을 하게 되었고, 아직까지도 제 마음속에 '서비스=워커힐'이라는 등식이 성립되어 있습니다.

이제 학교라는 울타리를 벗어나 사회로의 첫걸음을 내딛는 저는 호텔리어로서 첫걸음을 호텔의 일반명사인 워커힐에서 함께 하고 싶습니다.

<성격의 장단점>

저의 강점은 타인에 대한 배려심과 유연성입니다. 타인에 대한 이해와 배려의 마음이 늘 우선인 저는 상대방과의 대화 시 주로 경청해주는 편이라 많은 사람들이 저에게 고민을 상담하곤 합니다. 또한 유연성 있게 대인관계에서 발생하는 문제를 능숙하게 해결합니다. 이러한 저의 성격이 워커힐 호텔리어에 적합하다고 생각합니다. 하지만 타인의 감정을 배려하다 보니 제 자신의 감정을 억제하는 편입니다. 이를 통해 발생하는 스트레스를 요가와 정신수련을 통해 해소합니다.

<기타 자기 소개의 글>

나미효과(Nami Effect)를 아십니까?

초기의 미세한 변화가 나중에 커다란 변화를 일으키는 '나비효과'처럼 저의 미소와 친절한 서비스로 고객과의 접점에서 고객님들을 웃음짓게 만들고, 그 고객님들이 다른 사람들에게 웃음을 주고 그것이 퍼져 나간다면 세상 사람들 모두를 웃음과 행복이 가득하게 변화시킬 수 있다는 뜻입니다. 이러한 저의 마음과 능력이 워커힐의 인재상인 서비스인, 세계인, 전문인에 적합하다고 생각합니다. 이제 워커힐에서도 나미효과를 믿어보지 않으시겠습니까

1. Product

• 나만의 강점으로 회사에 어떻게 기여할 수 있을까?

1. 단정한 외모

2. 고객 지향적 마인드

3. 서비스 계열의 다양한 경험

4. 대인간의 문제해결능력

5. 대인 이해 역량

서비스산업의 핵심인 호텔산업에서는 '고객지향적인 인재'를 요구하고 있다.
이에 이러한 나의 강점들은 다양한 상황에서 발생하는 고객의 요구에 효과적으로 대응할 수 있으며, 고객들에게 최상의 만족을 제공할 수 있을 것이다.

2. Place

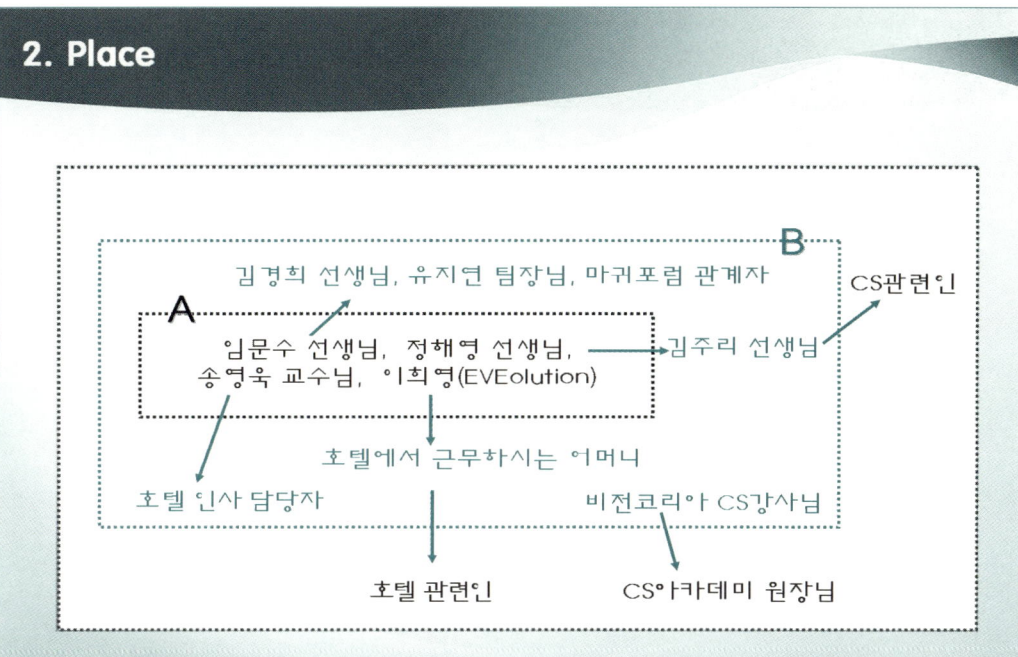

김경희 선생님, 유지연 팀장님, 마귀포럼 관계자

A

B

임문수 선생님, 정해영 선생님,
송영욱 교수님, 이희영(EVEolution)

김주리 선생님

CS관련인

호텔에서 근무하시는 어머니

호텔 인사 담당자

비전코리아 CS강사님

호텔 관련인

CS아카데미 원장님

37

38

3. Price

• 자기소개를 해보세요

안녕하십니까 수증기 같은 여자
안나미입니다. 같은 분자구조를
가지고 있는 물, 얼음보다 약
1680배 이상의 에너지를 가지고
있으며 유연성이 있는 수증기 같
은 저는 다양한 상황 속 다양한
고객의 요구에 맞는 서비스를 제
공할 수 있으며 이는 호텔의 여
러 고객을 맞이해야 하는 상황
속에서 고객에게 편안한 만족을
선사할 수 있습니다.

• 당신의 강점은?

저의 강점은 ①타인에 대한 배
려심과 ②유연성, 그리고 ③어느
상황에서도 잃지 않는 미소입니
다.
고객과의 접점인 호텔에서 고객
을 먼저 생각하는 마음과 각 상
황에 맞는 유연성, 그리고 미소
와 같은 저의 강점이 더욱더 빛
을 발할 수 있을 거라 생각합니
다.

3. Price

• 당신의 약점은?

타인의 기분을 배려하다 보니 정작 제 자신의 감정을 억제하는 편입니다.
이로 인해 발생하는 스트레스는 평소에 요가와 명상을 통해 해소하고 있습니다.

• 당신의 업무 스타일은?

프로젝트 같은 그룹 단위의 일을 처리해야 하는 상황에서 저는 토의를 통해 일을 분담해서 각자의 역량에 맞는 일을 하는 편입니다. 이런 방식은 일의 중복으로 인한 비효율성을 감소시켜 주고 각자의 능력을 최고로 발휘 할 수 있는 좋은 방법이라고 생각합니다.

39

40

3. Price

• 당신의 관리 스타일은?

학생회 활동을 하며 아랫사람을 관리해 본적이 있는 저는 공과 사가 뚜렷한 편입니다. 사적인 자리에서는 웃음도 많고 장난도 잘 치지만 프로젝트나 회의 등에서는 냉정하고 객관적으로 일을 진행하는 편이라 주위 사람들이 <카멜레온>이라는 별명을 붙여 주기도 했습니다.

• 장래의 경력계획은?

안나미라는 이름이 서비스의 대명사가 되고 싶습니다. 이를 위해 자기계발에 소홀히 하지 않고 외국어 공부 및 CS 관련 교육을 통해 더욱더 질 높은 서비스를 고객에게 연사할 것이며, 제가 몸담을 ××호텔에서 사내 CS 강사로 저의 경험을 호텔 직원들에게도 나누어 주고 싶습니다.

3. Price

• 여가시간에 무엇을 합니까?

새로운 것을 배우기 좋아하는 저는 여가시간이면 주로 새로운 관심사에 관련된 일을 합니다. 요즘 <와인>에 빠진 저는 시간이 날 때마다 와인 동호회 카페에 들어가서 와인에 대한 글을 읽고, 근처 마트 주류코너에 앉아 다양한 와인을 보고 공부하며, 때로는 친구들과 와인바에 가기도 합니다.

• 당신의 동료는 당신을 어떤 사람이라고 이야기합니까?

카멜레온 같다는 말을 해주곤 합니다. 외모로 보이는 모습 외에도 다양한 모습을 많이 가지고 있어 만날 때마다 새로워 보이며, 여러 상황 속에서 고객에 맞는 서비스를 해내는 재주가 신기하다고도 합니다.

41

42

4. Promotion

2006.08.29 화 날씨 맑음

오늘 드디어 내 명함이 생겼다.

태어나서 처음 가져본 나만의

명함^^ 꺄~ 너무 좋아~

어서 빨리 이 명함으로 나를

홍보할 기회가 왔으면 좋겠다.

NAMI effect를 믿자~!!!

EVEolution 1기 - 호텔리어

7. 실행계획 및 별첨

43

44

실행 계획 수립

• 2006년 수행 마일스톤

	1월	2월	3월	4월	5월	6월	7월	8월	9월	10월	11월	12월
외국어												
토익 점수 향상												
영어 회화 공부												
중국어공부												
전문지식												
호텔 정보 습득												
PI 교육												
와인매너교육												

별첨

• 교육 내용

교 육 명	교 육 내 용
PI 교육	• PI (Personal Identity) http://open.sookmyung.ac.kr/ 주관 - <숙명여자대학교 평생교육원> 일시 - 목 18:30 ~ 20:30, 15주. 수강료 300,000원
와인매너 교육	• 테이블 매너/ 와인 매너 http://www.biz-consulting.co.kr/ 주관 - <Biz컨설팅코리아> 일시 - 9월 개설. 수강료 150,000원 • 다음카페 <와인리더 소믈리에>에서 와인에 대한 전반적인 지식습득
영어 회화 공부	• 한국외국어학원 영어회화 수강

45

5 여군 장교 – 서기연

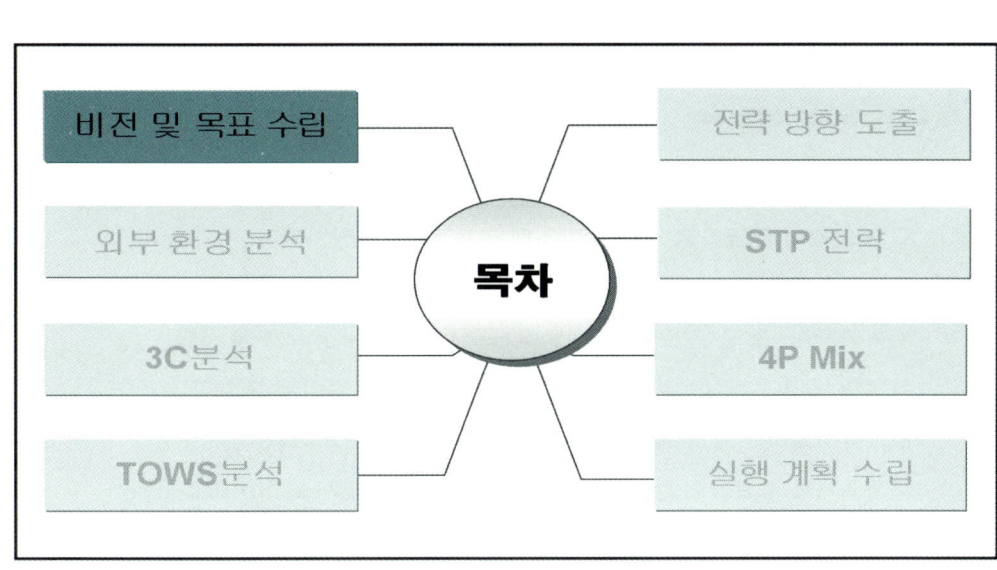

목차

비전 및 목표 수립

외부 환경 분석

3C분석

TOWS분석

전략 방향 도출

STP 전략

4P Mix

실행 계획 수립

Woman Power

1

2

비전 및 목표 수립

비전 수립 방법(열정)

1. 세상에서 당신을 가장 흥분시키는 것은 무엇인가?

2. 세상에서 당신을 가장 화나게 하는 것은 무엇인가?

3. 만약에 당신이 세상에서 당신을 가장 흥분시키는 것을 가르친다면 무엇을 가르칠 것인가?

4. 만약에 당신이 세상에서 당신을 가장 화나게 하는 것을 가르친다면 무엇을 가르칠 것인가?

5. 만약에 일요일 아침 6시에 당신을 잠자리에서 벌떡 일어나게 하는 것이 있다면 그것은 무엇인가?

6. 어떤 주제를 가지고 이야기할 때 당신은 흥분되고 끊임없이 이야기할 수 있는가?

비전 및 목표 수립

나의 80살 생일날

도시 외곽의 깔끔하고 조용한 마을에 있는 우리 집 정원이다.

남편, 아들, 딸과 그의 배우자들, 손자, 그리고 친구들.

주위에서는 "늘 같은 모습이다. 늙어서도 늘 밝다. 항상 바쁘게 산다.

행복해 보인다."라는 말과, 내가 쓴 책과 강의 내용들이 주요 화제거리이고

감동적이었다는 말을 들으며 나는 흐뭇한 미소를 짓고 있다.

가정에서는 강요하기 보다는 지원해주고, 일을 하면서도 어머니로서의

역할을 소홀히 하지 않았음을 스스로 감사한다.

3

4

비전 및 목표 수립

성공적인 삶을 위해 필요한 것

1. 건강 ― 모든 것을 이루었다고 해도 건강이 없으면 누릴 수 없다.

2. 가족 ― 가족이라는 사랑과 울타리가 있어야 마음의 안정이 있다.

3. 친구 – 만나서 대화하고 믿고 의지하는 친구는 힘을 준다.

4. 경제적 능력 –넉넉한 경제력은 안정된 생활을 할 수 있는 바탕이 된다.

5. 직업 – 나의 위치가 있는, 내가 할 수 있는 일은 나를 발전시킨다.

6. 독서– 경험은 중요하다! 직접 해볼 수 없다면 간접적으로라도 많은 경험을!

7. 취미생활 – 직업 외에 집중할 수 있는 것.

8. VISION – 평생을 두고 함께 해야 하는 것으로 삶의 동기를 부여한다.

비전 및 목표 수립

기 도 문

부모님께, 나를 사랑해주는 모든 사람들에게 감사합니다.

희망의 디자이너가 되어 좌절하고 절망하는 이들에게

희망의 증거가 되게 해주십시오.

우리 모두가 함께 행복하게 해주십시오.

평생 더불어 웃으며 살게 해주십시오.

5

6

비전 및 목표 수립

비전 선언문

나는 절망하고, 희망을 잃은 이들에게
희망의 디자이너가 되겠다!

Woman Power

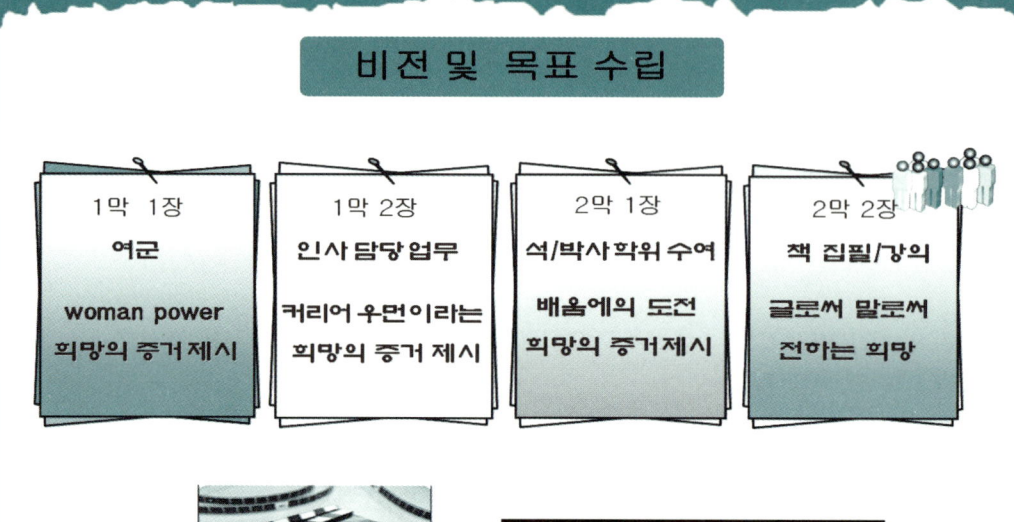

비전 및 목표 수립

1막 1장	1막 2장	2막 1장	2막 2장
여군	인사 담당 업무	석/박사학위 수여	책 집필/강의
woman power 희망의 증거 제시	커리어 우먼이라는 희망의 증거 제시	배움에의 도전 희망의 증거제시	글로써 말로써 전하는 희망

연극 제목 : 희망의 디자이너
주　　연 : 서 기 연

7

8

비 전 및 목 표 수 립

목표 설정 실습(1막 1장)

1년 후

목표진술	육군 소위(부관병과)로 임관
현재상황	* 멋진 여군이 되기 위해 노력해야 할 점을 찾아가는 중이다. * 면접 스터디를 통한 면접 준비와 헬스로 체력을 향상시키고 있다.
해야할 일 정하기	* 가산점 획득 — 한자, 토익, 컴퓨터 관련 자격증 * 운동 — 장거리 달리기, 팔굽혀 펴기, 윗몸 일으키기 * 면접 준비 – 자신감 키우기, 발표력 향상.
결과 진술	* 멋진 여군 장교가 되어 제복을 입고 집에 찾아가 부모님과 동네 어른들께 인사를 드리고 있다. * 장교를 준비하는 후배에게 조언을 해주고 있다.

비 전 및 목 표 수 립

목표 설정 실습(1막 2장)

5년 후

목표진술	기업의 인사 담당 부서 입사
현재상황	* 소위로 임관하여 군생활을 하면서 인사담당 업무 경험이라는 경쟁력을 가지고 다시 취업전쟁으로 뛰어 듬.
해야할 일 정하기	* 군과 기업의 조직문화 조사, 이해하기 * 면접준비/꾸준한 영어공부
결과진술	* 신입사원채용을 위해 지원자들의 자료를 정리하고, 면접대상자들을 추려내고 있다. * 확실한 일 처리로 상사에게 칭찬을 받고 있다.

Woman Power

9

10

비 전 및 목 표 수 립

목표 설정 실습(2막 1장)

10년 후

목표 진술	심리학 석/박사 학위 취득
현재 상황	* 직장을 다니면서 더 많은 배움에 갈증을 느끼고 있다. * 실제 경험에 비해 전문적인 지식이 부족함. * 많은 사람들에게 말과 글을 전달해야 하기에 심리학을 공부 하고자 한다
해야 할 일 정하기	* 충실한 대학원 생활과 꾸준한 관심과 노력으로 논문 제출, 통과 * 업무를 확실하게 처리하면서 공부도 열심히 하는 알차고 바쁜 삶
결과 진술	* 이론을 바탕으로 해서, 다양한 인간관계를 상대로 대화나 상담을 통해 경험을 쌓고 있다. 나와 대화를 마친 이들이 힘을 얻고 활짝 웃는 모습을 보며 스스로 따뜻한 감동을 느끼고 있다.

Woman Power

비전 및 목표 수립

목표 설정 실습(2막 2장)

20년 후

목표 진술	희망을 전하는 책 집필(글), 강의
현재 상황	*책을 쓰기 위해 나의 경험과 생각들을 정리하고 있다. *공개된 강의가 아닌 개개인을 상대로 대화하며, 많은 사람들을 만나기 위한 준비를 하고 있다.
해야 할 일 정하기	*독서를 많이 하고, 여러 강의를 들으며 언어적인 감각을 키워야 함 *앞으로도 많은 사람들을 만나고 더 많은 연구를 해야 함.
결과 진술	*책은 베스트셀러가 되고, 강의를 부탁하는 전화가 쇄도한다. 강의를 마치고 나니 나를 통해 희망을 찾았다는 분들의 힘찬 박수소리가 들려오고 어느 한 분이 꽃다발을 전해 주신다. 나는 활짝 웃는다.

11

Woman Power

12

비전 및 목표 수립

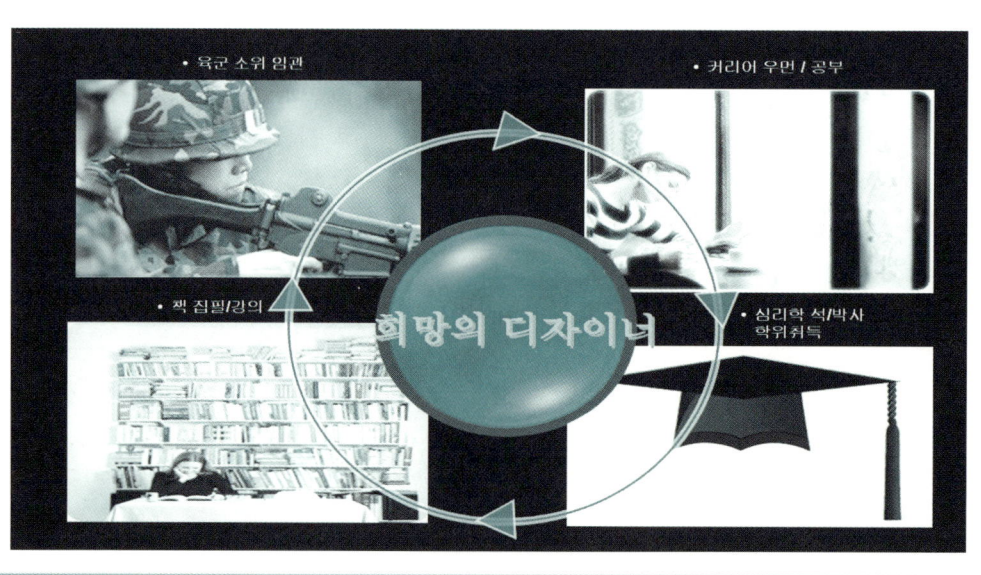

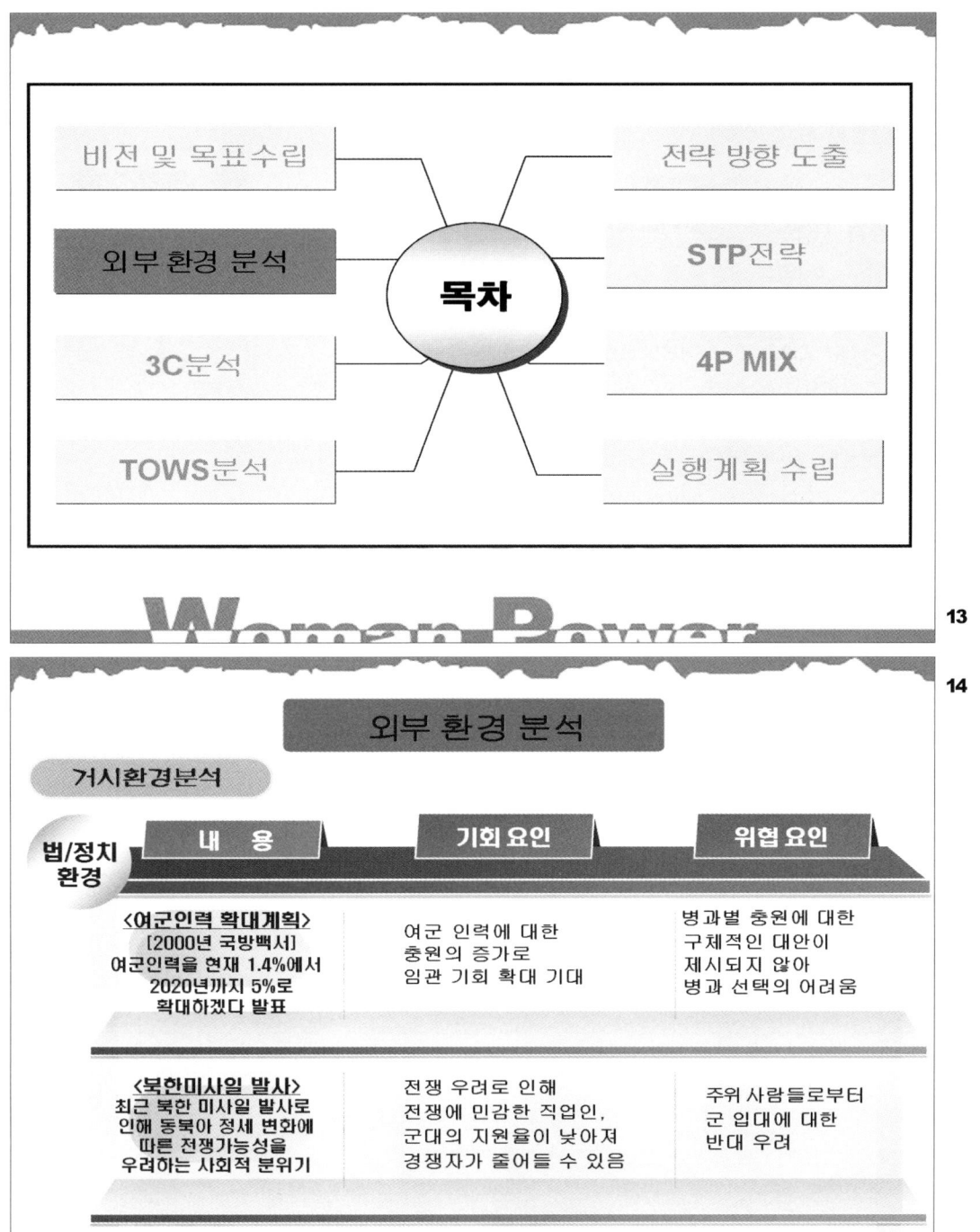

외부 환경 분석

거시 환경 분석

법/정치 환경

내 용	기회 요인	위협 요인
〈직업성 보장율 낮음〉 여군장교의 경우 장기임용제도로 상당수가 탈락하게 된다. (임관인원의 50% 장기근무 선발)	직업의 안정성을 선호하는 취업 경쟁자들의 지원율이 줄어들 수 있음	학사 출신의 경우 장기 임용 탈락 우려가 높음
〈군의 남성위주의 제대군인 지원정책〉 취업지원제도 등에서 여성들의 수혜가 적다	역시 직업의 안정성을 선호하는 취업 경쟁자들의 미래에 대한 불안함 가중으로 지원율이 줄어들 수 있다	

15

Woman Power

16

외부 환경 분석

거시 환경 분석

사회/문화 환경

내 용	기회 요인	위협 요인
〈여군에 대한 정보 결여〉 여군의 경우 다른 직업에 비해 정보가 많이 알려지지 않음	정보를 적극적으로 검색하고 알아낸다면 경쟁력이 될 수 있음	정보가 부족하여 전략적인 접근이 쉽지 않음
〈남성적 역할이 강조되는 조직문화〉 전통적인 성역할 관념 존재	여성 장교로서의 역량 발휘는 사회적 관념을 깨뜨릴 수 있는 기회가 될 수 있음	업무적인 면에서는 남녀의 능력이 인정되는 조직이나 아직은 가치관의 갈등이 내재되어 있음

Woman Power

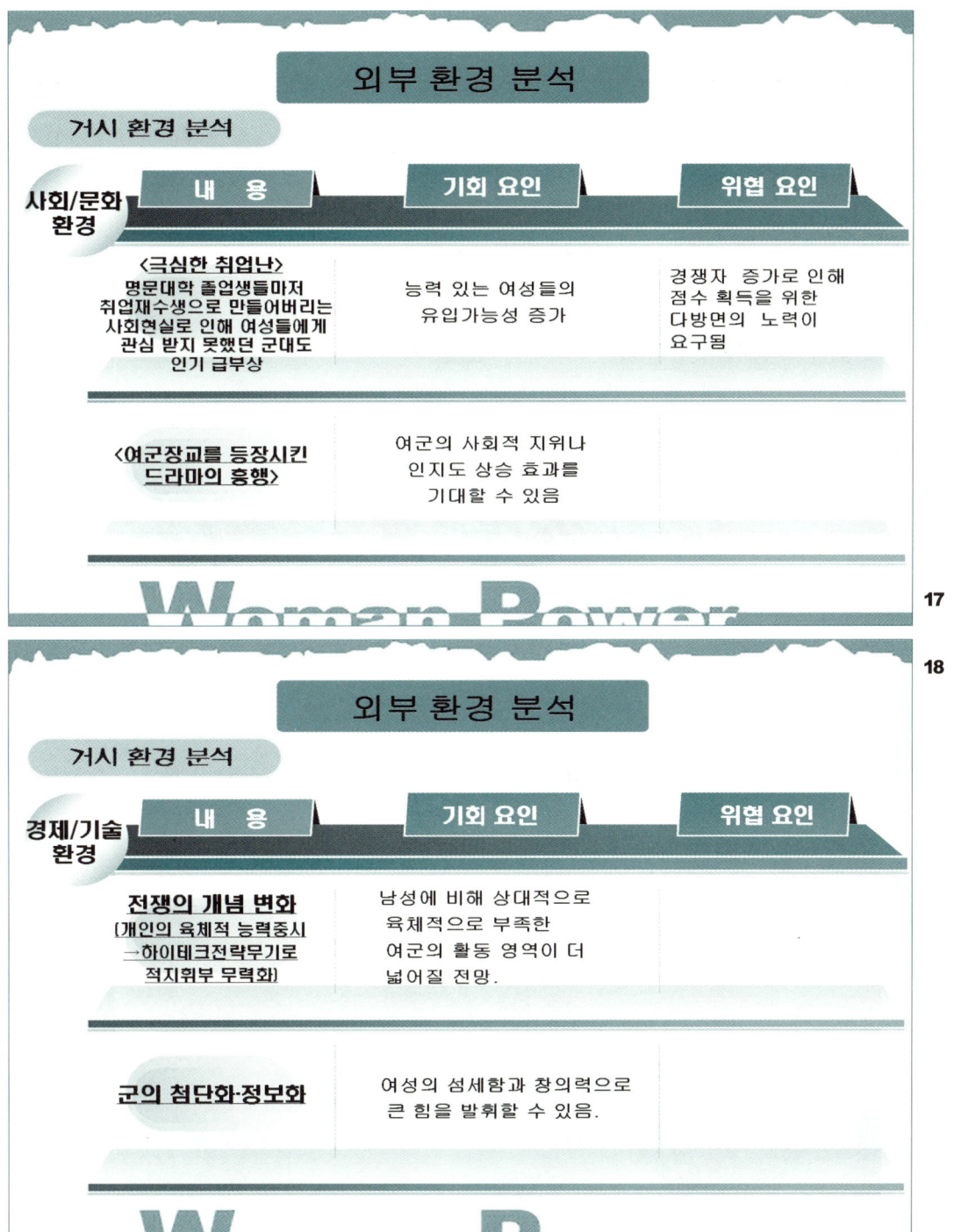

외부 환경 분석

거시 환경 분석

사회/문화 환경	내 용	기회 요인	위협 요인
	〈극심한 취업난〉 명문대학 졸업생들마저 취업재수생으로 만들어버리는 사회현실로 인해 여성들에게 관심 받지 못했던 군대도 인기 급부상	능력 있는 여성들의 유입가능성 증가	경쟁자 증가로 인해 점수 획득을 위한 다방면의 노력이 요구됨
	〈여군장교를 등장시킨 드라마의 흥행〉	여군의 사회적 지위나 인지도 상승 효과를 기대할 수 있음	

Woman Power

17

18

외부 환경 분석

거시 환경 분석

경제/기술 환경	내 용	기회 요인	위협 요인
	전쟁의 개념 변화 (개인의 육체적 능력중시 →하이테크전략무기로 적지휘부 무력화)	남성에 비해 상대적으로 육체적으로 부족한 여군의 활동 영역이 더 넓어질 전망.	
	군의 첨단화·정보화	여성의 섬세함과 창의력으로 큰 힘을 발휘할 수 있음.	

Woman Power

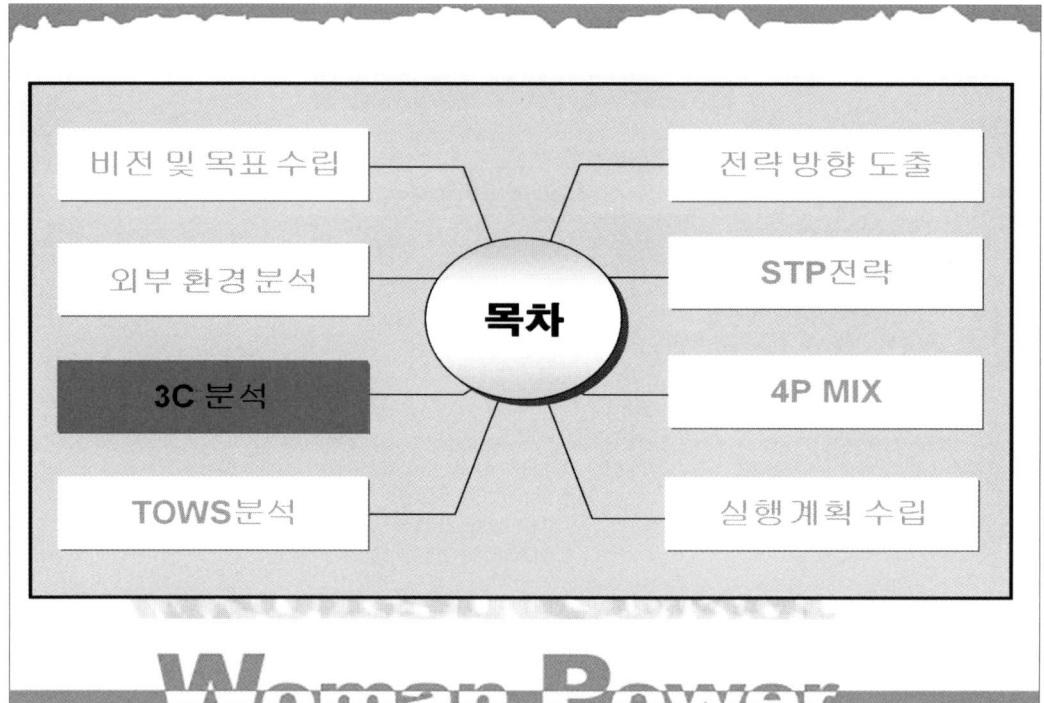

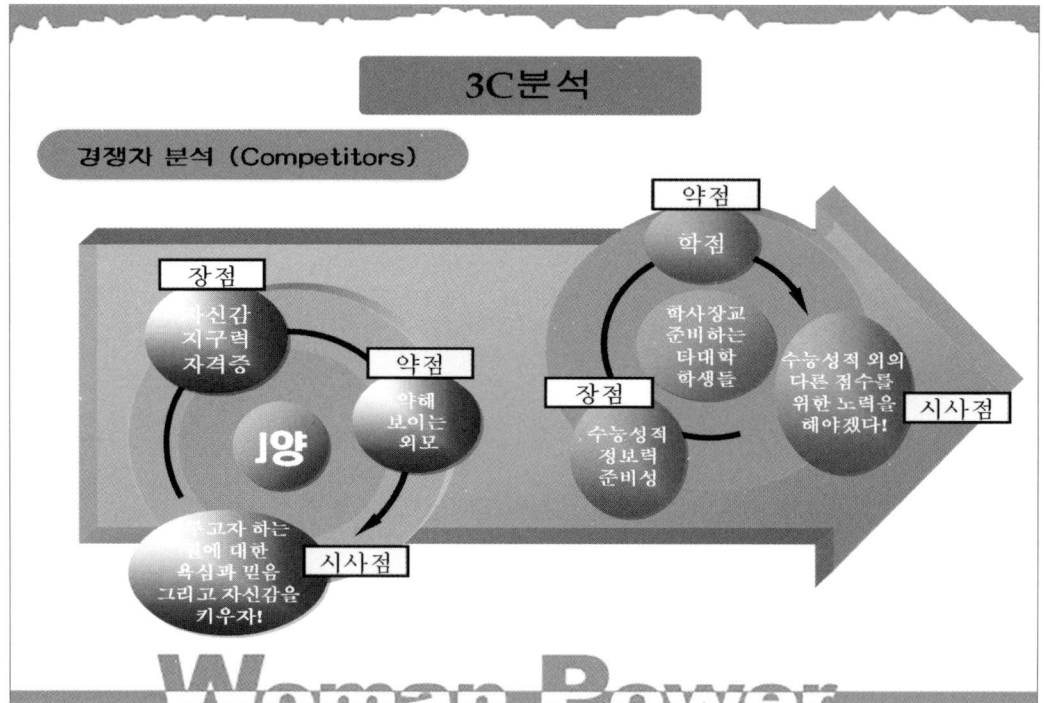

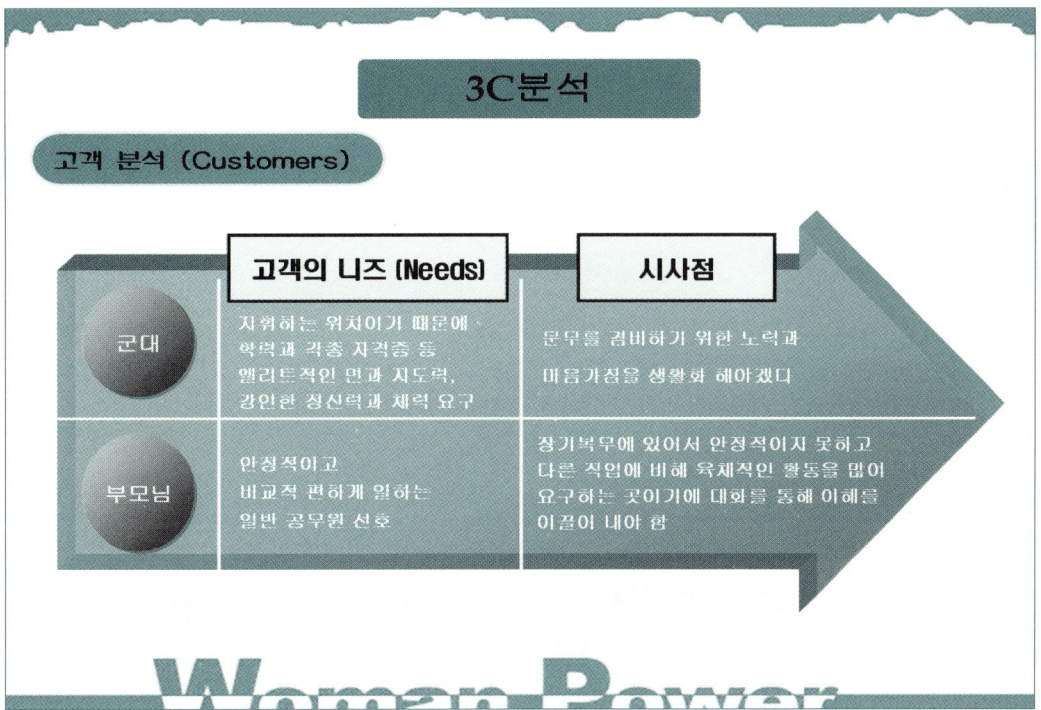

3C분석

고객 분석 (Customers)

	고객의 니즈 (Needs)	시사점
군대	지휘하는 위치이기 때문에 학력과 각종 자격증 등 엘리트적인 면과 지도력, 강인한 정신력과 체력 요구	문무를 겸비하기 위한 노력과 마음가짐을 생활화 해야겠다
부모님	안정적이고 비교적 편하게 일하는 일반 공무원 선호	장기복무에 있어서 안정적이지 못하고 다른 직업에 비해 육체적인 활동을 많이 요구하는 곳이기에 대화를 통해 이해를 이끌어 내야 함

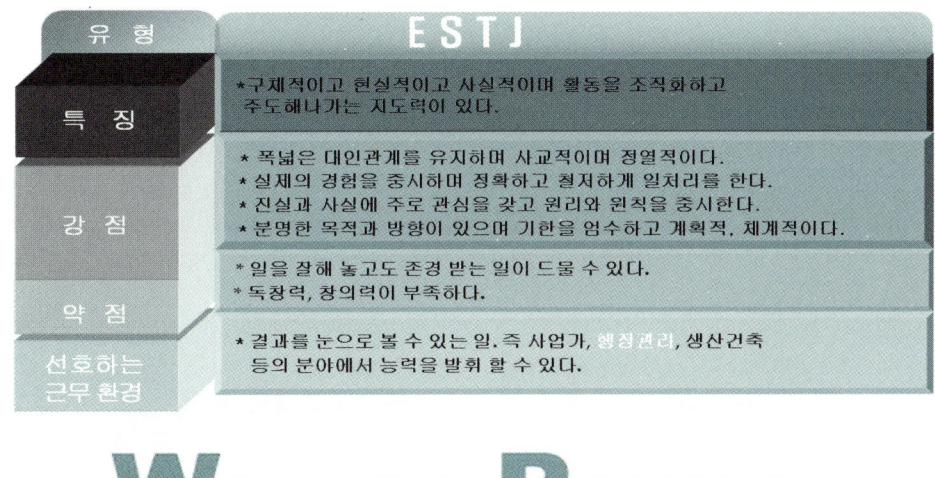

3C분석

자기 분석 (Me - Company)

유형	ESTJ
특징	★구체적이고 현실적이고 사실적이며 활동을 조직화하고 주도해나가는 지도력이 있다.
강점	★ 폭넓은 대인관계를 유지하며 사교적이며 정열적이다. ★ 실제의 경험을 중시하며 정확하고 철저하게 일처리를 한다. ★ 진실과 사실에 주로 관심을 갖고 원리와 원칙을 중시한다. ★ 분명한 목적과 방향이 있으며 기한을 엄수하고 계획적, 체계적이다.
약점	★일을 잘해 놓고도 존경 받는 일이 드물 수 있다. ★독창력, 창의력이 부족하다.
선호하는 근무 환경	★ 결과를 눈으로 볼 수 있는 일. 즉 사업가, 행정관리, 생산건축 등의 분야에서 능력을 발휘 할 수 있다.

3C분석

자기분석(Me-Company) : 행동유형 분석(DISC검사)

유 형	ID [설득형]
특 징	★ 사람들과 같이 혹은 사람들을 통해 일을 한다. 즉 우호적으로 일을 하면서 동시에 목적을 달성하려고 직극직으로 노력한다. 직극적으로 사람을 사귀고 여러 유형의 사람들로부터 존경과 신뢰를 얻을 수 있는 능력이 있다.
타인에게 영향	★ 우호적이고 솔직한 태도, 개방적인 자세
조직에의 공헌	★ 설득을 잘한다, 친근하게 만든다, 책임을 위임한다 다른 사람들로부터 결론을 잘 이끌어 낸다.
효과증진책	★ 어려운 과제를 수행한다, 업무를 완성하는데 필요한 중요한 세부 사항에 관심을 갖는다, 정보를 객관적으로 분석한다, 총체적인 시야를 갖는다.

23

Woman Power

24

3C분석

자기분석(Me-Company) : 스트롱 직업 흥미 검사)

유 형	RCS형 [현장형, 사회형, 사무형]
성격특성	★ 현장형-자연이나 옥외에서의 활동들을 좋아한다. 기계, 건축, 수신 활동 그리고 군대 활동 등이 이에 포함되며, 그들은 생각보다 행동에 더 흥미를 느낀다. ★ 사회형-사람들과 함께 일하는 것을 좋아한다. 또한 사람들을 지도하고, 교육하는 것을 좋아한다. ★ 사무형-자료의 조직화가 필요하거나, 세밀하고 정확한 주의가 요구되는 활동을 수행하는 것을 좋아한다.
특징적인 활동	★ 구체적 결과가 있는 업무 수행하기 ★ 가르치고 설명하기/조력하기/훈련하기 ★ 타이핑과 서류 정리/회계부와 기록 관리
대표적인 직업	★ 군인, 경찰관 진로 상담가, 사무직, 비서/안내원

Woman Power

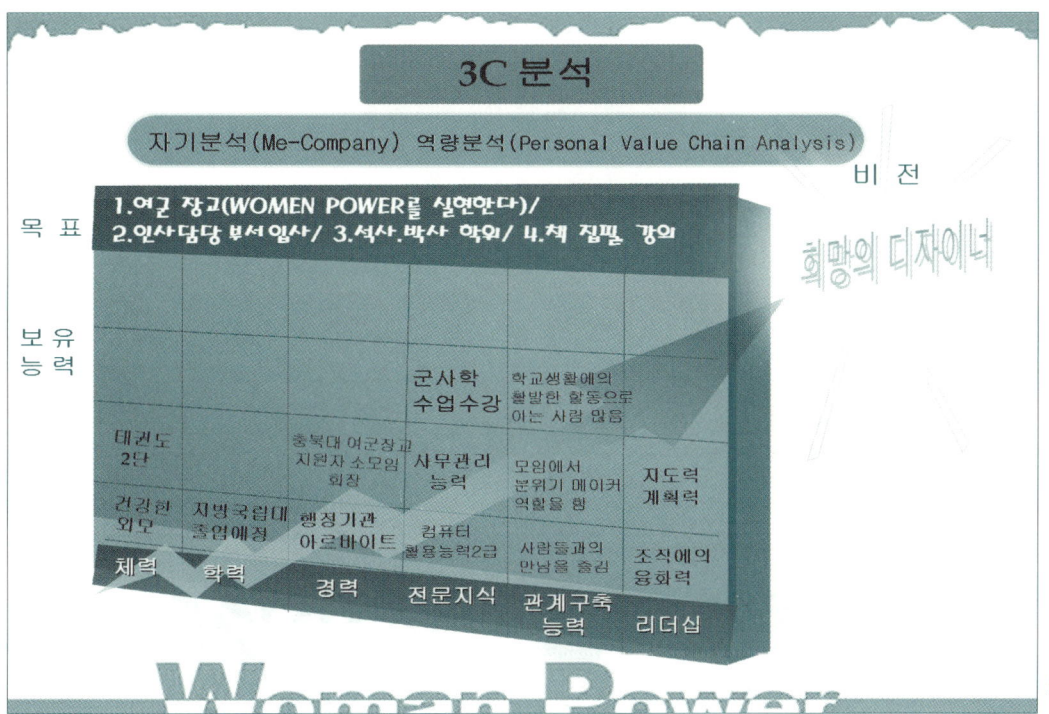

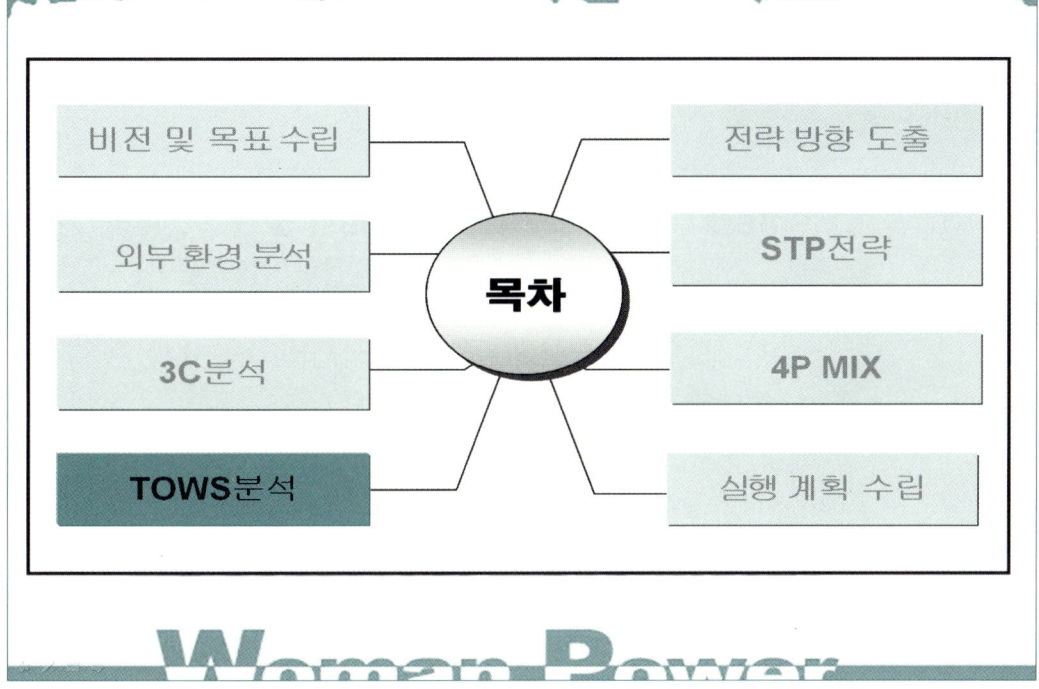

TOWS 분석

기회/위협 요소 도출

기회
Best 5

1. 여군 인력 확대 계획
   - 임관 기회 확대

2. 여군에 대한 정보 부족
   →정보를 많이 알아낸다면 경쟁력
   될 수 있음

3. 4년제 졸업예정자에 한해
   능력 위주의 채용

4. 군의 전산화, 첨단화
   →여군의 활동 영역이 넓어짐

5. 북한 미사일 발사
   →전쟁 우려로 지원율 낮아질 수 있음

위협
Best 5

1. 병과별 충원인원 확대에 대한
   구체적 안이 나오지 않아
   병과 선택의 어려움

2. 여군에 대한 정보 부족
   →전략적 접근이 어려울 수 있음

3. 장기복무 진입의 어려움

4. 군의 경우 남녀간 역할갈등이
   내재하고 있음

5. 극심한 취업난→경쟁자 증가

Woman Power

TOWS 분석

강점/약점 요소 도출

강점
Best 5

1. 폭넓은 대인관계

2. 기본적인 체력

3. 정확하고 철저한 일 처리

4. 지도력(조직,계획,추진력)

5. 정열적, 활동적

약점
Best 5

1. 독창력, 창의력 부족

2. 발표력, 자신감 부족

3. 지구력 부족

4. 가산점 고루 얻지 못함

5. 개방적이고 솔직한 태도

Woman Power

TOWS 분석

3C분석 외부환경 분석	◇ Strength ★ 폭넓은 대인관계 ★ 기본적인 체력 ★ 정확하고 철저한 일 처리 ★ 지도력 ★ 정열적, 활동적	◇ Weakness ★ 독창력, 창의력 부족 ★ 발표력, 자신감 부족 ★ 지구력 부족 ★ 가산점 고루 얻지 못함 ★ 개방적이고 솔직한 태도
◇ Opportunity ★ 여군 인력 확대 계획 ★ 많은 정보입수→경쟁력 ★ 군의 첨단화, 전산화 ★ 여성 인력의 필요성 ★ 전쟁우려로 경쟁률 감소기대	◆ SO 전략 인원이 확대 된 것을 겨냥해 학점을 바탕으로 지금부터 성실하게 꾸준한 운동과 계획적인 준비과정을 통해 여군 장교가 되겠다	◆ WO 전략 여군 모집 인원은 확대되었으나 장교로 가기에 부족할 수 있으니 가산점 비중이 상대적으로 적은 부사관으로 지원한다
◇ Threat ★ 병과별 충원안 부재 ★ 정보부족→전략적 접근 어려움. ★ 장기복무 진입 어려움 ★ 남녀간 역할갈등 내재 ★ 극심한 취업난→경쟁자 증가	◆ ST 전략 경쟁률이 높아진 만큼 힘들 수 있다. 체력을 바탕으로 시간을 조금 더 가지면서 경찰공무원을 겨냥한다	◆ WT 전략 요즘 보편화된 외국어 실력이 없으니 자격증을 많이 요구 하지 않는 연구소나 경비업체 공략

Woman Power

29

30

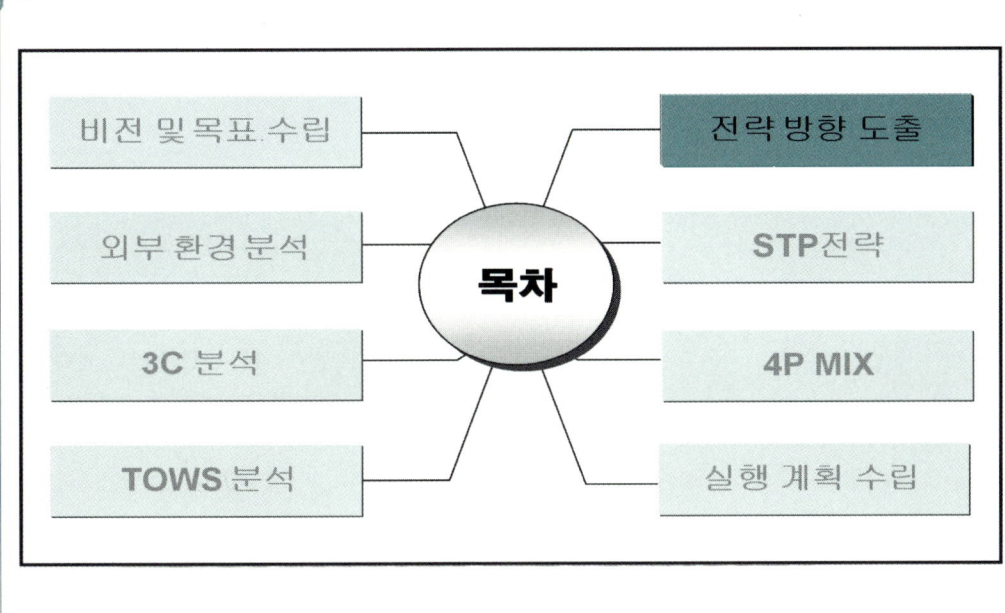

비전 및 목표 수립

외부 환경분석

3C 분석

TOWS 분석

목차

전략 방향 도출

STP전략

4P MIX

실행 계획 수립

Woman Power

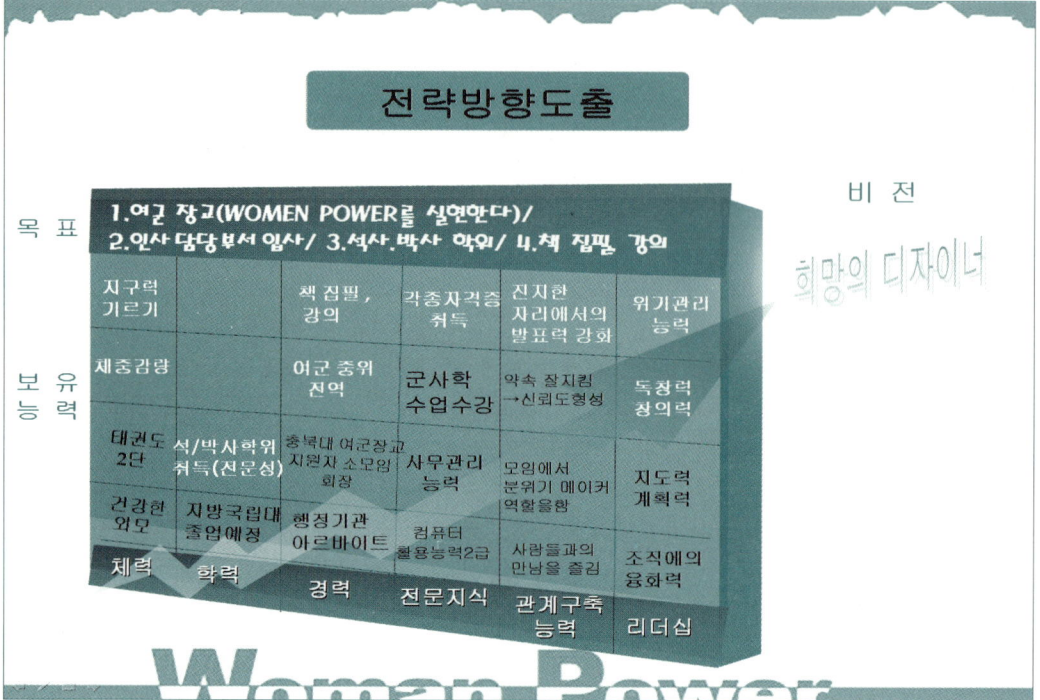

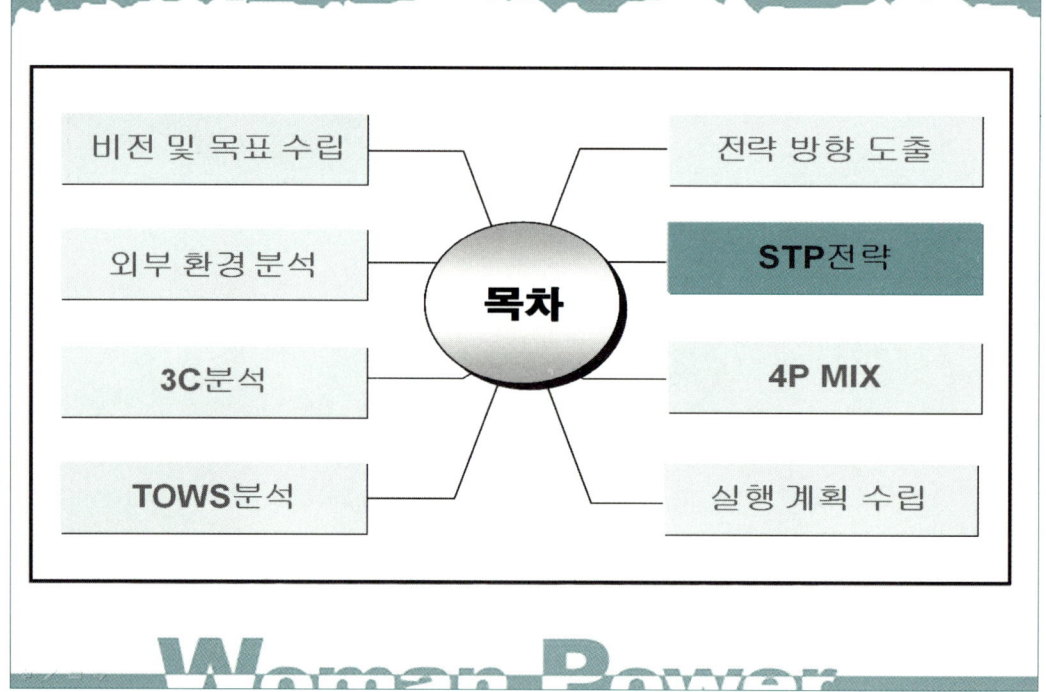

STP전략- segmentation(1)

	세분 시장 1	세분 시장2
회사명	여군장교	공군 부사관
회사 규모	공무원	공무원
채용 방법	수능 성적/대학평점/체력검정/면접/	필기시험/신체검사/면접/1.5Km달리기
채용 계획	지원서 접수 9.11~10.11 체력검정/면접평가11.20~12.1	인터넷 접수: 9.6~9.19(원서접수), 9.24(필기시험), 10.16~20(신체검사,면접)
채용 요건	4년제 졸업예정자	고교 졸업 이상 시험 (국어, 영어, 수학, 국사)
취업 가능성	70%	65%
선호도	매우 선호	선호

Woman Power

33

34

STP전략- segmentation(1)

	세분 시장 3	세분 시장4
회사명	경찰	에스원(영업직)
회사 규모	공무원	대기업
채용 방법	필기시험/체력검정/신체검사/면접/	인턴 후 정식직원
채용 계획	공고- 9월7일/필기시험 10.1	서류 접수 기간- 8.29~9.13
채용 요건	고교 졸업 이상 시험 (형법, 형소법,수사, 경찰학개론,영어)	전문대졸 또는 동등학력소지자 서류제출/삼성직무적성검사/면접
취업 가능성	40%	50%
선호도	선호	선호

Woman Power

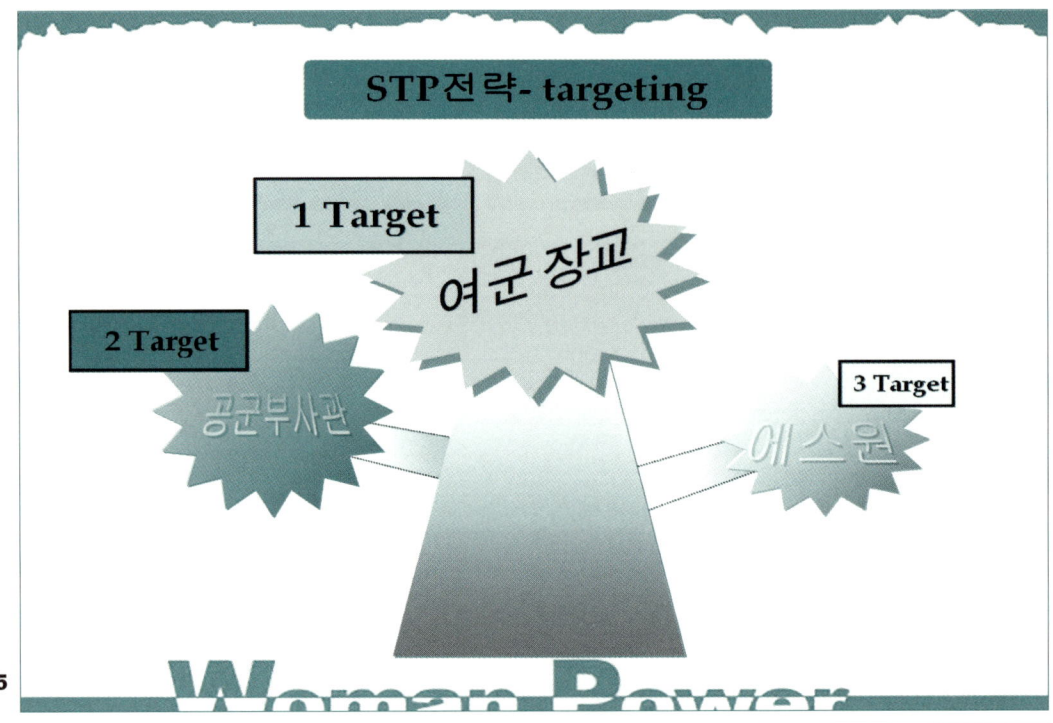

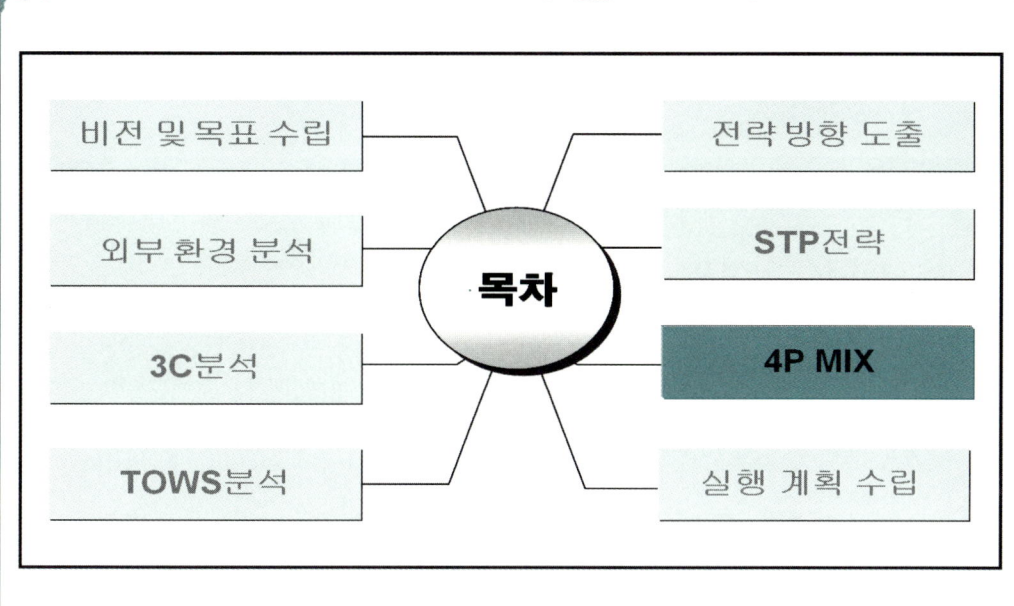

비전 및 목표 수립

전략 방향 도출

외부 환경 분석

STP전략

목차

3C분석

4P MIX

TOWS분석

실행 계획 수립

Woman Power

37

38

4P- product

자기소개서(1)

성 장 과 정

학교생활에서는 초등학교, 중학교, 고등학교 시절, 반장, 부반장 등의 직책을 맡으면서 리더쉽를 키웠습니다. 가정에서는 '지킬 건 지키고 살자'라는 신념을 가지신 부모님 밑에서 자라면서 편하지만 그 속에서 지켜지는 규율과 체계를 느끼며 살아 왔습니다. 우리 집 벽에 걸린 액자에는 항상 '인내'라는 두 글자가 고이 걸려 있습니다. 어떤 말이나 행동을 하기 전에 한번 더 생각 하자! 힘든 일이 있어도 한번 더 참아라! 는 생각을 줄곧 마음속에 새기고 자라 왔습니다. 이런 가정에서의 분위기 속에서 자라온 덕분에 쉽게 좌절하는 일이 없고 어느 곳에 속하든지 적응하는데 있어서의 어려움이 적습니다. 또, 각종 육상대회에 참가 할만큼 운동을 좋아하는 어린이였으며, 운동신경이 남달라 체력장에서 항상 좋은 성적을 거두었습니다.

나의 대학 생활

<< '우리'를 아는 젊은이>>
대학교에 입학한 후 과에서 행해지는 행사에는 100% 참가하여 선후배, 동기간의 관계도 쌓아왔고 덕분에 과대표의 경험과 3학년 때는 행정학과 정정당당 학생회 홍보부장 활동을 하였습니다. 이를 통해 엠티, 일일호프, 과방 인테리어 등 각종 행사들을 기획하고 그 기획한 방향대로 목표한 것을 이뤄가면서 성취감이라는 기쁨을 맛볼 수 있었습니다.
학업에도 열중하여 성적장학금을 4학기 수혜 받기도 했습니다. 그리고 승부욕과 소속감이 강해, 4년 동안의 단과대 체육대회 참가로 발야구, 피구 등의 종목에 4년 연속 우승을 이끌었고, 그 과정에서 팀원들 간의 소속감, 협동심과 다른 팀과의 경쟁에서의 승리로 짜릿한 감동과 희열을 느꼈습니다.

Woman Power

4P- product

자기소개서(2)

인생관 및 가치관

아직도 처음 자전거를 배울 때의 느낌을 가지고 있습니다.

<<새로운 경험에 가슴을 열어라>>
위에서 아버지께서 잡아주시다가 손을 놓으라고 말씀 드리기까지 필요했던 것은 '자신감'이었습니다. 인생에 있어서도 누군가가 계속해서 잡아주고 밀어주고 한다는 생각보다는, 살아가면서 마주치는 새로운 일들에 있어서 자신감을 가지고 적극적으로 도전합니다.

<<자유는 만끽하되 중심은 잃지 않기>>
자전거를 타면 걸을 때보다 편하고 자유롭지만 자전거가 나아가기 위해서는 균형을 유지해야 합니다. 생활에 있어서도 ' 자유분방하고 활발하게 행동하지만 늘 중심은 잃지 않기' 위해 노력합니다.

직업으로 군을 택한 이유

<두 가지로 말씀 드리겠습니다.>

첫번째, (가슴 뛰는 삶을 살아라)라는 책을 읽은 적이 있습니다. 처음엔 단순히 군복, 제복에 대한 관심 정도였는데, 그 관심이 쌓이고 쌓이면서 여군이라는 단어가 어느새 저의 가슴을 뛰게 하고 있었습니다. 저를 설레이게 할 수 있는 일에 최선을 다하고 싶어 지원하게 되었습니다.
두번째, 남자들은 국방의 의무를 다하기 위해 의무적으로 군대에 갑니다. 그렇지만 여자도 역시 국가의 보호를 받으며 살아가고 있습니다 . 저 역시 23년 동안 국가로부터 권리만을 행사해 왔던 것 같습니다. 저는 "어떤 모임이나 단체에서 든지 꼭 필요한 사람이 되자"는 생각으로 살아가고 있습니다. 기회가 주어진다면 국가에 필요한 인재로써 자아도 실현할 수 있는 '군대'라는 곳을 직장으로 삼고 싶어서 지원하게 되었습니다. 이상입니다.

39

40

4P- product

이력서

서 기 연

주소 : 충청북도 청주시 흥덕구 사창동 504번지
전화번호 : (Mobile)016-0000-0000/(Home) 054)434-0000
E-mail : whitesky@0000.000

<<응모 부문>>
여군 장교 부관병과

<<경력 요약>>
● 학과 조교실 근로 5학기(일반사무 보조)
● 면사무소 공공근로(자료 입력(워드, 엑셀))/서류 정리
● 농촌지역 방문 설문조사(진천군)/코딩(교수님 연구논문 관련)
● 행정학과 점점당당 학생회 홍보부장(학과행사 계획 / 홍보)
● 취업동아리 총무(예산계획/관리)

<<학력 사항>>
충북대학교 행정학과 (2007.02 졸업예정)

<<자격증 및 특이 사항>>
태권도 2단/컴퓨터 활용능력 2급/
자동차 운전면허증 1종 보통/성적장학금 4회 수혜

<<개인 신상>>
생년월일 :1984년 3월 18일

본인은 위의 사실과 틀림없음을 증명합니다.

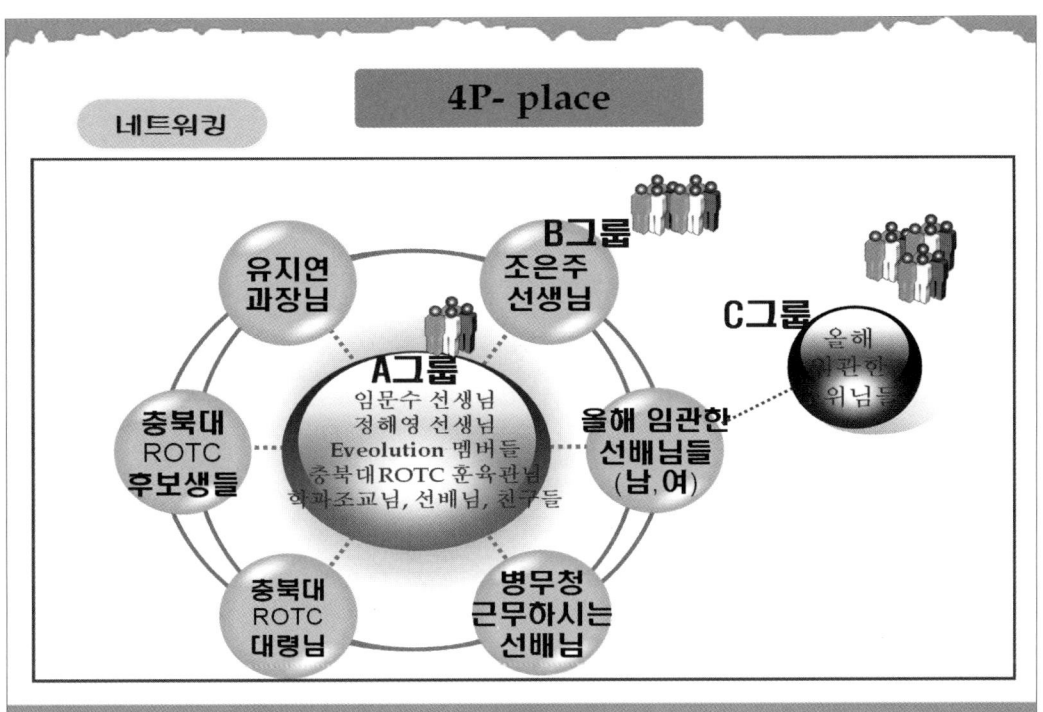

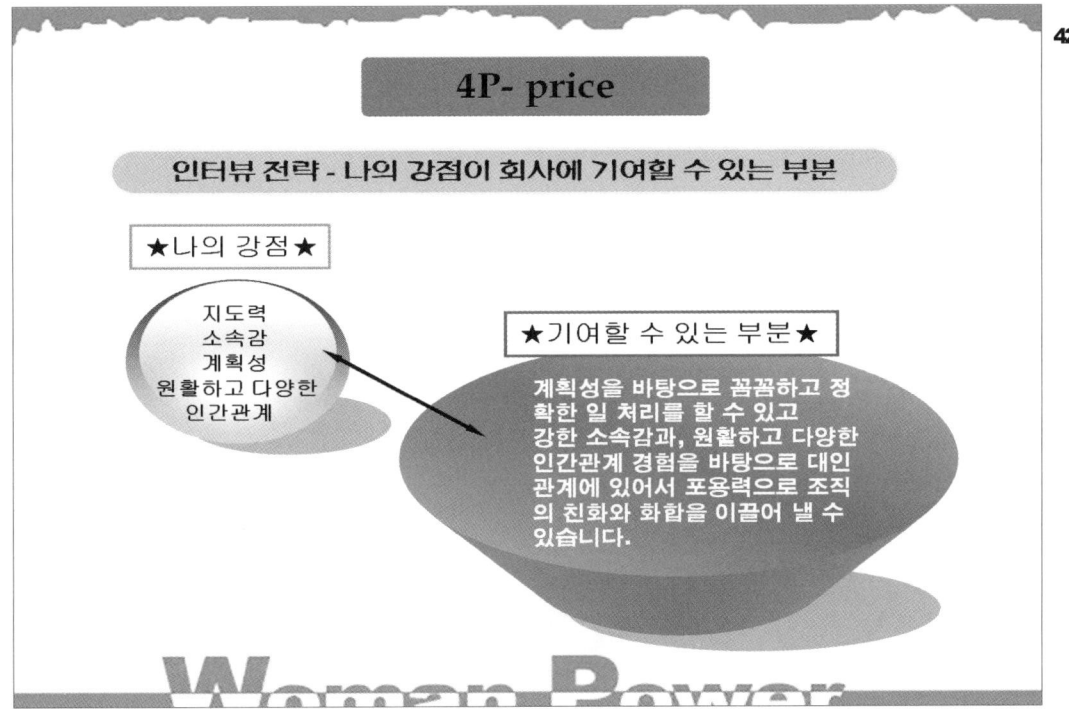

4P- price

인터뷰 전략 – 자주하는 질문

장래의 경력 계획은?

저는 장래에 절망하고 희망을 잃은 자들에게 희망의 디자이너가 되고 싶습니다.
성공하는 사람의 기준이 '힘든 상황을 기회로 보느냐, 아니면 그 기회를
품에 안고 좌절을 하느냐'라고 생각합니다. 많은 경험을 하고 힘든 상황에서
웃을 수 있는 당당함을 책이나 글로 전해, 절망하고 희망을 잃은 이들에게
희망의 디자이너가 되고 싶습니다.

여가시간에 주로 무엇을 합니까?

첫번째는 사람들과의 만남입니다. 사람들과의 만남과 대화를 통해 에너지를
얻고 힘을 내서 생활합니다.
두번째는 운동입니다. 어릴적부터 뛰어 놀기를 좋아했고, 대학교에 들어와서도
태권도, 헬스 등 운동을 꾸준히 하고 있습니다. 몸을 지치고 힘들게 하는 것이
아니라 오히려 운동에서 생활의 활력을 얻습니다.

43

44

4P- price

인터뷰 전략 – 자주하는 질문

당신의 강점은 무엇입니까?

저의 강점은 계획성, 성실함, 강한 소속감을 바탕으로 한 조직에의 적응력 입니다.
계획성을 바탕으로 꼼꼼하고 정확한 일 처리를 할 수 있고 강한 소속감과 조직에의 적응력을
바탕으로 대인관계에 있어서 포용력으로 조직의 친화와 화합을 이끌어 낼 수 있습니다.

당신의 약점은 무엇입니까?

저의 약점은 순발력에 비해 지구력이 좀 부족하다는 것입니다. 이를 보완하기 위해 매일매일
학교 운동장에서 오래 달리기를 하며, 하루하루 조금씩 뛰는 양을 늘려가는 연습을 합니다.
힘든 고비를 한번씩 참고 넘길 때마다 저의 인내력과 참을성, 그리고 상황 극복 능력도 조금씩
키워지는 기분을 느끼고 있습니다.

당신의 동료/부하직원/상사는 당신을 어떤 사람이라고 이야기 합니까?

활발, 명랑하여 사무실 분위기가 한결 유쾌하고 함께 일하는 동료들이 심적으로 편안함을
느낄 수 있었다는 이야기를 많이 들었습니다. 또한 일 처리를 함에 있어서도 일하는 동안은 집중하여
꼼꼼하게 잘 끝낸다는 말과 지각이나 결석이 없었기에 성실함 역시 인정받을 수 있었습니다.

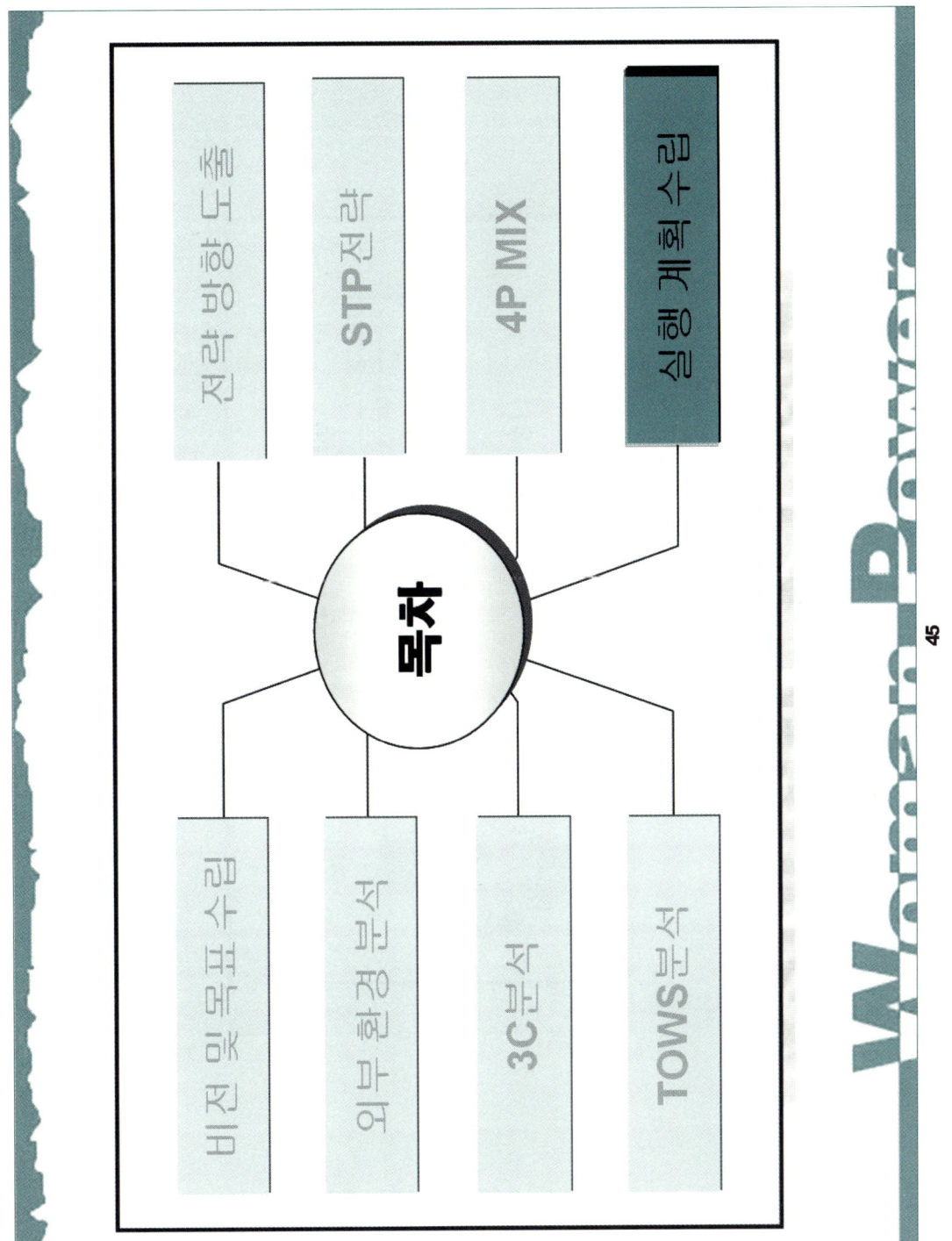

전략 방향 도출

STP전략

4P MIX

실행 계획 수립

목차

비전 및 목표 수립

외부환경분석

3C분석

TOWS분석

Women Power

45

46

4P- promotion

명함 만들기

위소군옥

잉 기 민

☎ 016-000-0000
☐ whitesky@0000.000

Women Power

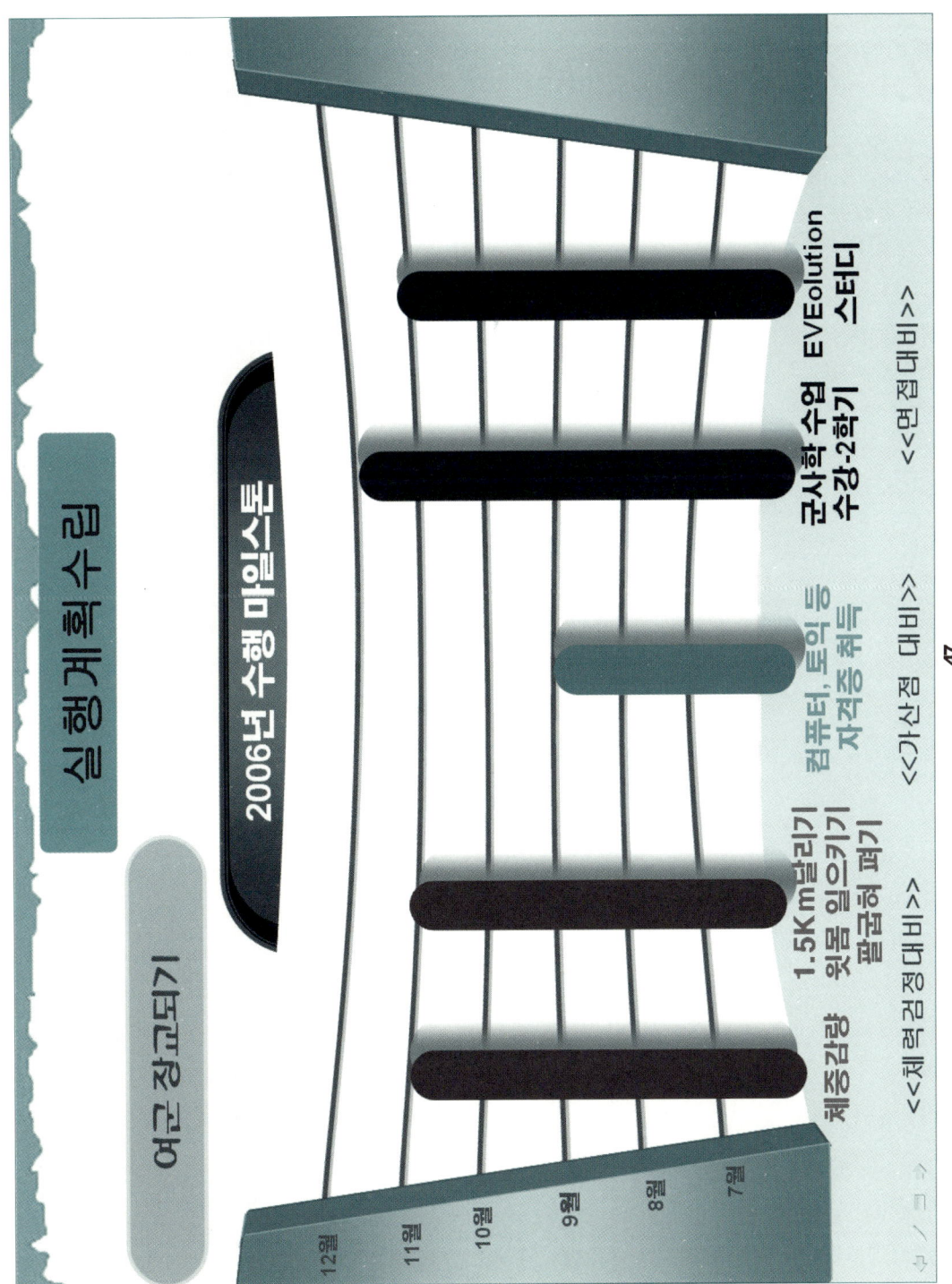

6 사회 공헌 전문가 — 김지현

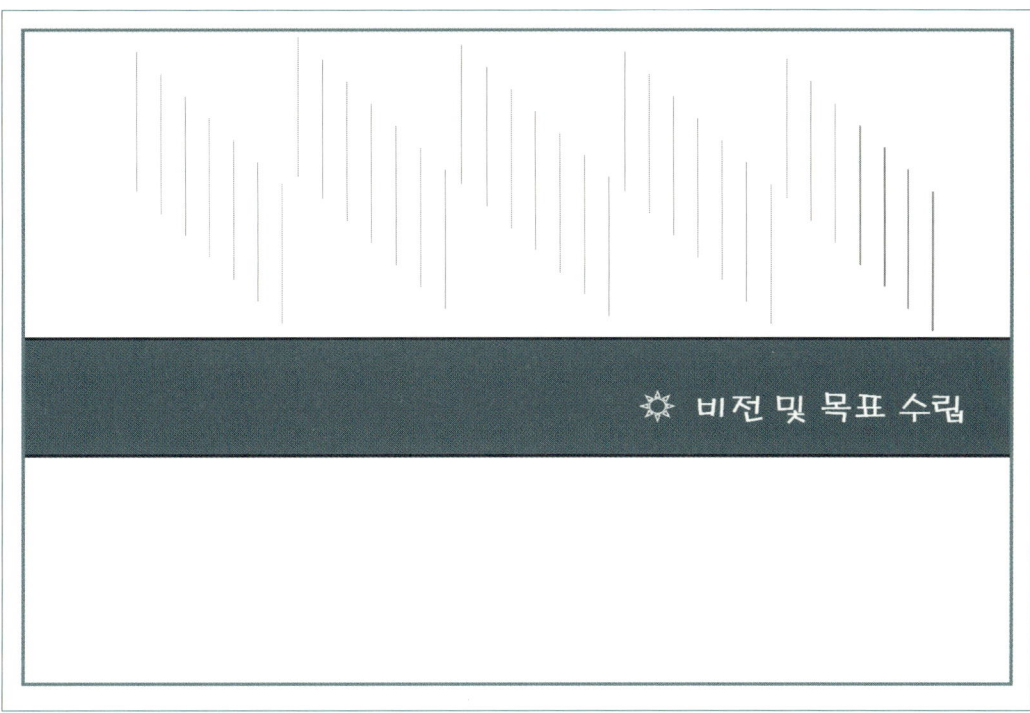

1

2

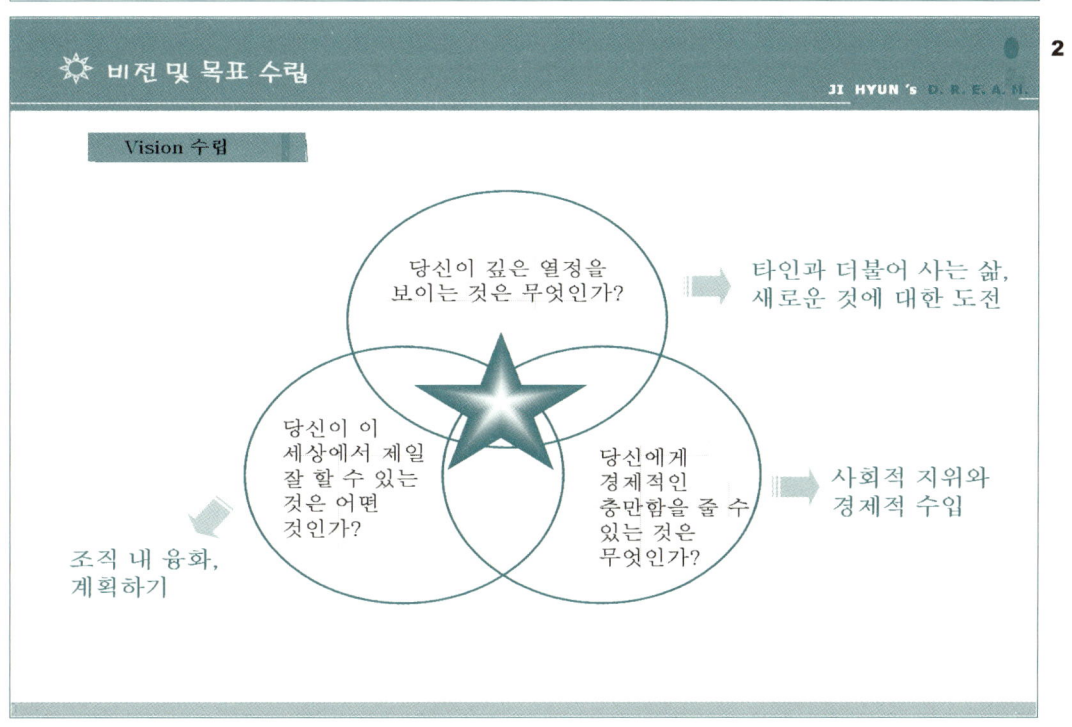

☼ 비전 및 목표 수립

JI HYUN 's D. R. E. A. M.

비전 수립 방법 (열 정)

1. 세상에서 당신을 가장 흥분시키는 것은 무엇인가?

   -> 새로운 사람을 만나는 것, 새로운 도전.

   나와 함께 해서 용기를 갖는 사람이 생겼다는 것.

2. 세상에서 당신을 가장 화나게 하는 것은 무엇인가?

   -> 중도포기, 아무것도 하지 않는 것.

3. 만약에 당신이 세상에서 당신을 가장 흥분시키는 것을 가르친다면 무엇을 가르칠 것인가?

   -> 인간관계의 중요성 (타인을 통해 배우고 성장해 나갈 수 있다.)

4. 만약에 당신이 세상에서 당신을 가장 화나게 하는 것을 가르친다면 무엇을 가르칠 것인가?

   -> 도전해 보지도 않고 포기 하는 것.

5. 만약에 일요일 아침 6시에 당신을 잠자리에서 벌떡 일어나게 하는 것이 있다면 그것은 무엇인가?

   -> 여행 , 새로운 사람을 만날 일이 있을 때.

6. 어떤 주제를 가지고 이야기할 때 당신은 흥분되고 끊임없이 이야기할 수 있는가?

   -> 내가 겪은 경험에 대한 생각들, 그리고 사람에 대한 이야기

3

4

☼ 비전 및 목표 수립

JI HYUN 's D. R. E. A. M.

성공적인 삶을 위해 필요한 것

1. 돈독한 인간관계	주변의 사람들이야 말로 가장 소중한 자산이다.
2. 전문성	내 분야의 전문성을 인정 받고 싶다.
3. 건강한 심신	몸이 건강한 것 자체가 성공적인 삶의 일부분이다.
4. 더불어 사는 삶	나 뿐 아니라 타인과 삶을 공유하고 싶다.
5. 경제적 여유	하고 싶은 일들을 해내기 위해서는 경제적 여유가 필요하다.
6. 분명한 계획	구체적인 계획을 세워 행동하고, 그에 따라 실천한다.
7. 여행과 취미	나를 돌아보고, 취미생활을 통한 에너지 충전.

☀ 비전 및 목표 수립

JI HYUN 's D.R.E.A.M.

기 도 문

제가 *사회 공헌 분야의 전문가가* 되게 해 주신 것에 대해 감사합니다.

그리고 그 분야에서 안주하지 않고 *끊임없이 도전하도록* 도와주십시오.

다른 사람들을 축복하시고, 특히 지현이가 *꾸준한 계획과 실천* 하에 *경제적 안정을* 가지고

꾸준한 인맥을 쌓으며 *타인과 더불어 살게* 해주십시오.

평생 *건강하게 살며, 취미생활도 충만하게* 하며 살게 해주십시오.

5

6

비전 선언문

열정을 가진 감동 전파자

☀ 비전 및 목표 수립

JI HYUN ▸ D. R. E. A. M.

● ● *How*

전략 1 – 기획팀＊마케팅 부서에서 꾸준히 경험을 쌓으면서
　　　　사회공헌에 대한 공부를 하면서 사회공헌 전략 컨설턴트가 된다.

전략 2 – 사회 공헌팀에 입사해서 경력을 쌓은 후
　　　　사회공헌 컨설팅 회사에서 컨설턴트로 활동한다.

7

8

☀ 비전 및 목표 수립

JI HYUN 's D. R. E. A. M.

목표 설정 실습

목표진술	2006년 기획 or 마케팅 부서 입사　　(사회 공헌 활동 활발한 기업으로)
현재 상황	• 낮은 토익 점수 & 영어 회화 스킬 부족 • 마케팅 관련 경험 없음, 각 회사에 대한 정보 부족 • 컴퓨터 자격증 부족 (눈으로 보여 줄 증거 자료 제시 해야 함)
해야 할 일 정하기	• 토익 및 영어 회화 • 마케팅 관련 강의 수강, 다량의 독서, 각 기업에 대한 정보 획득 • 컴퓨터 자격증 실기 준비 (현재) OA, 컴활 필기시험 합격
결과 진술	기획 or 마케팅 팀의 명함을 친구들에게 내밀고 있다. 모두 부러운 눈으로 나를 바라본다. 나는 첫 번째로 탄 월급으로 부모님 선물을 사드리고 있다. 팀 내에 빠르게 적응하여 없어서는 안 될 존재가 되었고, 팀원들은 다들 나를 신뢰하게 되었다.

☀ 비전 및 목표 수립

• 목표 설정 실습 (2010년)

목표진술	사회 공헌팀에서 근무하고 있다.
현재 상황	• 모 기업의 기획 or 마케팅 부서에서 일하고 있다. • 사회 공헌에 대해 계속 공부해 오고 있다.
해야 할 일 정하기	• 꾸준한 영어 공부 • 사회 공헌팀으로 부서 이동 • 사회 공헌에 대한 꾸준한 공부
결과 진술	사회 공헌팀에서 ' 똑순이 ' 로 소문이 나 있다. NGO 단체들과 협력을 맺고 새로운 사회 공헌 프로젝트를 추진 중이다. 바쁘지만 입가에서는 미소가 떠나지 않는다. 내가 진행했던 새로운 프로젝트로 인해 기업의 이미지가 매우 향상되어 기업 사회공헌 대상에서 수상했다.

☀ 비전 및 목표 수립

• 목표 설정 실습 (2015년)

목표진술	라임 글로브에서 사회 공헌 전략 컨설턴트로 활동하고 있다.
현재 상황	• 모 기업의 사회 공헌팀에서 근무하고 있다. • 사회 공헌팀에서 실력을 인정 받고 있다.
해야 할 일 정하기	• 사회 공헌에 대한 꾸준한 공부 (대학원 진학) • 사회 공헌팀 내에서 꾸준한 자기계발
결과 진술	꿈에 그리던 라임글로브에 입사! 각 기업에서 사회 공헌 전략에 대해 문의해 오고 있고, 나는 기업 강의를 하면서 매우 바쁜 나날들을 보내고 있다. 문의 해 온 기업의 이미지가 매우 좋아져 나에게 감사패를 전달해 주고 있다.

☼ 비전 및 목표 수립   JI HYUN's D.R.E.A.M.

• 목표 설정 실습 (2020)

목표진술	대학에서 전략적 사회공헌에 대해 강의 하고 있다.
현재 상황	• 라임글로브에서 사회공헌 컨설턴트로 활약하고 있다.
해야 할 일 정하기	• 대학 강의를 위해 다양한 연구와 폭 넓은 공부 필요
결과 진술	내가 맡았던 기업의 사회 공헌 사례를 학생들에게 강의 하고 있다. 학생들은 아주 흥미롭게 강의를 듣고 있고, 질문도 매우 많다. 수업이 끝난 뒤, 나의 명함을 받으러 많은 학생들이 오고 있다.

11

12

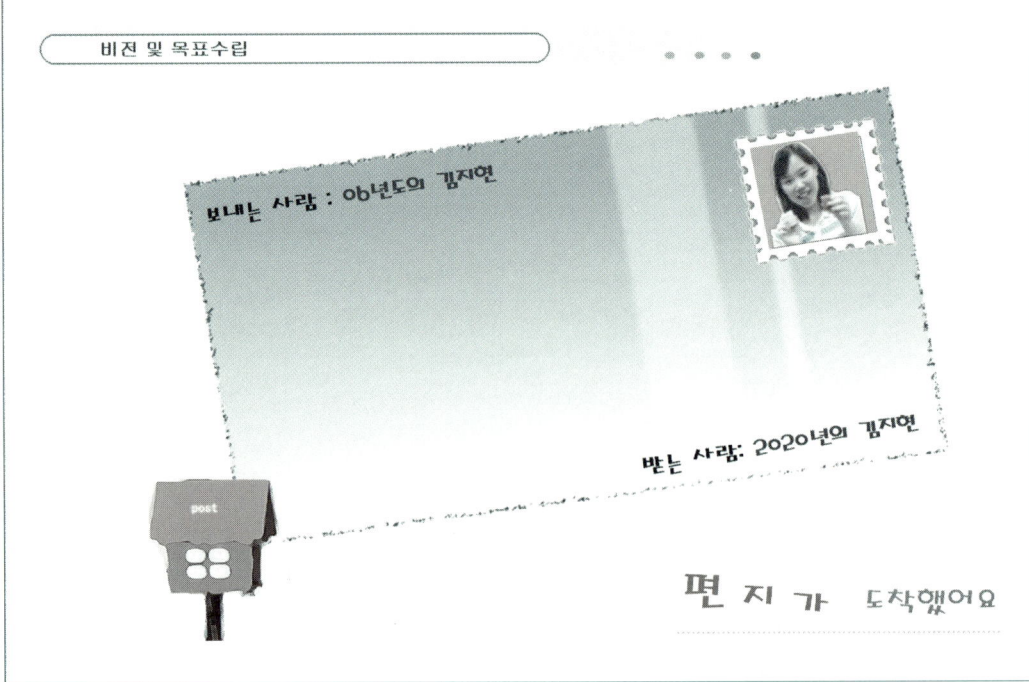

비전 및 목표수립   • • • •

보내는 사람 : 06년도의 김지현

받는 사람: 2020년의 김지현

편 지 가 도착했어요

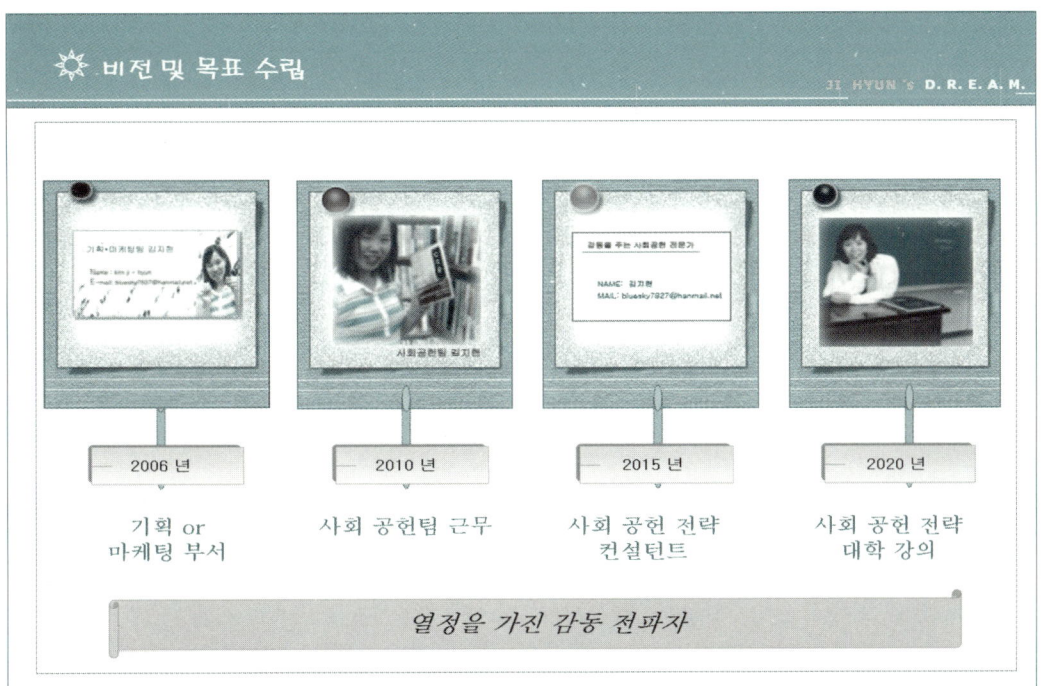

☼ 외부 환경 분석

JI HYUN 's **D. R. E. A. M.**

거시 환경 분석 (법/ 정치적 환경)

주제/ 내용	기회요인	위협요인	시사점
출자총액 제한 제도 완화 움직임	대기업들의 투자가 활발 -> 사회 공헌 활발	기업들의 사업 다각화로 인해 오히려 사회공헌에 대한 투자 감소 가능성	사회공헌 관련 지식과 경험을 쌓아 투자가 활발한 기업에 취업
ISO 26000 2008년 제정	해외 사회 공헌에 대한 압박으로 사회 공헌 분야 인력 필요	사회공헌 분야에서 신입 보다 경력 위주의 채용이나 해외 인재 스카우트 가능성	각종 교육과 세미나 등에 참가하고 외국 기업 사례 등을 분석 하여 전문성 획득
한미 FTA 시장 개방	시장 개방으로 인하여 해외 고급 브랜드 유입 - 국내 기업 차별화 필요 - 국내 사회 공헌 활발해짐	고급 브랜드가 유입되면 사회 공헌 활동으로 인한 이미지 제고 보다 오히려 품질 개선에 주력할 가능성	사회공헌 틈새시장 공략. 꾸준히 활동 할 가능성 있는 기업을 공략 하거나 외국계 기업에 취업

* 참고: ISO 26000 이란? - 국제표준기구의 기업의 사회적 책임 (CSR)을 나타내는 지수

15

16

☼ 외부 환경 분석

JI HYUN 's **D. R. E. A. M.**

거시 환경 분석 (경제 / 기술적 환경)

주제/ 내용	기회요인	위협요인	시사점
인턴십 도입 업체 多	인턴십을 통한 경력 개발 가능, 능력을 인정 받을 수 있음	인턴십을 하지 못하면 그것을 도입하고 있는 업체에 취업 하지 못할 가능성	인턴십을 통해 경험을 쌓을 수 있도록 정보를 탐색해 본다
제품, 품질 평준화	기업이 만들 수 있는 품질이 평준화 되면서 차별화될 요소가 필요하게 됨 - 그 한 부분으로 사회공헌 통한 이미지 제고	기업들은 제품의 품질을 높이기 위해 품질 관련 전문 인력 채용 가능성	가고자 하는 기업의 제품이나 품질을 미리 알고 사회공헌 전략을 미리 계획해 봄 - 틈새 공략
기업간 경쟁 가속화	전문 인력의 채용 증가	경쟁자 우대 기업 多	원하는 직무에 맞는 경력을 쌓아 전문가가 되도록 한다
기업 사회 공헌 부서의 전문성 결여	사회 공헌에 대한 전문 인력 채용 가능성	해외 우수 인력 스카우트 가능성	외국계 기업에 취업 후 전문 경력을 쌓는다

☼ 외부 환경 분석

JI HYUN 's D. R. E. A. M.

거시 환경 분석 (사회/ 문화적 환경)

주제/ 내용	기회요인	위험요인	시사점
반기업 정서	기업은 이미지 개선을 위해 사회 공헌 활동 확대		혁신적인 이미지 개선에 성공한 기업 사례 조사
기업의 여성에 대한 보수적인 성향	여성 취업 희망자들은 전문직 고려	여성 인력 보다 남성 인력 선호하는 경향	여성들은 보수적인 성향에 구애 받지 않을 전문직 진출
그림자 채용 / 수시채용 多 / 상시 채용 多	관심 있는 기업이라면 공채 보다 경쟁률 낮고, 틈새 공략을 취할 수 있음.	인맥이 없는 사람의 취업 위험, 채용 시기를 놓칠 가능성	관심 있는 기업 List 를 만들어 놓고 채용 공고 수시로 확인. 포럼 참가 등으로 인맥 형성
사회봉사 활동 우대 기업 늘어남	사회봉사 활동 경험의 우위	학점, 영어, 인턴, 공모전 사회봉사 등 기업이 요구하는 사항들이 많아짐	사회봉사 우대 기업을 노림 인턴, 공모전 등 참여

17

18

☼ 3C 분석

3C분석 –경쟁자 분석

경쟁자 분석

성명	강점	시사점
마케팅 관련 공모전 입상자	뚜렷한 자격증이 없는 마케팅 분야에서 공모전은 능력을 보여 줄 수 있는 좋은 예	마케팅 관련 수업 수강. 다량의 독서량 필요. 공모전 도전 필요.
심리학 전공 학생들	마케팅의 소비자 행동 관련 부분에서 심리학은 도움이 될 수 있음	소비자 행동 관련 심리학 강의를 듣고, 많은 책들을 읽어 본다
최혁준	라임글로브 대표이사. 한국 최초의 CSR기업 설립 (Corporate Social Responsibility)	아직 사회 공헌에 대한 기업의 참여가 미비한 수준이기 때문에 발전 가능성 있음. 사회 공헌 분야에서 가장 유력한 경쟁자이므로 역할모델로 적합함.
유명훈	Korea CSR Founder & CEO . 기업의 사회적 책임 세리 포럼 운영	지속 가능경영, 환경 경영 등 다양한 범위의 CSR관련 컨설턴트. 롤 모델로 적합함

19

20

3C분석 – 고객 분석

고객 분석

구 분	고객의 니즈	시 사 점
기업의 마케팅 부서	• 자격을 갖춘 인재 (해당분야 전공자) • 경력을 가진 인재 • 전문성을 갖춘 인재	경영학 전공자로서 자격은 가지고 있다고 생각되므로 다양한 경력 필요, 다양한 강의 수강 및 자격증 획득 필요
기업의 기획 부서	• 분석력과 기획력 필요 • 장기적인 안목 필요	꾸준한 신문 스크랩. 뉴스청취로 흐름을 읽을 필요 있음
부모님	• 자랑스러운 딸 • 전문가가 되는 딸 • 하고 싶은 일을 하는 딸	지치지 말고 항상 용기를 가지며 감사하는 마음으로 살자
기업	• 전략적 사회 공헌 실현으로 기업의 이미지 개선 실현 • 지속 가능한 경영 실현 • 장기적 이익 증대	지속 가능 경영에 대한 공부가 필요하고, 사회 공헌을 통한 효과에 대한 공부 필요

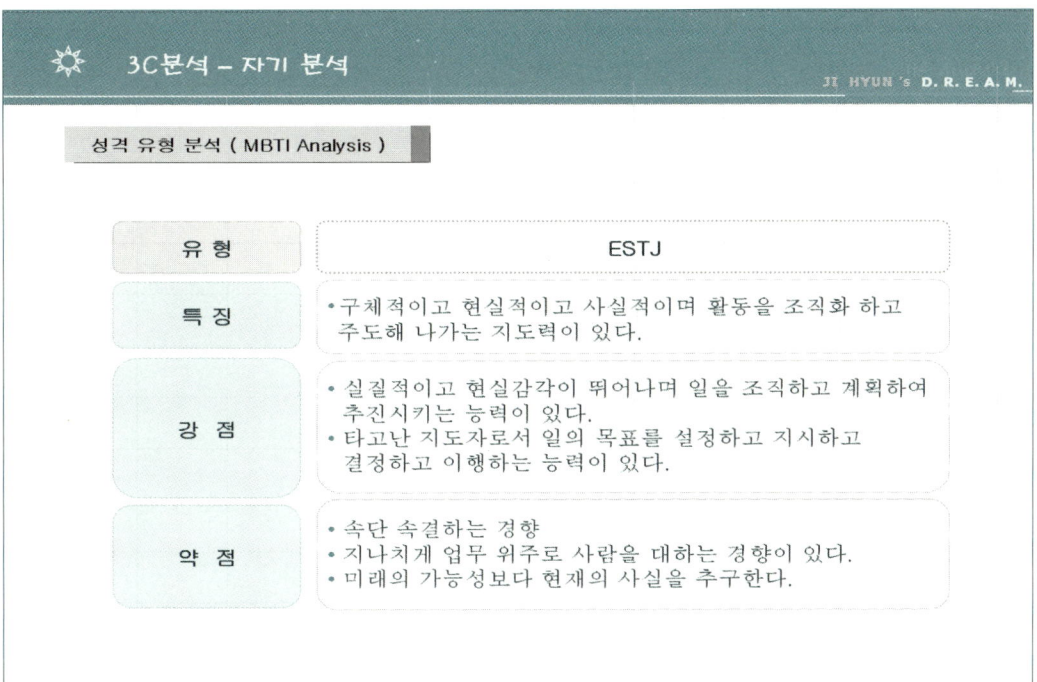

☼ 3C분석 – 자기 분석

JI HYUN 's D. R. E. A. M.

성격 유형 분석 (MBTI Analysis)

유 형	ESTJ
특 징	•구체적이고 현실적이고 사실적이며 활동을 조직화 하고 주도해 나가는 지도력이 있다.
강 점	• 실질적이고 현실감각이 뛰어나며 일을 조직하고 계획하여 추진시키는 능력이 있다. • 타고난 지도자로서 일의 목표를 설정하고 지시하고 결정하고 이행하는 능력이 있다.
약 점	• 속단 속결하는 경향 • 지나치게 업무 위주로 사람을 대하는 경향이 있다. • 미래의 가능성보다 현재의 사실을 추구한다.

21

22

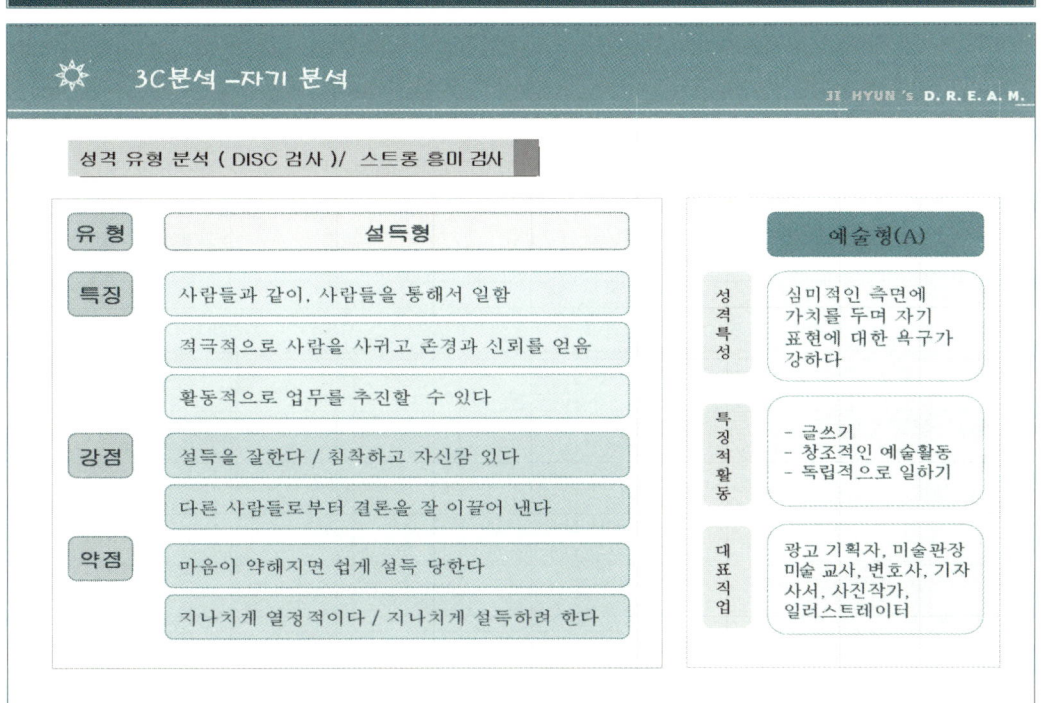

☼ 3C분석 –자기 분석

JI HYUN 's D. R. E. A. M.

성격 유형 분석 (DISC 검사)/ 스트롱 흥미 검사

유 형	설득형
특 징	사람들과 같이, 사람들을 통해서 일함
	적극적으로 사람을 사귀고 존경과 신뢰를 얻음
	활동적으로 업무를 추진할 수 있다
강 점	설득을 잘한다 / 침착하고 자신감 있다
	다른 사람들로부터 결론을 잘 이끌어 낸다
약 점	마음이 약해지면 쉽게 설득 당한다
	지나치게 열정적이다 / 지나치게 설득하려 한다

예술형(A)

성격특성	심미적인 측면에 가치를 두며 자기 표현에 대한 욕구가 강하다
특징적활동	- 글쓰기 - 창조적인 예술활동 - 독립적으로 일하기
대표직업	광고 기획자, 미술관장 미술 교사, 변호사, 기자 사서, 사진작가, 일러스트레이터

3C 분석 –자기 분석

JI HYUN 's **D. R. E. A. M.**

▲ 그래서 나는 ...

ESTJ /	일을 조직하고 계획하는 능력, 지도자적 측면
설득형 /	사람과 일하기를 좋아하고 잘한다. 활동적인 업무 추진 능력
A형 /	자기 표현 욕구가 강하다. 심미적 측면에 가치를 둠

기획 부서, 마케팅 부서, **사회 공헌부서** (인간관계 구축 능력 필요)에 적합

23

24

3C 분석– 자기 분석

JI HYUN 's **D. R. E. A. M.**

역량 분석 (Personal Value Chain Analysis)

비전: 열정을 가진 감동전파자

목표: •2007년 : 기획or 마케팅 부서 입사 * 2010년 : 사회 공헌팀 근무
•2015년 : 사회공헌 전략 컨설턴트 * 2020년 : 사회공헌 주제로 대학강의

체력	경험		전문지식	개성	관계 구축 능력	리더십
	CAP 수료 -대학생 직업 훈련 프로그램	직지축제 운영요원				
	봉사동아리 활동	**사회공헌** -행복병원			사회성	해외 봉사단 총무
	몰래 산타 봉사 활동	**사회공헌** -캐빈교사 봉사활동		지식이라 는 별명	공통화제 발견능력	동아리 총무
튼튼한 체력	중국어 연수생도우미	해외 봉사 – 미얀마	컴퓨터 활용 SKILL	음주가무 즐김	다양한 조직 경험	컴퓨터 동아리 회장

Personal Value

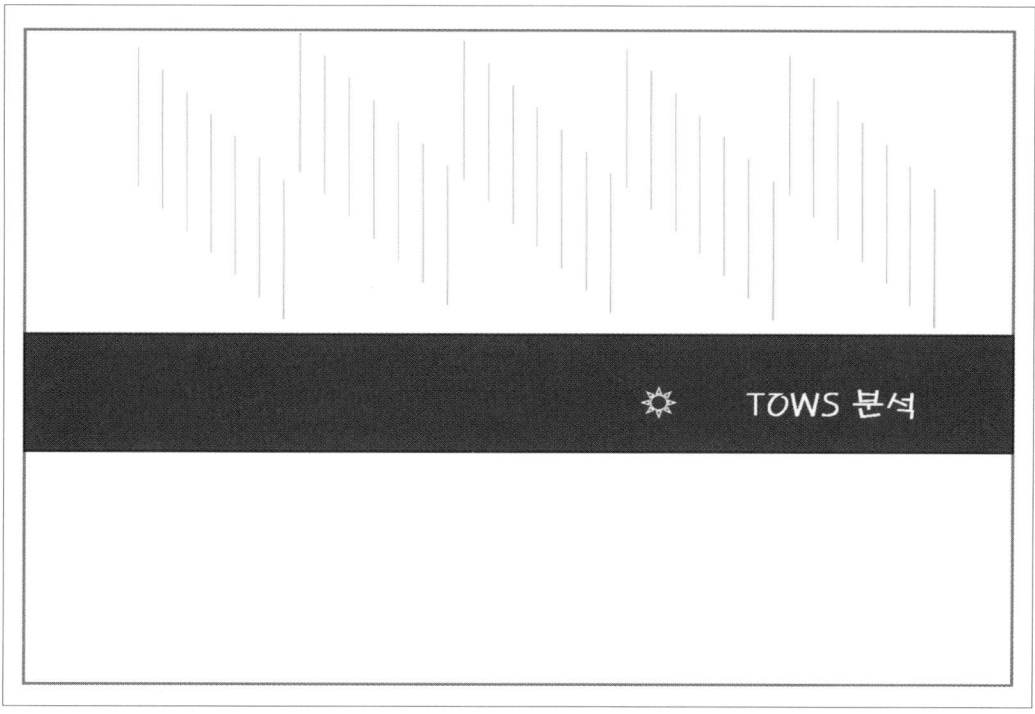

25

26

☼ TOWS 분석

JL RYDR s D. R. E. A. M.

● 기회 / 위협 요소 도출

기회 BEST 5
그림자 채용 多 / 수시 채용
ISO 26000을 2008년 제정
사회 봉사 우대 기업 증가
출자 총액 제도 완화 움직임
제품 , 품질 평준화 – 사회 공헌 활발

위협 BEST 5
경력자 우대 기업 多
기업의 보수적 성향
사회 공헌 전담부서 少
반기업 정서
기업간 경쟁 가속화

☼ TOWS 분석

● 강점 / 약점 도출

강점 BEST 5

다수의 경험 (봉사활동, 회장, 총무, 동아리 경험)

일을 조직, 계획하여 추진 시키는 능력 - ESTJ

조직 적응력

컴퓨터 SKILL

적극적으로 사람을 사귀고 신뢰 얻음 - DISC 설득형

약점 BEST 5

어학능력 부족/ 해외연수 경험 無

속단속결하는 경향

지나치게 열정적임

기업에 대한 정보 및 자료 부족

관련 분야에 대한 경험 부족

27

28

☼ TOWS 분석

● TOWS 분석

3C 분석 / 외부 환경 분석	◇ Strength • 다양한 경험(봉사, 회장) • 컴퓨터 (PPT) SKILL • 적극적인 사람 사귐, 신뢰 얻음 • 조직.계획하여 추진하는 능력 • 조직 적응력	◇ Weakness • 어학연수 경험 無 • 인턴경험, 전문지식 無 • 속단속결하는 경향 • 지나치게 열정적이다.
◇ Opportunity • 수시 채용, 그림자 채용 多 • 사회봉사활동 우대 기업 늘어남 • ISO 20006을 2008년에 제정	**SO 전략** • 다양한 대외적 활동들을 중시하는 기업 공략 • 사회봉사활동 우대기업 공략 • ISO 20006 인증 준비	**WO 전략** • 어학연수 경험은 없지만, 그 기업에 관심 있는 사람들에 유리한 수시 채용이나 그림자 채용 이용 • 전문 지식 습득
◇ Threat • 기업의 보수적 성향 • 경력자 선호 • 사회 공헌 부서 적음 • 기업간 경쟁 가속화	**ST 전략** • 여성의 차별이 적은 기업에 취업 • 회장 경험을 통한 리더십이나 책임감 강조 - 보수적 경향 지닌 기업에 어필한다.	**WT 전략** • 어학연수 경험이 없으므로, 영어회화 공부에 열중, 토익 점수 올리기 • 대학원 진학 or 인턴 통한 경력 쌓기

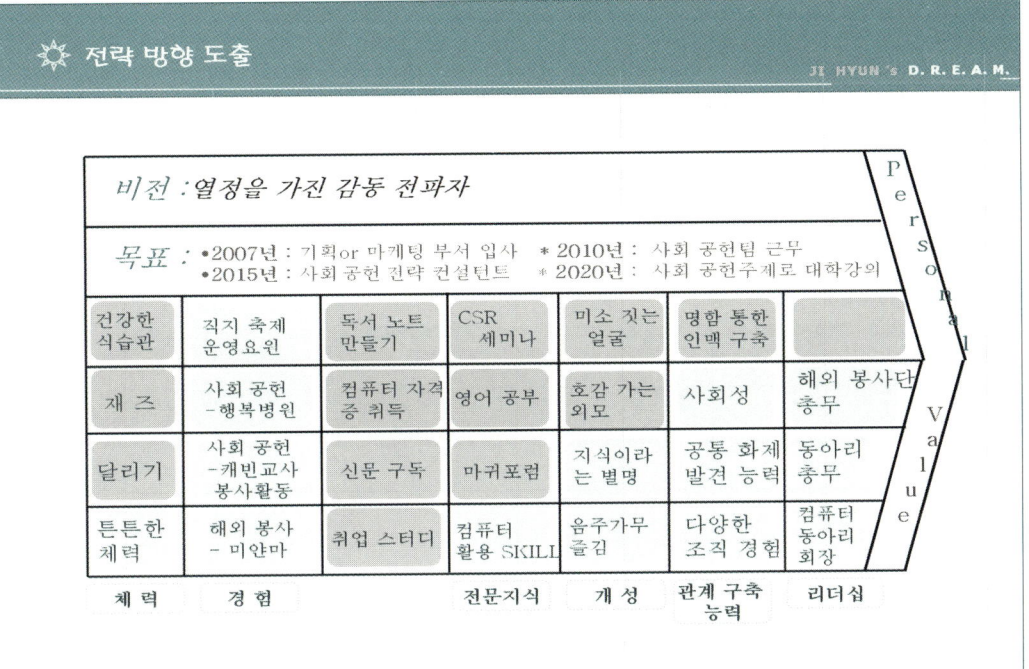

☼ 전략 방향 도출
JI HYUN 's D. R. E. A. M.

비전 : 열정을 가진 감동 전파자

목표 :
• 2007년 : 기획 or 마케팅 부서 입사   * 2010년 : 사회 공헌팀 근무
• 2015년 : 사회 공헌 전략 컨설턴트   * 2020년 : 사회 공헌주제로 대학강의

체력	경험	전문지식	개성	관계 구축 능력	리더십
건강한 식습관	직지 축제 운영요원	독서 노트 만들기	CSR 세미나	미소 짓는 얼굴	명함 통한 인맥 구축	
재 즈	사회 공헌 –행복병원	컴퓨터 자격증 취득	영어 공부	호감 가는 외모	사회성	해외 봉사단 총무
달리기	사회 공헌 –캐빈교사 봉사활동	신문 구독	마귀포럼	지식이라는 별명	공통 화제 발견 능력	동아리 총무
튼튼한 체력	해외 봉사 – 미얀마	취업 스터디	컴퓨터 활용 SKILL	음주가무 즐김	다양한 조직 경험	컴퓨터 동아리 회장

Personal Value

29

30

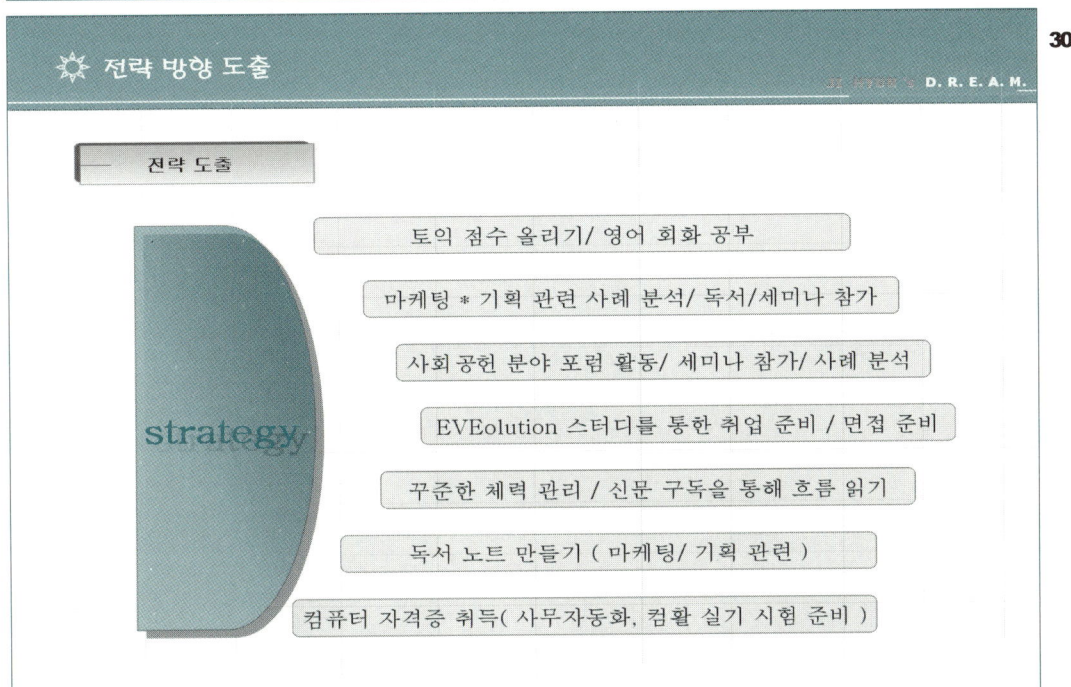

☼ 전략 방향 도출
JI HYUN 's D. R. E. A. M.

전략 도출

strategy

토익 점수 올리기/ 영어 회화 공부

마케팅 * 기획 관련 사례 분석/ 독서/세미나 참가

사회 공헌 분야 포럼 활동/ 세미나 참가/ 사례 분석

EVEolution 스터디를 통한 취업 준비 / 면접 준비

꾸준한 체력 관리 / 신문 구독을 통해 흐름 읽기

독서 노트 만들기 (마케팅/ 기획 관련)

컴퓨터 자격증 취득(사무자동화, 컴활 실기 시험 준비)

31

☼ STP 전략

32

☼ STP 전략

● SEGMENTATION

구 분	세분 시장 1	세분 시장 2	세분 시장 3	세분 시장 4
회사명	서울우유	하이트 맥주	한솔교육	한화종합화학
회사 규모	협동조합	대기업	대기업	대기업
채용 방법	채용시 별도 게재	정기 공채	정기 공채	정기 공채
채용 계획	채용시 별도 게재	채용시 별도 게재	채용시 별도 게재	9월 22 마감
채용 요건	27세 이하	*	*	*
취업 가능성	70%	50%	30%	70%
선호도	80%	70%	70%	90%
point	협동조합/ 봉사정신 강조	학점/ 대외활동 참여중시	기혼 여성에 대한 배려(근무 여건) 好	

☼ STP 전략

● SEGMENTATION

구 분	세분시장 5	세분시장 6	세분시장 7	세분시장 8
회사명	라임글로브	SK 텔레콤	웅진 씽크빅	Korea CSR
회사 규모	컨설팅 회사	대기업	대기업	컨설팅 회사
채용 방법	상시 채용	정기 공채	정기 공채	정기 공채
채용 계획	인력 필요시	9월 15일 마감	10월	12월 경
채용 요건	경력직	*	*	영어 능통자
취업 가능성	30%	20%	40%	30%
선호도	100%	80%	80%	100%
point	국내 최초 CSR 기업 당분간 신입사원 채용 없음 / 그러나 상시 채용 가능성	학점/ 대외 활동 참여중시	상경계열 우대	취업전략 수립/명함 대표님 직접 방문

33

34

☼ STP 전략

● SEGMENTATION

구 분	세분시장 9	세분시장 10	세분시장 11	세분시장 12
회사명	금호 아시아나	애경	농심	포스코
회사규모	대기업	대기업	대기업	대기업
채용방법	정기 공채	수시 채용	정기 공채	정기 공채
채용계획	9.22~10.11	10월 채용예정	10월	*
채용요건	*	토익 600	*	토익 800
취업가능성	60%	60%	50%	10%
선호도	70%	70%	60%	80%

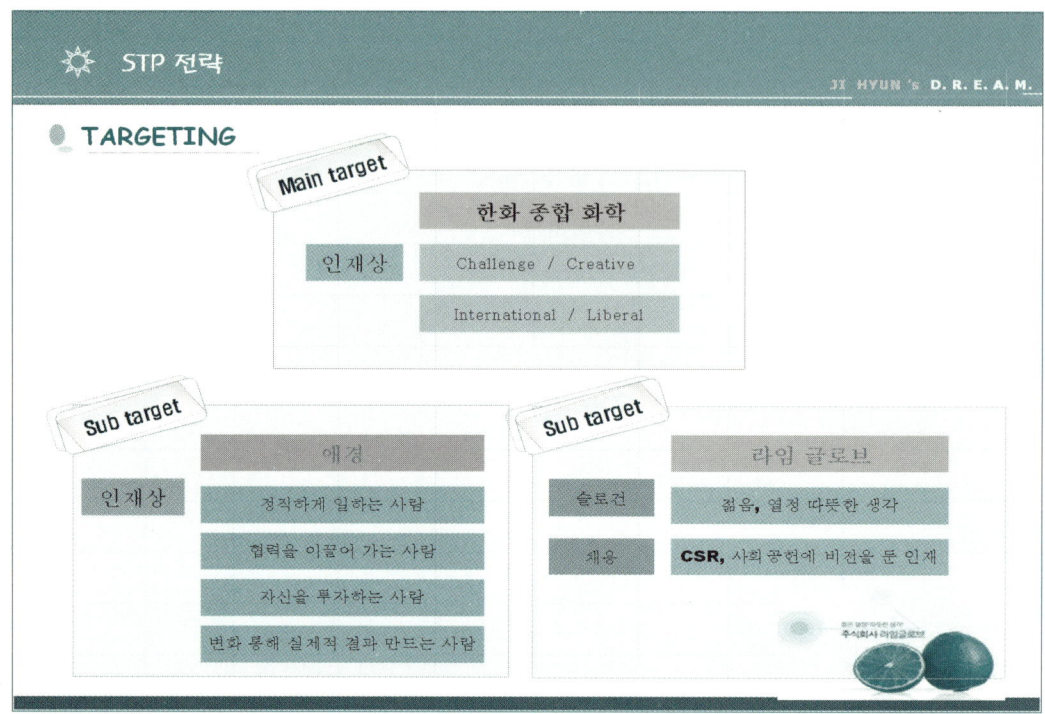

☼　　4P Mix

37

☼　4P Mix

38

🥚 **Product** - 이력서

김 지 현

주소 : 충북 청주시 흥덕구 xxx xxx xxx xxx
전화번호 : (Mobile) 011.xxxx.xxxx　/ (Home) 054.xxx.xxxx
E-mail : 0000000@00000.000

<u>응모 부문 : 기획 부서</u>

<u>경력 요약</u>
06년 : 삼성경제 연구소 사회적 책임 경영 포럼 활동
06년 : 삼성경제 연구소 마귀 포럼 (마케팅 포럼) 활동
06년 9월 3일 ~ 9월 11일 : 청주 직지축제 운영 요원
06년 7월 ~ : 여성 취업 동아리 이브올루션 1기 활동
06년 7월 10일~25일 : 대학생 사회봉사 협의회 주관
　　　　　미얀마 해외봉사단 총무
06년 6월 20일 ~ 6월 21일 : 취업캠프 참여.
06년4월 01~31일 : 중국어 연수생 도우미 활동.
05년 11월 31일 : sk텔레콤 사회공헌활동 대학생 자원봉사 참여.
05년 8월 1일 ~ 8월 5일 : CAP(대학생 직업 훈련 프로그램) 참여.
05년 7월 27~30일 : 유한림밸리 사회공헌활동 대학생 자원봉사 참여.
05년 1학기　 : 단과대학 컴퓨터 동아리 "셈틀모이" 회장 역임.
04년 2학기　 : 단과대학 컴퓨터 동아리 "셈틀모이" 총무 역임.
03년 ~　 : 연합 봉사동아리 " 파이오니아" 활동.

<u>경력 사항</u>
<u>회사명 : '셈틀모이' 2006년 3월 ~ 2006년 8월</u>
직위 : 컴퓨터 동아리 셈틀모이 회장
담당업무 :
- 신입생 모집, 홍보
- 회원관리
- 컴퓨터 수업

성취 업적 :
- 신입생들을 모집하기 위해 계획하고, 홍보하는 것에 대한 매력을 느낌.
- 동아리를 책임지는 사람으로써 책임의식이 커짐.
- 다양한 인맥 네트워크의 장이 됨
- 중요한 순간에 있어서의 결단력이 길러짐

<u>회사명 : 한국대학사회 봉사협의회 미얀마 해외봉사 2006년 7월 10일</u>
　　　　　~ 2006년 7월 25일
직위 : 총무
담당 업무
- 회계 관련 업무
- 공연팀 (사물놀이)
성취 업적 :
- 실질적으로 예산 담당과 스케쥴 등을 전달함으로써 리더쉽과 책임감을
　가지게 됨.
- 한국인으로서 사물놀이 공연과 한국어 교육 등은 자부심과 자신감을 가지게
　된 계기가 됨.
- 소수민족 탐방과 태국문화의 탐방을 통해 문화의 상대성을 몸소 체험했고,
　수공예 단지에서 그들의 장인 정신을 배움.

<u>교육 사항</u>
충북대학교 재학 중(07년 2월 졸업예정)

<u>특기 사항</u>
Power point , 포토샵 능통
해외봉사단 모범봉사상 수상.

본인은 위의 사실과 틀림 없음을 증명합니다.

4P Mix

Product - 자기소개서

성장과정

'이거 무 아니에요?'
생소한 파인애플을 무로 착각하면서 먹었던 꼬마! 그것이 시골에서 자란 저였습니다. 그런 저에게 하교 길에 항상 과자와 율무차를 쥐어 주시던 이웃집 할아버지가 계셨습니다. '무'라 착각하며 먹었던 파인애플을 처음 먹었던 것도 그 때였습니다. 항상 제가 지나갈 시간이면 마당에 나오셔서 기다리시고 그것을 행복해 하셨습니다. 어느 날 코코아를 주신다고 꼭 오라던 할아버지의 말씀이 있었지만 친구들과 노는 재미에 빠져 가지 못했습니다. 뭔가가 보았지만 집안은 조용했고 할아버지께서 돌아가셨다는 것을 알았습니다. 굳게 약속까지 했지만 가지 않았던 저는 매우 죄송했고, 허전했습니다. 얼마 뒤 장애우들이 살고 있는 사랑마을 봉사활동을 다녀오면서 주는 기쁨을 처음 알았고, 그 할아버지의 마음도 읽을 수 있었습니다. 그 이후 저의 신념은 '타인과 더불어 살면서 감동을 전하자'가 되었습니다.

성격 장·단점

여름을 상징하는 매미
매미는 더운 여름날에도 지치지 않고 '맴맴' 하면서 울음을 터뜨립니다. 또 어려운 고난을 이겨내고 울음을 터뜨리는 만큼 그 울음 소리는 더 활기찹니다. 저는 매미와 같이 뜨거운 여름날에도 오히려 더 크게 울 수 있는 열정을 가진 사람입니다. 햇살이 뜨겁다면 오히려 더 적극적으로 콧노래를 부르며 즐겁게 고난을 이겨 냅니다. 이처럼 저는 여름을 상징하는 매미처럼 xx를 대표하는 김지현이 되고 싶습니다. 저의 다른 장점은 사람에게 먼저 다가갈 수 있는 적극성입니다. 기차 안이나 택시 안이든 처음 보는 사람과도 살아가는 이야기를 할 수 있는 붙임성이 있습니다. 반면 저는 쉽지 않고 새로운 것을 시도하기 때문에 가끔씩 정신적으로나 육체적으로 피곤함을 느낄 때가 있습니다. 이를 해결하기 위해 재즈나 운동을 꾸준히 하면서 건강을 관리하고 있습니다.

학교생활

어디에 있어도 늘 친근한, 열정이 있는 사람
늦게 가입한 동아리에서 '지현이는 처음부터 동아리에서 함께 했던 사람 같다'라는 말을 많이 들었습니다. 그 이유는 대학생활 동안 다양한 동아리 활동과 사회봉사 활동을 하면서 리더의 역할과 Follower의 역할 등 다양한 경험을 한 것이 저에게 친화력과 유연성을 길러 주었기 때문인 것 같습니다. 조직에 쉽게 적응하면서 신뢰와 믿음을 얻어 왔고 항상 새로운 일을 만들어서 많이 경험하고 느껴보고자 하는 열정을 가지고 있습니다. 그런 열정으로 학교 단대 컴퓨터 동아리 회장도 경험했었고, 현재는 충북대학교 1기 여성 취업동아리에서도 활동 중입니다. 국제적인 마인드 함양을 위해 '세계문화 교육기행' 참가와 해외봉사 그리고 중국어 연수생도우미 활동도 했습니다. 길은 지나가고 난 뒤에 만들어 지는 것처럼 적극적으로 도전하면서 저 김지현 만의 길을 만들어 나갈 것입니다.

해외봉사

밍글라바 - 미얀마 해외봉사
저는 한국대학사회봉사협의회 주관의 해외 봉사로 미얀마와 태국을 다녀왔습니다. 미얀마에서 해발 1400m에 위치하고 있는 소수민족 마을에 갔습니다. 소수민족 언어를 사용해서 말은 통하지 않았지만, 아이들에게 기차놀이와 공기놀이를 가르쳐 주고 한국의 율동을 가르쳐 주면서 진정한 마음은 통한다는 것을 절실히 느꼈습니다. 이러한 소수민족 마을 방문 뿐만 아니라 학교 부지 평탄화 작업도 했습니다. 비가 오는 가운데 서로 도와 가며 땅을 파고 흙을 날랐던 경험은 협동과 봉사의 의미를 다시 한 번 깨닫게 되는 계기가 되었습니다. 그 결과 학교가 부족했던 미얀마 멍라에 학교를 지을 수 있게 되어서 매우 뿌듯했습니다. 이런 다양한 활동을 가운데 저는 해외봉사단의 총무 역할도 겸해서 수행하였는데 시장보기, 돈 계산, 일정 관리 들을 수행했습니다. 그 결과 한국에 돌아와서 해단식 때 모범봉사상을 받게 되었고, 그것이 제가 받았던 그 어느 상이나 칭찬보다 소중한 것이었습니다.

4P Mix

Price - 나의 강점으로 회사에 기여 할 수 있는 부분

나의 3가지 강점 (특 성)

강한 책임감

Power Point SKILL

조식 적응력

나의 강점으로 회사에 기여 할 수 있는 부분은?

맡은 일에 대한 책임감이 강하기 때문에 한 번 업무를 맡으면 그 일이 끝날 때까지 몰입합니다.
또 그 업무가 완벽해지도록 성실하게 검토하고 수정하는 작업을 계속합니다. 따라서 중요한 업무에 대해 실수가 거의 없습니다.

또, PPT를 만드는 것이 우수합니다. 컴퓨터 동아리 회장을 하면서 후배들에게 PPT를 교육했고, 많이 만들어 봤기 때문에 잘 할 수 있습니다. 프리젠테이션이 필수인 회사에서 이것은 매우 필요한 부분이라 생각합니다.

대학생활 동안 동아리 활동 이외에 다수의 봉사활동 경험이 있습니다. 따라서 어느 조직이나 쉽게 적응 할 수 있습니다. 이것은 바로 기업의 성과까지 연결 될 수 있을 것입니다.

☼ 4P Mix

JI HYUN 's **D. R. E. A. M.**

 Price - 면접에서 자주 하는 질문

Q. 당신의 업무 스타일은 무엇입니까?

어떤 업무를 하기 전에 미리 종이에 계획표를 구상합니다.
일단, 계획표가 완성되면 계획표에 따라 업무를 실행합니다.
또, 한 번 일에 몰두하면 그 일이 끝날 때까지 자리를 뜨지 않고 일을 마무리 합니다.

Q. 당신의 관리 스타일은 무엇입니까?

감성적 리더십! 이것이 제가 지향하는 관리 스타일 입니다.
인간 존중의 관리가 이루어 졌을 때 사람들이 더 좋은 성과를 내고 목표 의식을
증진시킬 수 있다고 생각하기 때문입니다.
그렇지만 무조건적으로 감성에 치우치는 것이 아니라 필요할 때는 객관적으로
사람들을 관리합니다.

41

42

☼ 4P Mix

JI HYUN 's **D. R. E. A. M.**

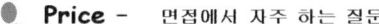 **Price** - 면접에서 자주 하는 질문

Q. 장래의 경력 계획은 무엇입니까?

제일 먼저 기획부서에서 기업의 전반적인 경영방침을 배우겠습니다. 그 기업을 파악한 후
사회 공헌 부서에서 저의 능력을 펼쳐 보겠습니다. 사회공헌 부서에서 일하면서 사회복지
관련 대학원을 다니며 전문 능력을 키우겠습니다. 그리고 나서 사회 공헌 전략 컨설턴트가
되어 기업 강의를 하고 싶습니다. 내가 계획한 사회 공헌 활동으로 이미지 제고가 된 기업
들이 많아 졌을 때, 대학에서 사회 공헌에 대한 강의를 하고 싶습니다.

Q. 여가시간에는 무엇을 합니까?

취미로 재즈댄스를 배웁니다.
재즈댄스를 통해 스트레스를 없앨 수 있고, 에너지가 재충전됨을 느낄 수 있습니다.
이를 통해 다음 일을 할 때 좀 더 상쾌한 기분으로 적극적으로 행할 수 있습니다.
그 뿐 아니라 재즈 댄스를 통해 유연성과 체력을 기르고 있습니다.

두 번째는 그림을 그립니다. 그림을 그릴 때 행복한 감정을 느끼고 그림을 그리면서
생각을 정리 할 수 있습니다. 이를 통해 컨디션을 최적의 상태로 만들어 주어 그것이
성과에 까지 영향을 미칠 수 있을 것입니다.

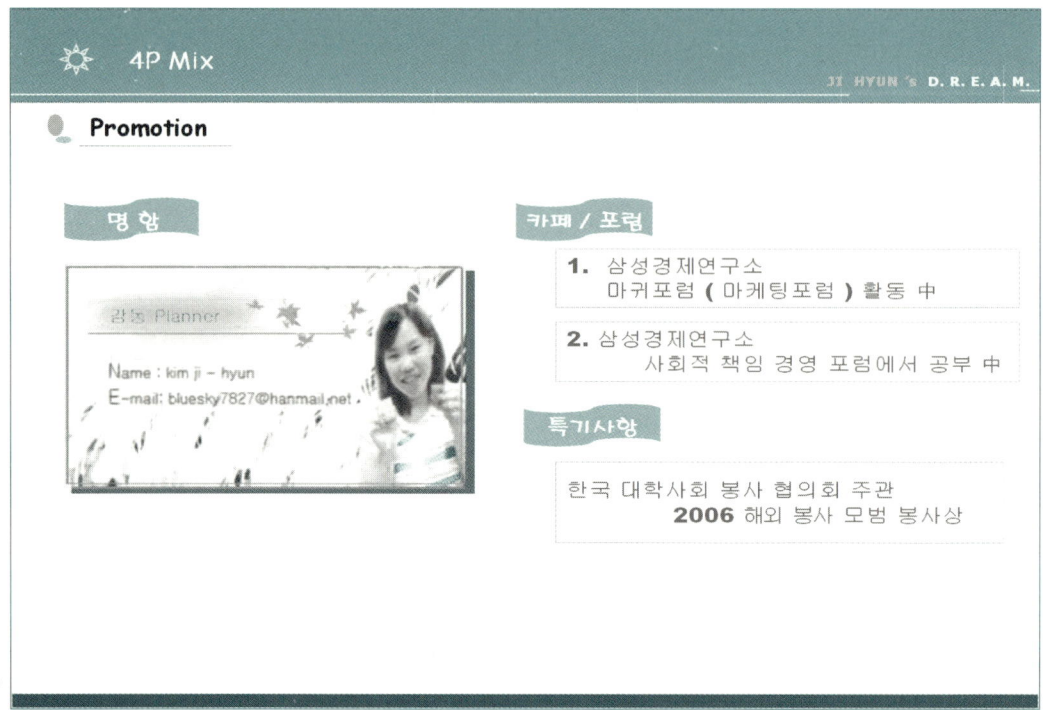

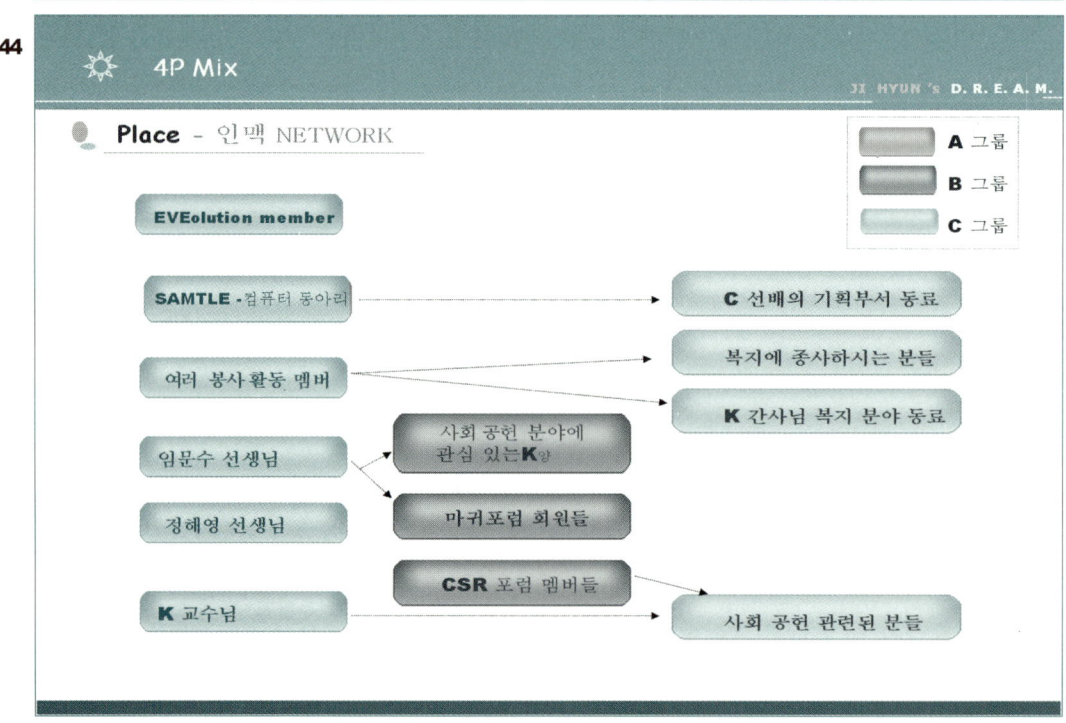

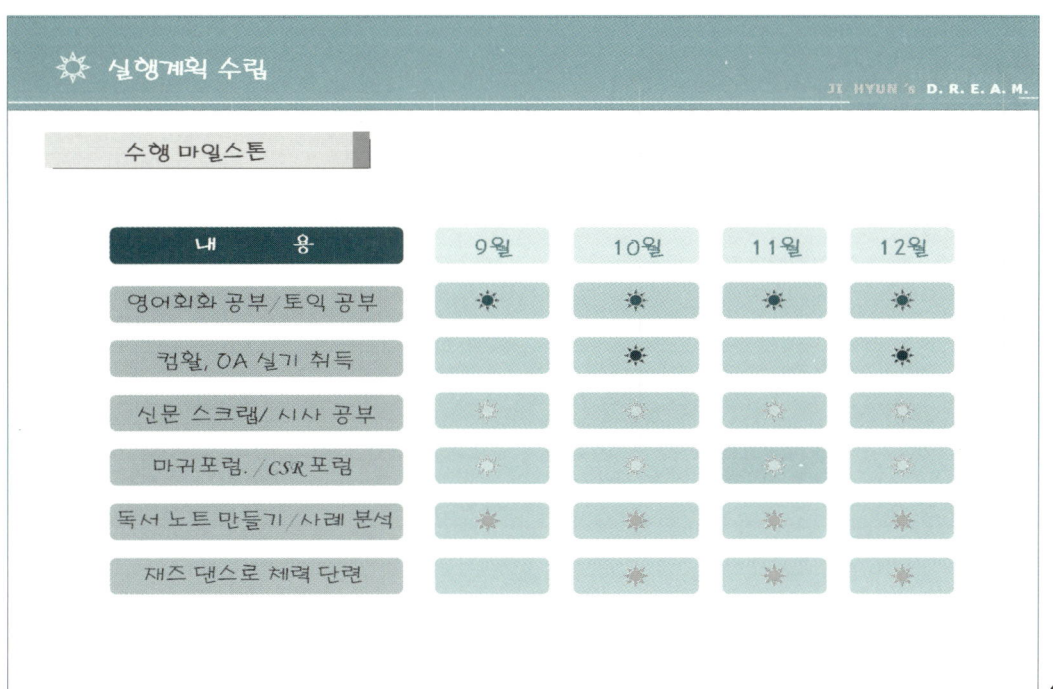

7 컨설턴트 – 이희영

Value Maker 이희영

천상 여자(天常與者)
이 희 영

Ⅰ. 비전 및 목표 수립

<50년 후 나의 모습 상상하기>

호텔 연회장 안에는 <이희영의 칠순을 축하합니다>라는 플래카드와 함께
출판 기념 파티를 하고 있다. 나는 단상에 올라서서 여러 사람들에게 인사말을
하고 있다.

그리고 단상 주위에는 내가 사회생활을 하면서 도움을 받았던 사람들이 의자에
앉아있고, 나는 그들에게 감사 인사를 한다. 연회장에는 나의 가족들이 있다.
사람들은 나에게 현대판 신사임당이라고 부른다. 현모양처이면서 나의 일에도
충실했던 사람이라면서 많은 여자 인사들이 내게 그 비법을 물어본다.
저 멀리 아이 휴게실에는 내가 사랑하는 손자 손녀들이 뛰어 놀고 있다. 나를
보더니 "할머니" 하면서 내게 안긴다. 여성 잡지 기자가 내게 사진 찍기를
요청한다. 나는 남편과 다정하게 사진을 찍고 있다.

1

2

Ⅰ. 비전 및 목표 수립

<성공적인 삶을 위해 필요한 것>

1. 건강한 체력 -> 우선 신체가 건강해야 하고 싶은 일을 하기 때문에

2. 긍정적인 사고 방식 -> 긍정적인 사고 방식은 모든 일을 가능하게 해주기 때문에

3. 주변 사람들과의 관계 -> 주위 사람들 도움 없이는 혼자서 성공 할 수 없기 때문에

4. 새로운 일에 대한 도전정신 및 자신감 -> 도전정신이 없다면 발전 할 수 없고,
   자신감이 없다면 나약한 삶을 살 것이라고 생각하기 때문에

5. 자신을 꾸준히 관리하는 부지런함 -> 자기관리가 없다면 발전하지 못하기
   때문에

6. 남을 도와줄 수 있는 마음의 여유 -> 혼자만 잘 살기 위해 애쓰기 보다
   남을 도와줄 수 있는 여유를 가지면 좀 더 넉넉하면서도 성공적인 삶을
   살 수 있을 것 같아서

7. 경제적 여유 -> 하고 싶은 일을 하기 위해서는 경제적인 여유가 필요하다 생각하기 때문에

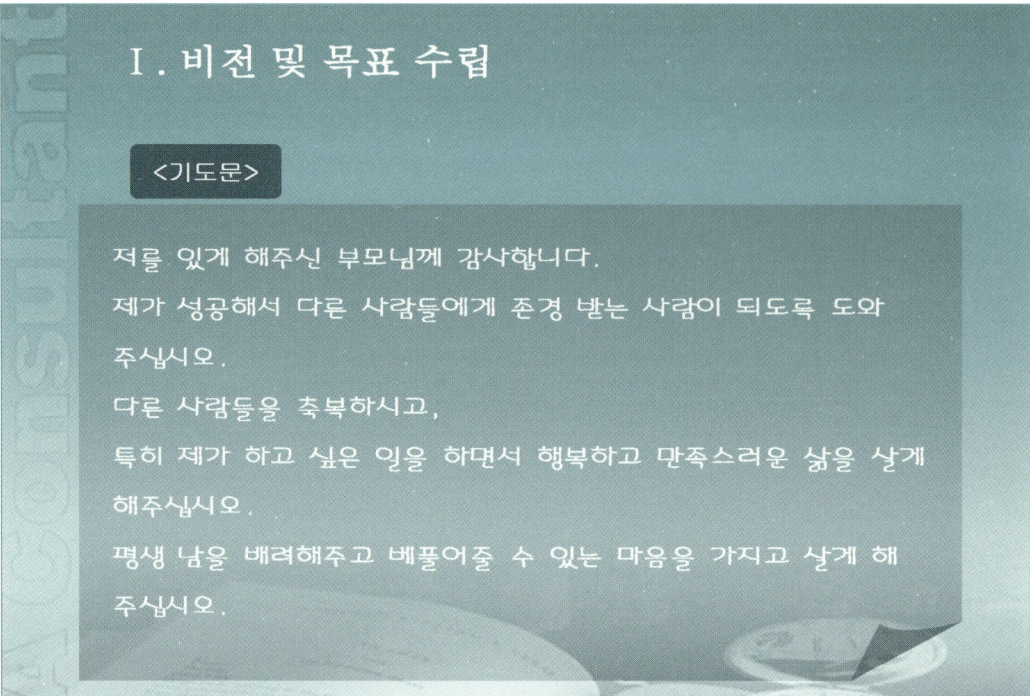

I. 비전 및 목표 수립

<기도문>

저를 있게 해주신 부모님께 감사합니다.
제가 성공해서 다른 사람들에게 존경 받는 사람이 되도록 도와
주십시오.
다른 사람들을 축복하시고,
특히 제가 하고 싶은 일을 하면서 행복하고 만족스러운 삶을 살게
해주십시오.
평생 남을 배려해주고 베풀어줄 수 있는 마음을 가지고 살게 해
주십시오.

3

4

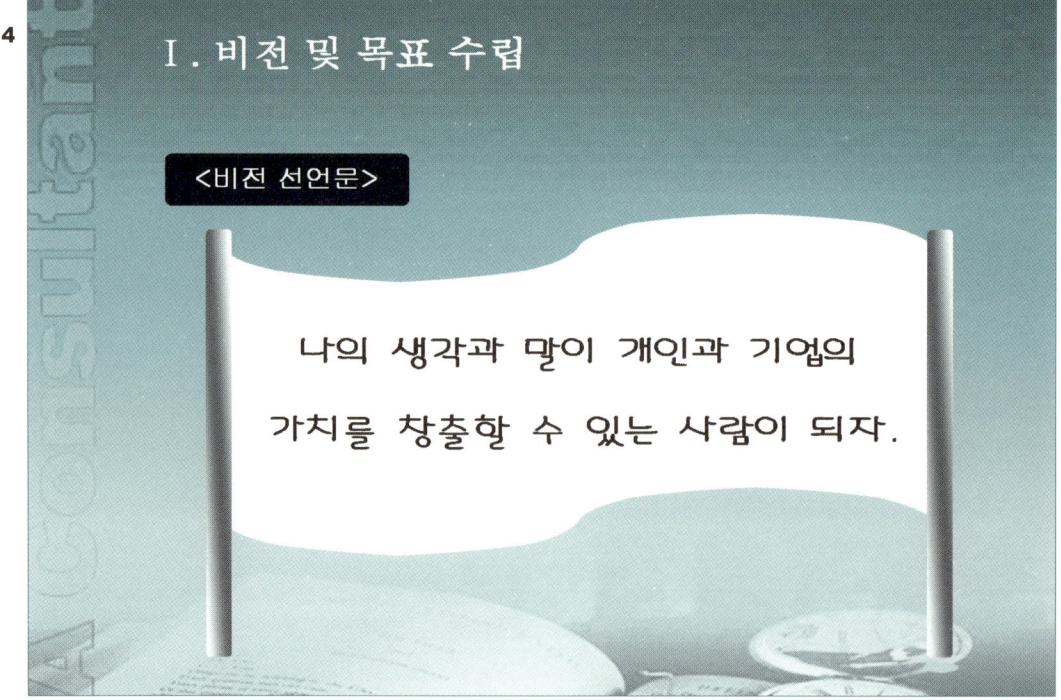

I. 비전 및 목표 수립

<비전 선언문>

나의 생각과 말이 개인과 기업의
가치를 창출할 수 있는 사람이 되자.

Ⅰ. 비전 및 목표 수립

<목표 설정 (1년 후)>

목표 진술	IT 컨설턴트 업체 입사하기
현재 상황	▶ 입사 지원 자격을 위한 토익 점수 부족 ▶ IT관련 경험 및 자격증 부족 ▶ 입사하고 싶은 기업 정보 부족 ▶ 영어 회화 능력 부족
해야 할 일 정하기	▶ 토익 점수 올리기 ▶ SAP FI 자격증 따기 ▶ 입사하고 싶은 기업 및 관련 기업 정보 수집하기 ▶ 회화 학원을 등록하여 회화 공부하기
결과 진술	공채에 합격하여 회사 신입 사원이 된다. 회사에서 나는 내가 해야 할 일을 선배들께 배운다. 나는 일을 야무지게 잘하여, 회사 사람들에게 인정 받는다. 어느덧, 내가 입사한지 한 달이 다 되어 월급을 받아 부모님께 선물을 사드린다.

5

6

Ⅰ. 비전 및 목표 수립

<목표 설정 (5년 후)>

목표 진술	IT 컨설턴트로 활약하기
현재 상황	▶ 기본적인 시스템 구축 능력 부족 ▶ IT관련 자격증 부족 ▶ 시스템 구축 경험 부족 ▶ 영어 회화 능력 부족
해야 할 일 정하기	▶ 회사에서 하는 여러 교육 과정을 이수 ▶ 관련 된 자격증을 취득하기 위하여 공부 ▶ 시스템 구축 프로젝트에 적극적으로 동참 ▶ 일상생활에서 원활한 영어회화가 될 수 있도록 연습
결과 진술	기업이 내게 시스템 구축 계획을 요청한다. 나는 그 동안 공부 한 것을 바탕으로 기업 시스템을 어떻게 구축해야 효과적인지 고민한다. 이 후, 기업에서 시스템 구축 덕분에 비용이 절감될 수 있었다면서 내게 감사의 말을 전한다.

I. 비전 및 목표 수립

<목표 설정 (7년 후)>

목표 진술	경영 전략 컨설턴트로 활약
현재 상황	▶ 영어 회화 실력 부족 ▶ 글로벌적인 마인드 형성 부족 ▶ 기업 전반에 대한 이해 및 전략적 사고 부족 ▶ 남을 설득하기 쉬운 논리적인 언어 구사 능력 부족
해야 할 일 정하기	▶ 영어 회화 실력 쌓기 ▶ 여행을 통한 글로벌 마인드 형성 ▶ 기업 비즈니스 프로세스 파악 및 전략적 사고를 위한 독서 ▶ 논리적으로 말하는 방법 공부하기
결과 진술	경영 전략 컨설턴트로 능력을 인정 받아 여러 기업의 경영 전략에 대해 고민해 준다. 내가 쓴 책은 베스트셀러가 되고, 나는 임문수 선생님께서 강의하시는 곳에 게스트 형식으로 강의를 한다.

7

8

I. 비전 및 목표 수립

<목표 설정 (20년 후)>

목표 진술	기업 CEO / 컨설팅 회사 파트너 컨설턴트
현재 상황	▶ 영어 회화 실력 부족 ▶ 글로벌적인 마인드 형성 부족 ▶ 남을 설득하기 쉬운 논리적인 언어 구사 능력 부족 ▶ 리더십 자질 부족
해야 할 일 정하기	▶ 여행을 통한 글로벌 마인드 형성 ▶ 논리적으로 말하는 방법 공부하기 ▶ 다양한 실무 경험 ▶ 꾸준한 자기 관리
결과 진술	나는 대기업의 CEO가 되어서 기업을 꾸려나가고 있다. 회장님과 대주주는 내가 회사를 맡게 된 이후, 기업 이윤이 많아졌다면서 기뻐한다. 나는 톰 피터스와 임문수 선생님처럼 외국에서 강의를 하게 된다.

가치를
창조 하는 사람

IT 솔루션 회사 입사

경영 전략 컨설턴트

IT 컨설턴트

컨설팅 회사 파트너
OR 기업 CEO

9

10

Ⅱ. 외부 환경 분석

<거시환경 분석>

구 분	내 용	기회요인	위협요인
법 · 정치적 환경	여성취업 비율 증가	취업 자리가 많아짐	동성간의 경쟁 치열
	지역 할당제 취업	취업 기회 증가	같은 지역끼리 경쟁 치열
	청년 실업 문제	정부에서 일자리 창출 하려고 애씀	경쟁자 증가
	경기 침체	능력 인정 받을 기회 증가	신입사원보다 경력사 원 선호

Ⅱ. 외부 환경 분석

\<거시환경 분석\>

구 분	내 용	기회요인	위협요인
사회·문화적 환경	입사 시 토익 비중 감소	취업 자리가 많아짐	영어회화 능력 요구
	여성 권한 강화	취업 시 불이익 감소	동성끼리 경쟁 심화
	취업 희망직장이 수도권에 집중	여러 문화 및 교육 시설이 있어 자기계발 용이	지역 경쟁 치열 및 지방 출신으로 취업 시 어려움
	기업의 글로벌화	외국계 기업 취업 기회 증가	능숙한 영어 실력 요구
	IT 업계의 성비		IT업계에서 여성이 취업 하기 어려움

11

12

Ⅱ. 외부 환경 분석

\<거시환경 분석\>

구 분	내 용	기회요인	위협요인
경제·기술적 환경	기업의 정보화	ERP 시스템 구축 기회 증가	시스템 구축 수요 한정
	컨설팅 업무의 중요성 인식	각 기업의 신입 컨설턴트 채용 기회 증가	컨설턴트 지원자 증가로 인한 기회 감소
	IT 컨설팅 회사 매출 증가	매출 증가에 맞게 인력 창출 증가	경력 사원 위주
	ERP 주니어급 교육과정 개설	교육과정을 이수하여 미리 경력을 쌓을 수 있음	취업 할 때 내세울 만한 특기가 대중화 됨
	경력 사원 위주의 채용 활발	ERP 연구실 활동을 통한 경험	당장 취업 시 어려움
	통합적 지식 요구	전공 관련	깊은 지식 아님

Ⅲ. 3C 분석

<3C분석(고객 파악)>

	고 객 의 니 즈 (Needs)	시 사 점
부모님	울산이나 부산으로 취업하길 바라신다	컨설팅 업체가 거의 수도권에 집중
SAP 컨설팅 회사	SAP 주니어급 실력의 신입사원 활발한 성격 및 굿 커뮤니케이션 능력	ERP연구실에서 SAP를 실습하였기 때문에 다른 신입사원보다 SAP 실전 지식이 있다
외국계 컨설팅 회사	비용 부담을 줄이기 위해 아웃소싱을 많이 한다 정보화 시대에 맞게 정보 시스템을 경영에 도입한다 최소의 비용으로 최대의 효과를 내려고 한다	실무 경험과 능숙한 커뮤니케이션이 필요하고 개방적인 사고와 솔선수범 하는 태도 필요
기업	다양한 경험과 관련 지식 능숙한 외국어 커뮤니케이션 능력	기업의 정보화와 구조조정을 통해 비용 우위를 얻어야 하므로 기업 전반적인 경영 프로세스 과정을 알아야 하고 분석 능력이 필요

13

14

Ⅲ. 3C 분석

<3C분석(고객 파악)>

경쟁자	강 점	약 점	시 사 점
공과 계열 학생 (산업공학 전공, 컴퓨터 공학 전공 등)	▶ IT에 대한 전문 지식 보유 ▶ IT업계 진출 시 좀 더 이익을 받음 ▶ 관련 정보 습득 용이	▶ 경영 전반적인 지식 부족	▶ 공과계열 학생과 비슷하게 기술력을 키워야겠다. ▶ 경영 지식과 IT지식을 모두 공부
취업 준비생	▶ 면접 및 영어 능력 뛰어남 ▶ 알바, 공모전 등을 통한 경험	▶ 특화된 기술이 없음	▶ 영어 회화 공부 및 면접 기술 키우기 ▶ SAP 기술을 공부하여 능력을 키워 차별화 두기
이지은 (엑센추어 첫 여성 파트너)	▶ 모나지 않은 성격 ▶ 넓은 대인관계 ▶ 건강한 체력		▶ 여성 파트너로서 능력 뿐만 아니라 성공하기에는 건강한 체력과 긍정적인 성격 넓은 대인관계가 필요 ▶ Role Model

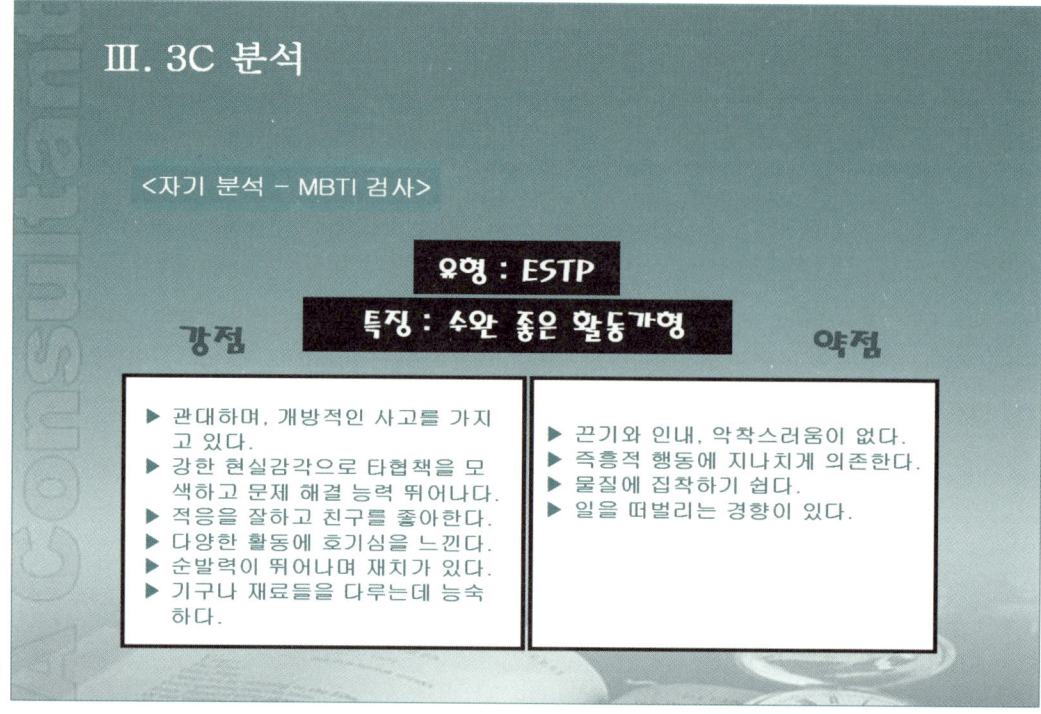

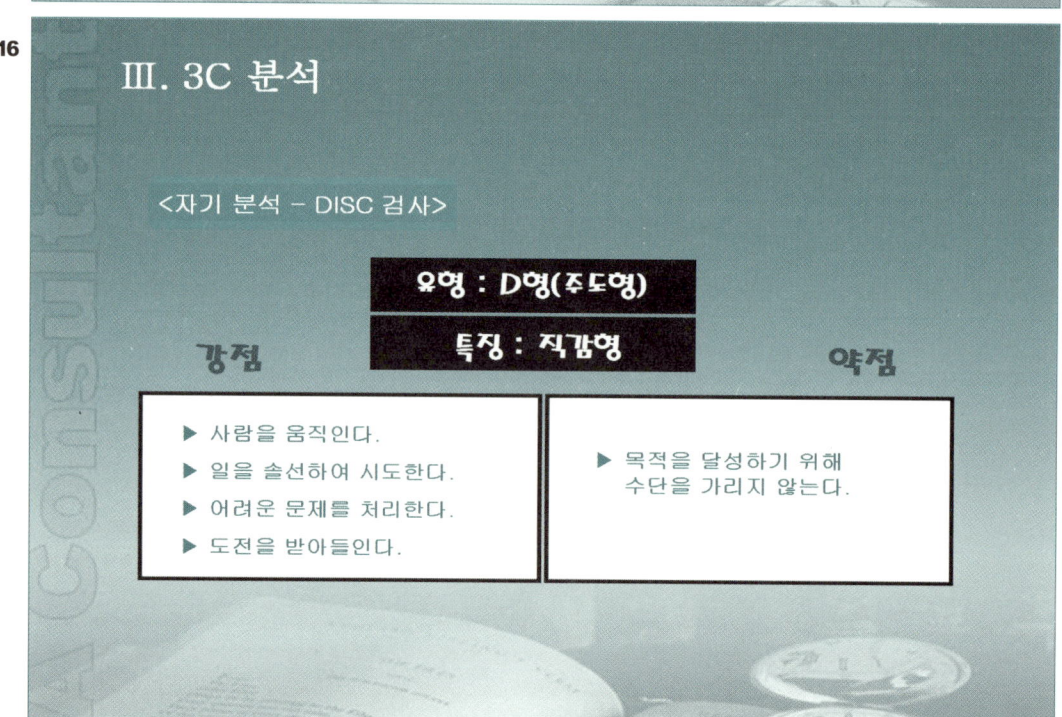

Ⅲ. 3C 분석

<자기 분석 – 스트롱 검사>

유형 : ESA형

특징 : E(진취형)/S(사회형)/A(예술형)

특 성	기본흥미척도 (BIS)	어울리는 직업
리더, 권력을 추구하고, 조직의 목표달성과 경제적인 성공을 위해 다른 사람들과 함께 일하고, 이들을 이끄는 것을 좋아한다. 또한 집단 속에서 책임을 공유하고, 주목 받는 것을 즐긴다. 사람들을 지도하고, 교육하는 것을 좋아하며, 자기표현에 대한 욕구가 강하다.	판매 (70) 법/정치(68) 상품유통(66) 대중연설(65) 사회봉사(66)	인사담당자 판매관리자 마케팅 중역 사회과목 교사

17

18

Ⅲ. 3C 분석

<자기 분석 – 보유 역량 분석>

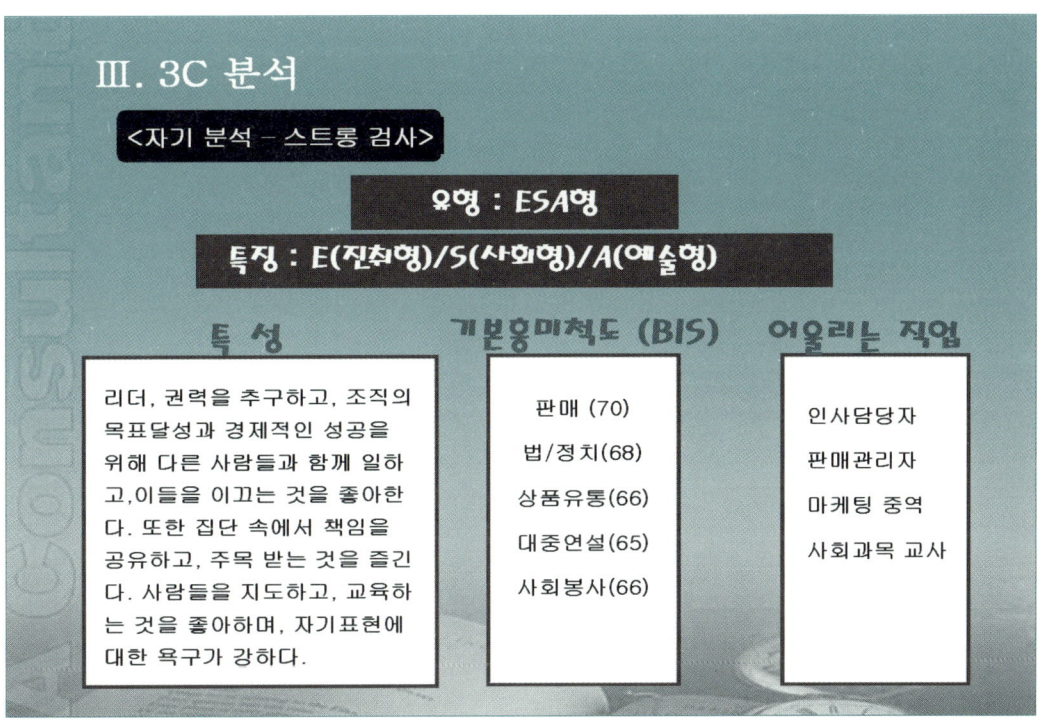

비전	가치를 창출 하는 사람						Personal Value
목표	1. IT 솔루션 회사 입사 2. IT 컨설턴트 3. 경영 전략 컨설턴트 4. 컨설팅 회사 파트너 컨설턴트 or 기업 CEO						
		중국 중소기업 홈페이지 구축					
	PMP 교육 과정 수료	ERP연구실 활동	ERP, SCM, CRM 기초 지식		뛰어난 적응력	모임을 잘 리드함	
호감형 외모?	지방 국립 대학교 경영 정보 전공	대학 봉사 소모임 활동	SAP 실습	설득력 있는 말씨	긍정적이고 개방적인 마인드	강한 책임감	
체 력	학 력	경 력	전문지식	개 성	관계구축 능력	리더십	

IV. TOWS 분석

<기회 · 위협 요소 도출>

	기회 Best 5	위협 Best 5
BEST.1	주요 컨설팅업계 신입사원 채용 활발	ERP 컨설턴트 양성 교육과정 개설을 통한 잠재적 경쟁자 증가
BEST.2	IMF 이후 기업 아웃소싱 활발로 인한 수요 시장 증가	정보 기술의 빠른 변화
BEST.3	많은 기업들이 SAP 시스템을 사용	기업의 글로벌화로 영어회화 능력을 지닌 인재 채용
BEST.4	토익 비중 감소	학사과정이 IT 분야로 전문적인 이공계열 학생
BEST.5	IT 컨설팅 회사는 학력보다는 경험을 중요시 함	통합적인 전문지식 필요

IV. TOWS 분석

<강점 · 약점 요소 도출>

	강점 Best 5	약점 Best 5
BEST.1	SAP 실습을 통한 지식	논리적인 언어 능력 필요
BEST.2	경영 정보라는 전공을 통하여 IT는 물론 경영 관련 지식 획득	영어 회화 능력 및 토익 성적 필요
BEST.3	주위 환경에 적응을 잘함	IT 전문 지식 부족
BEST.4	연장(컴퓨터) 사용 능력 우수	쉽게 피곤을 느끼는 약한 체력
BEST.5	하려는 의지 및 맡은 일에 책임을 다하는 성격	급한 성격

IV. TOWS 분석

3C 분석 외부 환경 분석	◇ Strength - SAP 실습을 통한 사전 지식 습득 - 경영 정보 전공 (IT 부분+경영 부분) - 환경에 쉽게 적응하는 성격 - 맡은 일에 책임을 다하는 성격	◇ Weakness - 논리적인 언어 구사 능력 필요 - 영어 회화 능력 및 토익 성적 필요 - 쉽게 피곤을 느끼는 체력 - 새로운 정보 기술에 대한 지식 부족

◇ Opportunity
- 주요 컨설팅업체의 신입사원
  채용 활발
- 국내 수요 시장 증가
- 토익 비중 감소
- 학력보다는 실무 경험 중요
	◆ SO 전략
	- IT 컨설팅 업체에 입사한다.
	- SAP FI자격증 공부
	- 지원 자격에 부합하는 토익 점수를
	  얻도록 토익 공부
	- ERP 외 현 시장에서 돌아가는 시스템,
	  기업의 니즈를 파악 할 수 있도록 해당
	  정보를 많이 습득
		◆ WO 전략
		- 경험을 쌓기 위해 기업체에
		  취직한다
		- 공채 준비를 위한 토익 공부
		- 면접 준비

◇ Threat
- 영어 회화 능력 중요
- ERP 교육 과정으로 인하여 학사
  출신의 잠재적 경쟁자 증가
- 전공부터 전문적인 이공계 학생
- 정보 기술의 빠른 변화
	◆ ST 전략
	- 영어 공부를 더 하기 위하여 외국에
	  나가서 어학연수
	- 아르바이트를 통하여 자금 마련
	- 언어 공부
		◆ WT 전략
		전공 관련 공부를 더 하기 위하여
		대학원 진학

21

22

IV. TOWS 분석

Personal Value Chain (Future)

비 전	누구에게나 꼭 필요한 조언자						Personal Value
목 표	1. 컨설턴트 회사 입사　 2. 경영 컨설턴트 3. 컨설팅 회사 파트너 컨설턴트 & 기업 CEO						
규칙적인 생활	관련 교육과정 수료	SAP 컨설턴트 회사 입사	지식을 쌓기 위하여 독서 및 신문 구독	개방적이고 유연한 사고 능력	관련 업계 인사들과의 네트워크 형성	세심함,꼼꼼함 필요	
건강한 정신을 위한 심신 수련	NBA 과정 수료	중국 진출 중 소기업 홈페이지 구축	영어회화 및 토익 공부	이미지 메이킹(자기 관리)	프리젠테이션 능력 강화	절제하는 능력 필요	
꾸준한 운동을 통한 체력 강화	프로젝트 매니저 교육과정 수료	ERP연구실 활동	ERP, SCM, CRM 기초 지식	친절하고 차분한 말씨	뛰어난 적응력	모임을 질 리드함	
호감형 외모?	지방 국립 대학교 경영 정보 전공	대학 봉사 소모임 활동	SAP 실습	설득력 있는 말씨	긍정적이고 개방적인 마인드	강한 책임감	
체 력	학 력	경 력	전문지식	개 성	관계구축 능력	리더십	

IV. TOWS 분석

23

<전략 방향 도출>

IT 컨설팅 회사 입사

- SAP FI 자격증 따기
- 공채에 대한 면접 준비
- 인적 네트워크 형성 및 유지
- 영어 공부하기 (회화, 토익)
- 컨설팅 관련 책 읽기
- 요가와 수영을 통한 체력 쌓기

24

V. STP 전략

<시장 세분화>

	세분시장 1	세분시장 2	세분시장 3	세분시장 4
회사명	삼성 SDS	LG CNS	인성 IDS	IBM BCS
회사 규모	대기업	대기업	중소기업	대기업
채용 방법	- 자사 홈페이지 공고를 통한 인터넷 접수 - 정기적으로 채용 진행 실시	- 자사 홈페이지 공고를 통한 인터넷 접수 - 정기적으로 채용 진행 실시	- 자사 홈페이지 공고를 통한 상시 접수	- 자사 홈페이지 공고를 통한 인터넷 접수 - 수시로 인재 채용
채용 계획	2006년도 하반기 공채 계획	2006년도 하반기 공채 계획	알 수 없음	2006년 하반기 공채
채용 요건	- 학사 및 석사 수준의 전문 지식 보유자 - 토익 730점 이상	- 공인 어학성적보유자 - 학점 평균 B이상 - 해당직무에 대한 열정이 있는 자	- 경력자를 선호 - 관련분야 자격증 소지자 선호 - 외국어 능통자 우대	- 영어 회화 능통자 - 해당직무에 대한 경력 및 지식 보유자 - 4년제 대학졸업자
취업 가능성	50%	50%	40%	50%
선호도	매우 선호	매우 선호	선호	매우 선호

V. STP 전략

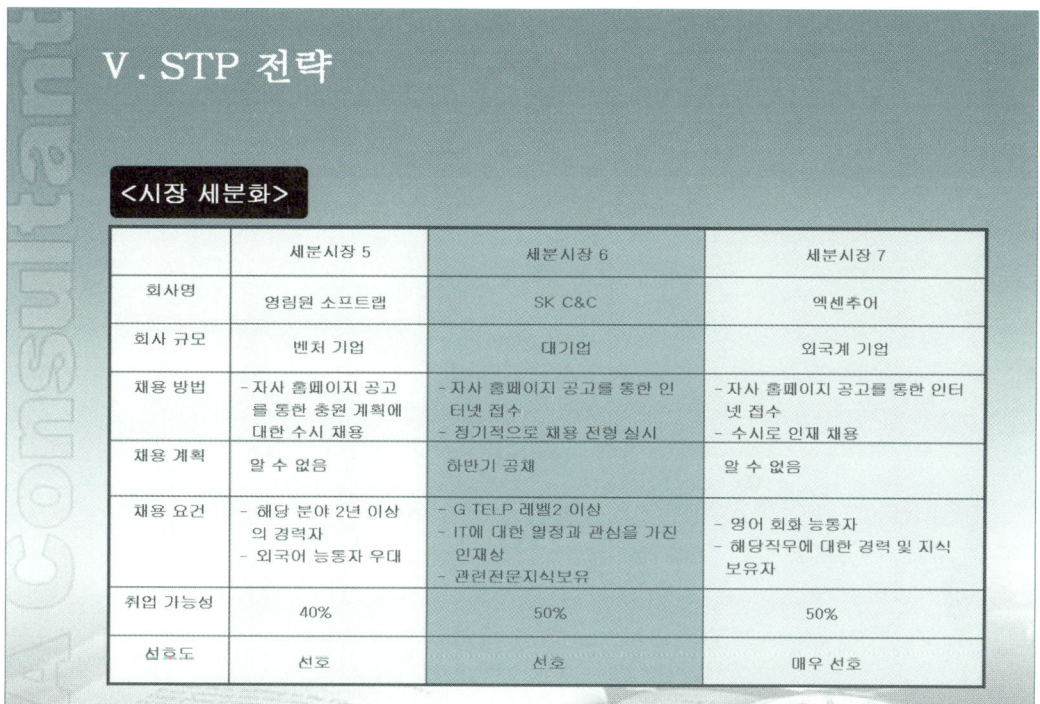

<시장 세분화>

	세분시장 5	세분시장 6	세분시장 7
회사명	영림원 소프트랩	SK C&C	엑센추어
회사 규모	벤처 기업	대기업	외국계 기업
채용 방법	- 자사 홈페이지 공고를 통한 충원 계획에 대한 수시 채용	- 자사 홈페이지 공고를 통한 인터넷 접수 - 정기적으로 채용 전형 실시	- 자사 홈페이지 공고를 통한 인터넷 접수 - 수시로 인재 채용
채용 계획	알 수 없음	하반기 공채	알 수 없음
채용 요건	- 해당 분야 2년 이상의 경력자 - 외국어 능통자 우대	- G TELP 레벨2 이상 - IT에 대한 열정과 관심을 가진 인재상 - 관련전문지식보유	- 영어 회화 능통자 - 해당직무에 대한 경력 및 지식 보유자
취업 가능성	40%	50%	50%
선호도	선호	선호	매우 선호

25

26

V. STP 전략

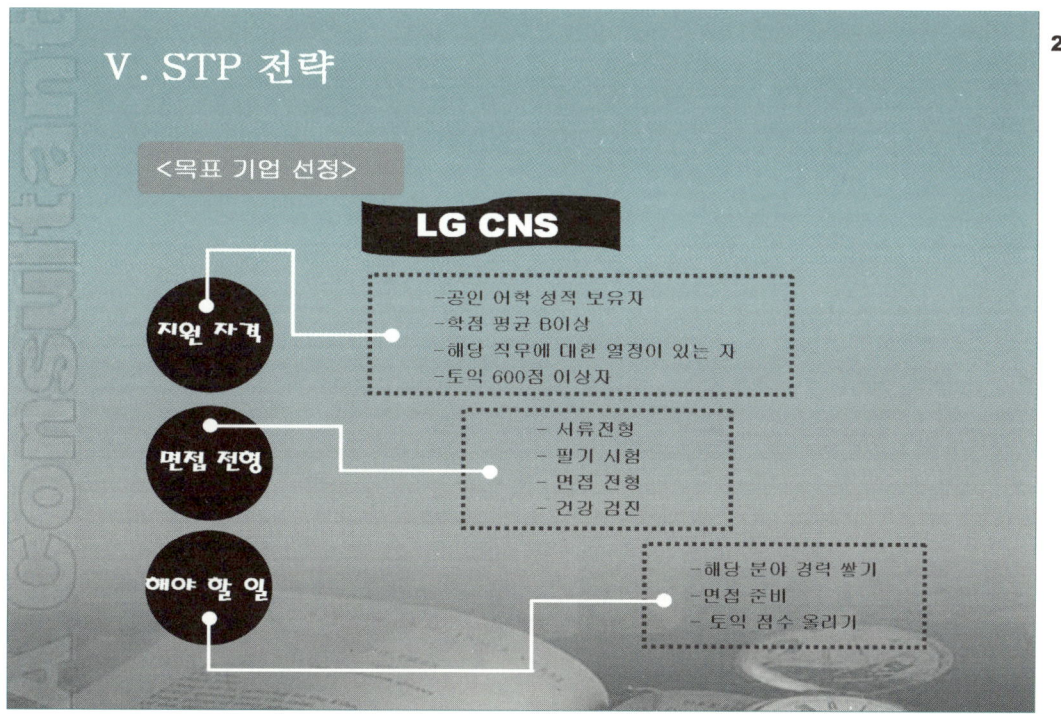

<목표 기업 선정>

LG CNS

지원 자격
- 공인 어학 성적 보유자
- 학점 평균 B이상
- 해당 직무에 대한 열정이 있는 자
- 토익 600점 이상자

면접 전형
- 서류전형
- 필기 시험
- 면접 전형
- 건강 검진

해야 할 일
- 해당 분야 경력 쌓기
- 면접 준비
- 토익 점수 올리기

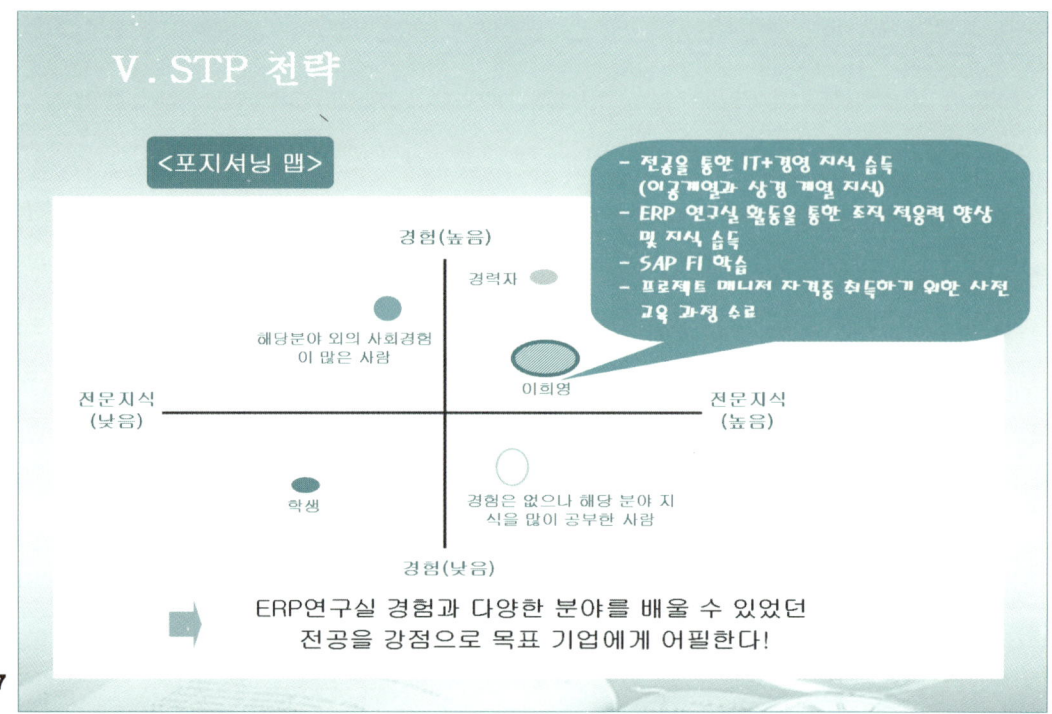

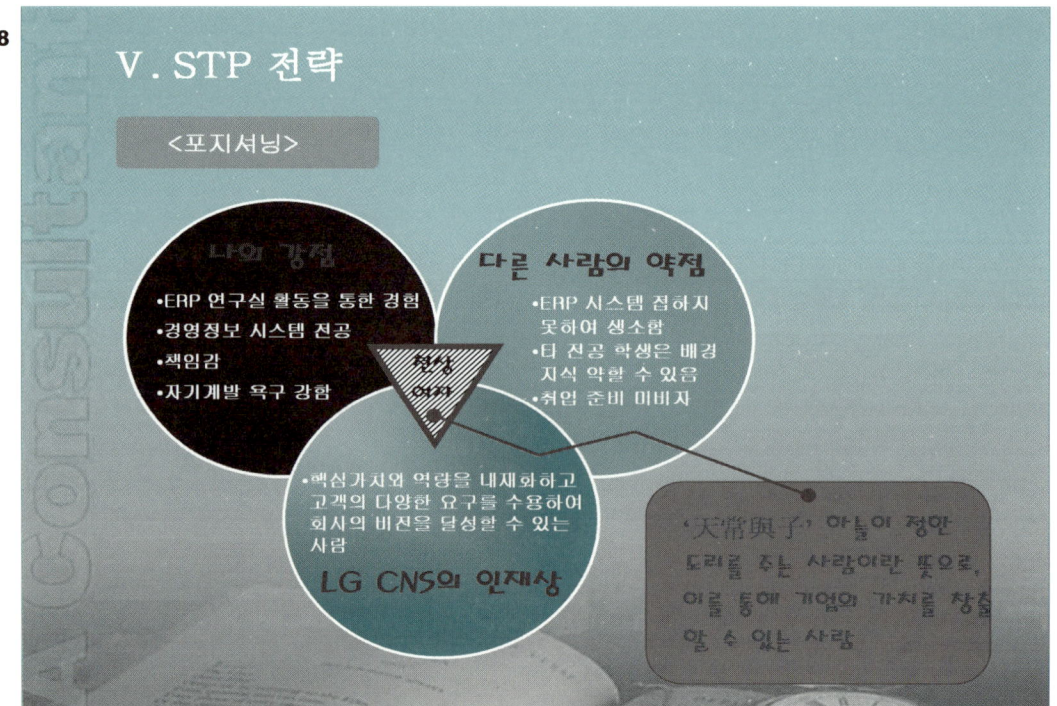

VI. 4P MIX

> **Product – 나의 강점과 회사에 기여할 수 있는 부분**

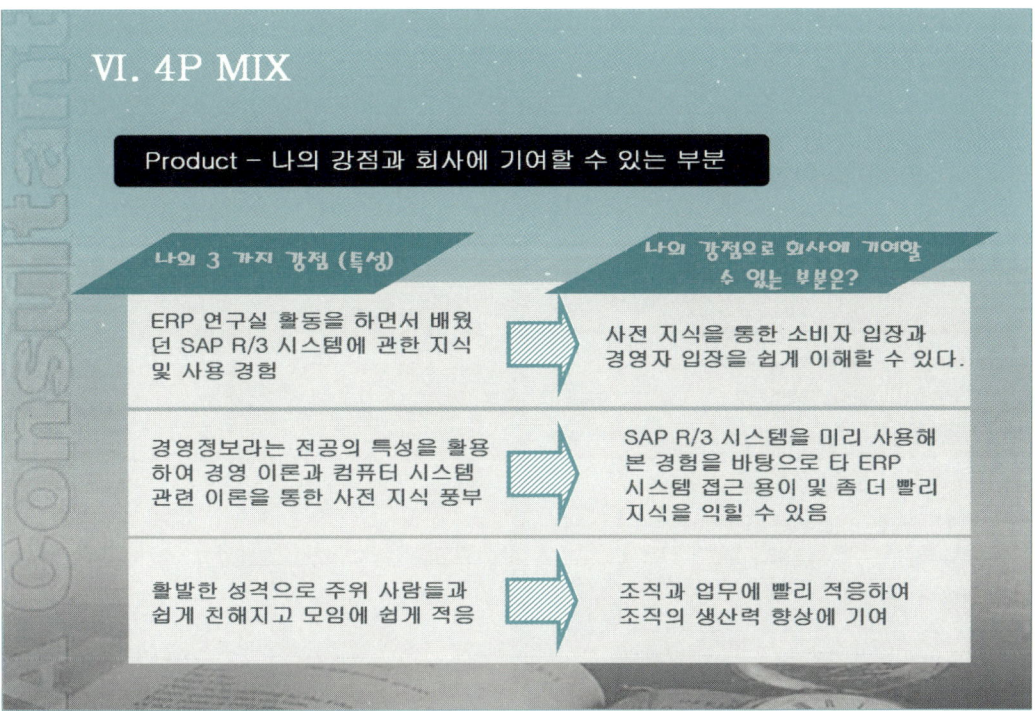

나의 3 가지 강점 (특성)	나의 강점으로 회사에 기여할 수 있는 부분은?
ERP 연구실 활동을 하면서 배웠던 SAP R/3 시스템에 관한 지식 및 사용 경험	사전 지식을 통한 소비자 입장과 경영자 입장을 쉽게 이해할 수 있다.
경영정보라는 전공의 특성을 활용하여 경영 이론과 컴퓨터 시스템 관련 이론을 통한 사전 지식 풍부	SAP R/3 시스템을 미리 사용해 본 경험을 바탕으로 타 ERP 시스템 접근 용이 및 좀 더 빨리 지식을 익힐 수 있음
활발한 성격으로 주위 사람들과 쉽게 친해지고 모임에 쉽게 적응	조직과 업무에 빨리 적응하여 조직의 생산력 향상에 기여

29

30

VI. 4P MIX

> **Product – PAR**

PAR / 사례	ERP 연구실 활동	프로젝트 매니저 교육과정 수료	홈페이지 구축	SAP FI 교육과정 수료
Problem	대학 생활을 하는 동안 전공 관련해서 좀 더 공부를 하고 싶어졌음	2006년 1월에 누리 산업단에서 주최하는 프로젝트 매니저 교육과정 개설	중국 진출 중소기업 홈페이지 구축 프로젝트가 생겼음	진로에 대한 고민이 생겼음.
Action	그 중 ERP 연구실이 나의 적성 및 하고 싶은 분야와 맞는 듯하여 들어가게 되었음	좋은 기회여서 교육과정을 신청하고 교육을 수강하였음	홈페이지 구축을 위해 필요한 교육 과정을 이수하고 중국 북경에 가서 홈페이지를 구축	SAP R/3 FI 교육을 받게 되었음
Result	ERP 연구실에서 ERP 시스템에 대해서 배우게 되었음 (SAP R/3, 더존 ERP)	프로젝트 관리 프로페셔널 자격증을 위한 교육과정을 수료하여 수료증을 받았음	중국 북경에 10일 동안 머물면서 북경 관광 및 홈페이지 제작	교육을 바탕으로 SAP R/3 FI모듈 자격증을 따기 위한 기초가 되었음

VI. 4P MIX

이 력 서

이 희 영

주소 울산광역시 울주군 XX면 XXX번지
H.P. 011 - 9242 - XXXX / TEL. 052) XXX - XXXX
e-mail forlhy@XXXX.XXX

지원 분야 IT 컨설턴트

경력 사항

<u>ERP 연구실 활동 2004-09 ~ 2007-02</u>
담당업무 ERP 시스템 공부 및 교수님 보조
성취업적 SAP FI 교재 작업 참여, 한국산업정보학회 진행 요원
한국산업정보학회 논문 편집, SBO 문서 번역, SAP FI 수업 참여
SAP ABAP 수업 참여, ERP 시스템 교재 작업 참여

<u>중국 진출한 기업 홈페이지 구축 프로젝트 참여 2005-07~ 2005-08</u>
담당업무 한진 무역의 홈페이지 구축
성취업적 홈페이지 구축에 필요한 웹디자인 능력 및 홈페이지

<u>Project management Professional Preparation 교육과정 수료 2006-01</u>
담당업무 교육 과정 참여
성취업적 Project management Professional Preparation 수료증을
얻고, Project management Professional의 자격 요건을 갖춤

새날터 봉사 활동 소모임 2003-03 ~ 2007-02
담당업무 혜능원 노력 봉사
성취업적 봉사를 통하여 마음의 기쁨을 찾을 수 있음

학력 사항
충북대학교 국제경영·정보시스템학부 경영정보시스템 전공
(2007. 02. 졸업예정)

교육 사항
SAP FI 교육 과정 수료
SAP ABAP 교육 과정 수료
PMP preparation 교육 과정 수료

자격 사항
자동차 운전면허증 1종 보통

위 사항은 사실과 다름없음을 확인합니다.
2006. 00. 00.
이 희 영 (인)

VI. 4P MIX

Product – 자기소개서

첫째 시스템 운용 능력

2006년 1월에 "Project management Professional Preparation" 코스를 이수하였습니다. 이 교육과정을 이수하고 프로젝트 매니저로 일정시간의 실무활동을 하고 나면 Project management Professional 자격증을 취득할 수 있는 자격이 됩니다. 저는 이 교육과정을 통하여 프로젝트 매니저로서의 일반적인 업무와 이론을 배울 수 있었습니다. 컨설턴트 역시 프로젝트를 진행해야 하기 때문에 이 교육과정은 특히 IT건설턴트에게 도움이 될 만한 것이라고 생각합니다.

현재, SAP R/3를 공부하고 있습니다. SAP 전문강사 밑에서 SAP FI 자격증 교육과정을 수료하였습니다. 그리고 지금은 자격증을 따기 위하여 공부하고 있습니다. 자격증을 공부하면서 기업 비즈니스 프로세스에 대하여 배울 수 있었습니다. 회계는 기업의 모든 부분과 관련이 있기에 물류, 판매 관련 공부도 할 수 있었습니다.

이를 기반으로 저는 ERP 구축 건설턴트가 되고 싶습니다. 요즘 기업들은 경영전략 건설턴트 외에 IT 건설턴트를 필요로 하기 때문입니다. 이렇게 미리 SAP R/3라는 시스템을 공부하고 접해봤기 때문에 저는 실무에서도 다른 신입사원 보다 좀 더 쉽게 경영 프로세스 및 IT 구축 프로세스를 쉽게 이해하고 응용 할 수 있는 능력을 가지고 있다고 자신합니다.

SAP 외에 더른 ERP를 실행하고 공부한 경험이 있습니다. 그렇기 때문에 저는 처음 ERP 시스템을 접한 사람들 보다 좀 더 쉽고 빠르게 시스템에 적응 할 수 있습니다.

298

VI. 4P MIX

Product – 자기소개서

경영이론

컨설턴트는 모든 부분을 전체적으로 고루 알아야 한다고 생각합니다. 그래야 다양한 업체의
요구를 쉽게 이해하고, 좀 더 전략적으로 프로젝트를 수행할 수 있다고 생각하기 때문입니다.
저는 경영정보를 전공으로 하였습니다. 그리하여 시스템 운용 능력 외에 경영을 위한 비즈니스
프로세스를 전체적으로 학습하였습니다. 저는 제 전공을 통해 경영에 필요한 여러 정보
시스템을 접할 수 있었으며, 이 시스템들은 경영 이론에 근거한 것이었기 때문에 경영 이론에
대해서도 배우게 되었습니다. 그리하여 저는 이론과 실무를 골고루 배웠기 때문에 다른
전공자들보다 좀 더 나은 지식배경을 갖고 있다고 자신합니다.

"긍정적으로 생각하자." 이것이 저의 좌우명입니다. 어떤 일을 하다 어려움에 부딪혔을 때,
불평하지 말고 긍정적으로 생각하면 좋게 풀린다고 믿고 있기 때문입니다. 이 좌우명을 통하여
저는 어떤 어려운 일이 생겨도 극복해 나가려고 하는 마음가짐을 가지고 열심히 일하겠습니다.

33

34

Place – 인맥 네트워킹

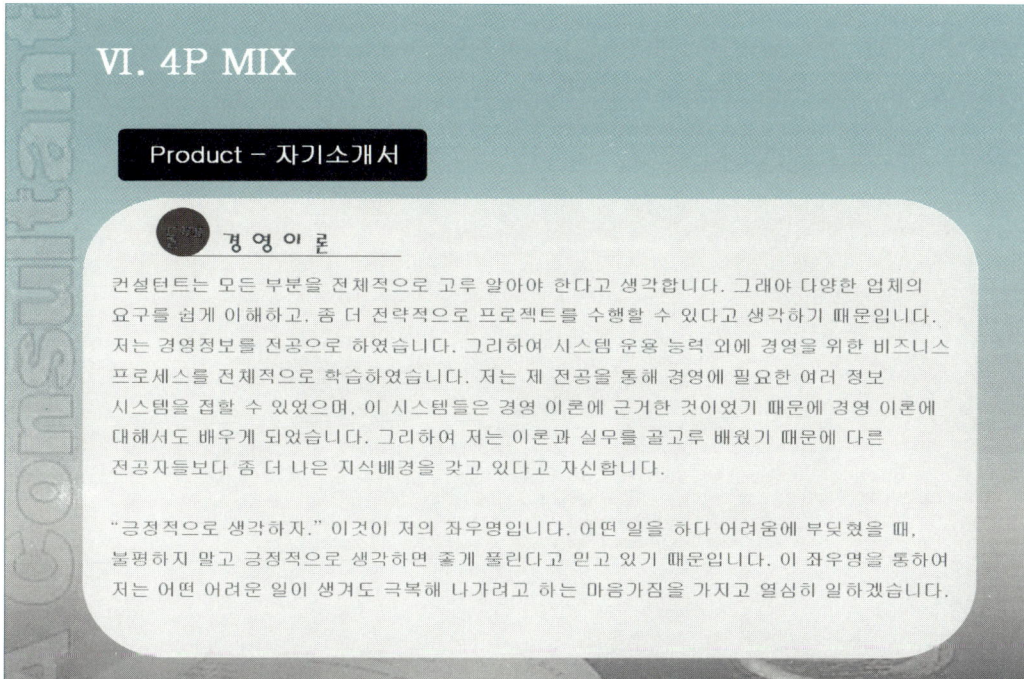

299

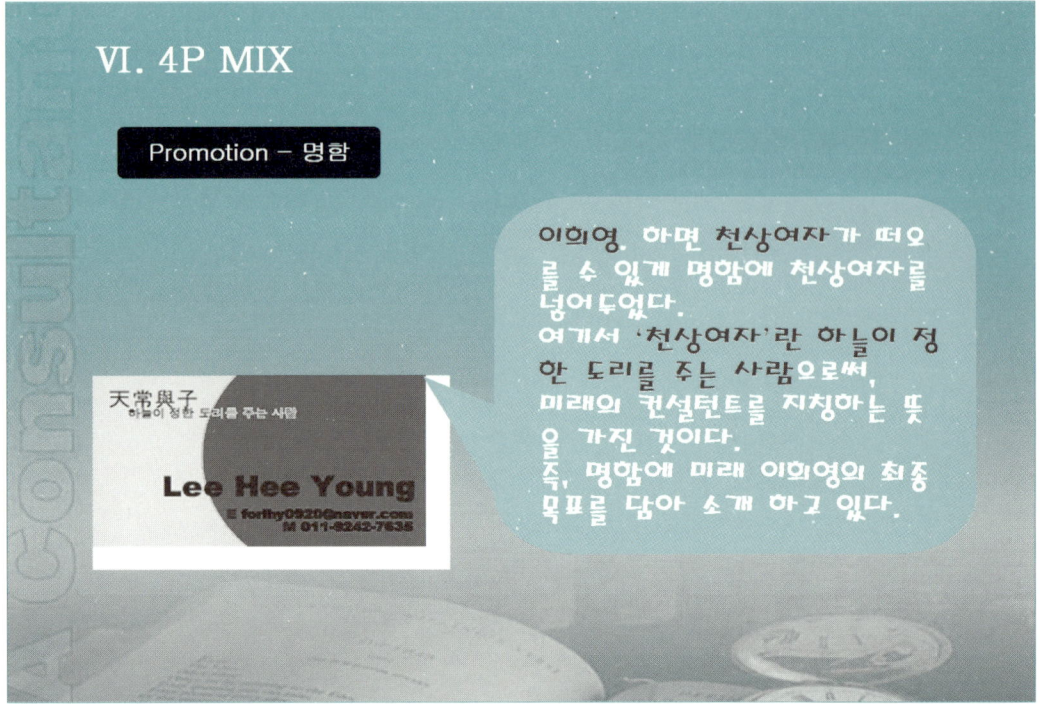

35

36

VI. 4P MIX

Price- 예상 면접 질문

1. 장래의 경력 계획

기업, 개인의 가치를 창출 할 수 있는 사람이 되고 싶습니다. 그래서 저는 컨설턴트가 되어 기업이 최소의 비용으로 최대의 가치를 창출할 수 있도록 노력할 것입니다. 그래서 우선, 다양한 업무 분야에서 경험을 쌓기 위해 노력하고, 부족한 부분은 공부를 통해 간접 경험을 하고 있습니다. 또한 기초적인 부분부터 배워나가 3년 후에는 국내 최고의 IT 전략 컨설턴트가 되어 있을 것입니다. 그 후에는 이를 바탕으로 경영전략 컨설턴트가 되어 기업의 가치를 높일 수 있는 사람으로 되어 있겠습니다.

2. 여가 시간에는 무엇을 합니까?

지식 정보 사회에 뒤처지지 않기 위해서 여가 시간에 책을 읽거나, 인터넷을 통해 정보 검색을 합니다. 책은 경영,경제 분야와 자기 개발 분야의 책을 주로 읽고 있습니다. 또한, 인터넷으로 신문 기사를 검색하여 읽기도 하고, 중요한 것은 블로그에 스크랩합니다. 그리고 삼성경제연구소(SERI)에 가입하여 포럼 활동 및 그곳에 게재된 여러 글들을 읽어 최근 산업 동향을 파악하는데 시간을 보냅니다.

3. 자기소개

천상여자가 되고 싶은 이희영입니다. 하늘 天, 항상 常, 줄 與 ,놈 子를 써서 하늘의 도리, 즉, 정도를 주는 사람이라는 뜻입니다. 저는 기업이 좀 더 높은 가치를 창출 할 수 있도록 보탬이 되고 싶어 천상여자라고 저를 소개 합니다. XXX에서도 역시, 천상여자가 되어 기업의 가치를 지금보다 높이는데 보탬이 되고 싶습니다.

VI. 4P MIX

Price – 예상 면접 질문

4. 자신의 강점으로 회사에 기여할 수 있는 부분은?

ERP 연구실 활동을 통해 ERP 시스템을 접해 볼 수 있었습니다. 또한 전공이 경영정보시스템으로 다른 전공자들 보다 많은 부분을 기초 지식으로 가지고 있습니다. 이를 통해 저는 여러 시스템들을 쉽게 이해하고 습득할 수 있습니다. 또한 경영학에 대해서도 대학 시절에 배웠기 때문에 다른 공과계열 학생 보다 좀 더 기업의 입장을 이해할 수 있습니다. 또한 사람을 중요시 하는 성격과 연구실이라는 조직생활을 미리 경험하였기에 조직 구성원간 갈등이 생겼을 때, 유연하게 대응하는 방법을 터득하여 원만한 대인관계를 유지하는 편입니다.

5. 당신의 업무 스타일은?

저는 일을 할 때 즐거운 마음으로 합니다. 제 좌우명이 '긍정적인 사고를 하자' 라서 그런지 제게 주어진 어떠한 일이라도 기분 좋게 합니다. 또한 책임감이 강하여 제게 맡겨진 업무는 최선을 다해서 완벽하게 끝내려는 경향이 강합니다.

6. 당신의 관리 스타일은?

구성원을 잘 관리하는 것도 중요하지만, 구성원들을 뒤에서 받쳐주고, 어떻게 하면 좀 더 나은 환경에서 좀 더 즐겁게 구성원들이 일 할 수 있는지에 대해 궁금해하며, 구성원들의 이야기를 잘 들어주어 불만을 해소해주는 편입니다. 그래서 저는 조직 구성원들간에 활발한 의사소통을 중요시 하게 생각합니다. 만약 제가 관리자 입장이 된다면 편하게 자신의 의사 표현을 할 수 있는 분위기를 만들 것입니다. 저는 다정다감하고, 구성원들의 수고를 무시하지 않으며, 불만을 해결 해 줄 수 있는 인간 중심적 관리 스타일을 지향합니다.

37

38

VII. 실행 계획 수립

2006년 실행 계획

9월 10월 11월 12월

 SAP FI 자격증 따기

 공채에 대한 면접 준비

인적 네트워크 형성 및 유지

영어 공부하기 (회화, 토익)

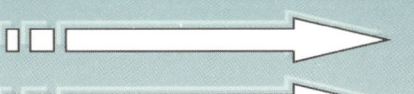 컨설팅 관련 책 읽기

 요가와 수영을 통한 체력 쌓기

에필로그 Ⅰ　# 우리는 할 수 있다

　　대학교에 들어와 학년이 올라가는 것보다 학년이 올라갈수록 그에 맞는 나이 값을 해야 한다는 것에 심한 압박감을 느꼈습니다. 4학년이 되어서는 단연 취업 걱정이 우선이었고, 걱정만 하던 제게 이런 기회는 행운이었습니다.

　　비전이 잡히니 그에 따르는 목표가 생기고, 목표가 생기니 해야 할 일도 정해졌고, 이런 과정들을 반복하다 보니 생각지도 못했던 저의 인생에 계획표가 생겼습니다. 무턱대고 걱정만 하고 우왕좌왕 하는 모습이 아닌, 목표와 계획을 세우고 나니 거기에 맞는 노력을 기울이기란 한결 쉬운 일이었습니다.

　　그동안 저는 미래에 대한 불확실성에 대한 걱정으로 시간만 보내고 있었습니다. 그렇지만 지금은! 최고는 아닐지 모르지만 최선을 다하고 있다는 생각에 뿌듯하고 자신감 있는 모습입니다.

　　가슴 속에 열정을 가지고 있긴 하지만 어느 곳에 어떻게 쏟아 부어야 할지 몰랐던 분들이라면 이 책을 통해 그 해결책을 찾을 수 있을 것입니다.

– 여군 장교 서기연

　　미래를 준비한다는 일이 그저 막막했다. 남들과 같이 토익 공부와 자격증 시험, 신문 읽는 정도가 기껏 내가 할 수 있는 일이었다. 막연하게 내가 하고자 하는 분야의 전문가가 되고 싶고, 성공을 하고 싶고, 부자가 되고 싶었다.

하지만 거기까지였다. 거기서 내가 할 수 있는 일은 더 이상 존재하지 않았다. 문제는 내 자신의 비전이 없었기 때문이다. 나 스스로 어떤 삶을 살고 싶은지, 어떤 일을 할 때 가슴이 뛰는지, 어떤 상황에서 행복한 지 도대체 나는 내 자신을 몰랐던 것이다. 비전. 즉 내 삶의 목표를 찾기 위해 지나온 과거를 되짚어보고, 앞으로 내가 살고 싶은 미래를 생각해보았다. 어떤 상황이 되더라도 포기하고 싶지 않은 미래 내 삶의 모습을 말이다. 그려보니 이내 명확해졌다.

난 사람들에게 행복한 미소를 주고 싶었던 것이다. 그저 나로 인해 행복해하고 미소 짓는 사람들을 보는 것만으로 나는 가슴 저미도록 기뻤다. 등대는 밤 바다에서 배가 길을 잃지 않게 도와주는 역할을 하는 것처럼, 비전은 컴컴한 내 앞길을 환하게 비춰줄 등대와도 같은 것이다. 이제 나의 길을 밝혀줄 등대가 생겼으니 나는 길을 잃지 않고 배 한 가득 물고기를 싣고 무사히 항구로 돌아갈 수 있을 것이다.

– 호텔리어 안나미

2006년 4월 난 극심한 슬럼프에 빠져 있었다. 어릴 때부터 꿈꿔오던 나의 꿈에 다가설 기회가 가까이 다가온다는 것이 너무나 두렵고 무서웠기 때문이다.

승무원을 꿈꾸는 사람들은 대부분 다른 사람들에게 말 못하고 혼자 고이고 이 가슴에 품고 살아가는 습성이 있다. 나 또한 주변 사람들에게 말 못하고 나의 꿈을 마음속으로만 끊임없이 키워왔다. 4학년 2학기가 되어야 기회가 주어지기에 오로지 난 이 면접의 기회가 주어지기만을 손꼽아왔다.

면접이라도 보는 사람들이 마냥 부러웠다. 하지만 막상 4학년 1학기가 되고 그토록 기다리던 4학년 2학기가 점점 다가오니 설레는 마음 보다는 두려움이 엄습했다. 그 이유는 단 한 가지! 난전혀 준비가 되어 있지 않았기 때문이다.

　어디서부터 시작해야 되는지 내가 무엇을 해야 되는지 혼란스럽기만 했다. 점점 시간이 가는 것이 무서웠다. 어렸을 때부터 마음속에 승무원의 꿈을 품고 살아왔는데 전혀 준비를 하지 않았다는 것이 한심스러웠다. 그래서 남들 한다는 것은 다 따라해 보았다.

　승무원을 준비하는 사람들은 면접 스터디를 많이 한다. 면접이 당락을 좌지우지하기 때문에 면접 시뮬레이션이 무엇보다 중요하다. 나 또한 당연히 해야 되는 것이라 생각되어 시작해 보았지만, 아무것도 준비가 안 되어 있던 내가 면접 요령만 익힌다는 것은 다람쥐 쳇바퀴 돌듯 제자리만 도는 것과 같았다. 이 때 나는 점점 슬럼프의 구렁텅이에 빠져들게 되었다.

　그 무렵 나는 임문수 선생님과 정해영 선생님을 비롯한 이브올루션 사람들을 만나게 되었다. 그냥 포기하고 손을 놓고 있던 나는 반신반의하며 스터디를 시작했다. 사실 처음에는 '이것이 나에게 무슨 도움이 될까?' 하는 의구심이 든 것도 사실이다. 하지만 그 의문은 단박에 깨졌다. 취업마케팅 전략 툴을 만들면서 잃어버렸던 자신감을 얻게 되었고 그 즈음 면접의 기회가 찾아왔다. 면접을 보면서 나는 다른 사람과는 달리 뭔가 특별한 것을 만들었음을 발견하게 되었다.

　취업 전략을 수립하면서 지금까지 생각하지 못했던 나의 비전과 목표를 수립하고 항공사의 모든 정보를 모으는 작업을 했다. 이런 작업을 하면서 면접 중에 어느 질문에서나 꾸며낸 대답이 아닌 내 자신에 대한 솔직하고 자연스러운 답변이 술술 나오기 시작했다. 그러면서 나도 모르게 자신감이 붙었다.

　나는 이번에 너무나 감사하게도 나의 첫 번째 목표를 이룰 수 있었다. 남들은 취업을 했으니 끝이라 얘기하지만 이것이 나의 첫 번째 목표를 달성함과 동시에 다른 목표를 위한 새로운 시작이라고 생각한다. 나의 비전이 있고 그 비전을 이루기 위해 앞으로 내가 해야 할 일들이 너무나 많이 남아있다.

　막상 사회에 첫발을 내딛고 보니 사회 초년생으로서 내가 생각했던 것과는 너무나 다르고 힘들고 어려운 점도 많다. 하지만 나는 감사한 마음으로 즐겁게 임하고 있다. 나의 또 다른 목표를 이루기 위해 열심히 걸어가고 있기 때문이다. 나에게 있어 새로운 시작이 되어준 임문수 선생님과 정해영 선생님, 이브올루션 멤버들과 내 인생에 있어 영원한 지침서인 이 책에 너무나도 감사한다.

– 항공사 승무원 이나연

'앞으로 내가 열렬히 원했던 일을 못하게 된다면?'

나는 나의 비전과 목표를 세우는 동안 이 질문에 대한 답을 자연스레 알게 되었다. 비전을 잡고 있으면 어느 길로 가든 내가 원하는 것을 할 수 있게 되리라는 것이다. 한국 학생이라면 한 번 쯤은 꿈꿔 봤을 만한 교사가 어린 시절 내 꿈이었다. 고3이 되어서 교대 진학을 목표로 공부를 했다. 막연한 계획으로 공부를 하고 교대에 지원을 하고 합격 결과를 기다렸다. 막연한 계획의 결과는 '불합격' 이었다. 이 때 많은 고민에 빠지게 되었다.

우연치 않게 경영학부라는 조금은 동떨어진 학과에 입학했다. 그런데 다행히도 경영학이 너무나도 내 적성에 맞아 열심히 공부해 왔다. 그리고 지금은 사회 공헌 전문가라는 꿈을 꾸고 있고 먼 훗날의 나의 목표는 강단에서 강의를 하는 것이다. '남이 나로 인해 변화되고 행복해질 수 있다면 좋겠다.' 는 것이 지금까지 나의 막연한 생각이었다. 이것이 현재의 나의 비전으로 이어졌고, 나에게 그리고 타인에게 감동을 주어 타인의 마음과 행동까지 변화 시키자는 것으로 더욱 발전됐다. 나의 어린 시절 목표는 교사였지만 비전은 더 높은 그 이상의 것이었다.

스터디를 시작하고 임문수 선생님께서 '비행기 노선' 에 대해 말씀해 주신 적이 있다. 비행기가 똑바른 길을 가는 것은 아니고 상황에 따라 노선이 조금씩 바뀌지만 결국은 목적지에 도착한다는 것이다. 나도 마찬가지였다. 나에 겐 더 큰 비전이 있기에 조금씩 상황이 변하더라도, 내가 열렬히 원하던 일을 하지 못하게 되더라도 즐겁게 차선책을 택할 수 있을 것 같다. 나의 목적지는 현재가 아닌 미래이기 때문이다.

바로 지금 비전 수립과 목표 수립에 대해 회의를 느끼는 사람도 있을 것이 다. 취업 시즌에 임박해서 시간의 압박을 느꼈던 나 역시 그랬으니까. 그렇지 만 모두가 경험해 보았을 것이다. 분명한 목표가 없는 일은 오히려 불안감만 을 초래한다는 것을 말이다.

이 책을 읽은 모든 독자가 자신의 목표와 비전을 가짐으로 인해 불안감을 가지는 것이 아니라, 행복하게 미래를 준비할 수 있는 실용적인 무기를 얻었 다면 더 바랄 것이 없겠다.

– 사회 공헌 전문가 김지현

아주 어릴 적 저의 꿈은 내 손으로 우리 집을 만드는 것이었습니다. 초등학 교 때 저의 꿈은 선생님(그것도 고등학교 수학 선생님인 사촌 언니를 보고 집안 어 른들께서 항상 저에게 다짐을 받으셨죠.)이 되어야 하는 것인 줄 알았습니다. 중 학교 때 저는 작사가, 작곡가가 되고 싶던 적도 있었습니다.(실제로 한 작곡가 의 팬클럽 창단 멤버이기도 했습니다.) 고등학교 때 저의 꿈은 캠퍼스가 너무나 예뻐보였던 모 대학교에 입학하는 것이었습니다. 또 대학교 때 저의 바람은 나중에 후회하지 않도록 학창시절에 마음껏 놀자 였습니다.

누구나 한번쯤은 자신의 인생에 대해 고민해보기도 하고, 과거의 나는 어 땠는지 회상해보기도 합니다. 여러 선택의 갈림길에서 나의 선택과 반대의 길을 상상해보기도 하고, 미리 준비하지 못한 것에 대한 뒤늦은 후회를 한 적 도 있을 것입니다.

　저 역시 지금은 한 길만을 고집하고, 그 길에서 최고가 되기를 소망하고 있지만 과거의 저를 살펴보면 시간이 지날수록 너무나 다른 꿈들을 꾸고 있었던 것 같습니다. 하지만 조금은 서글펐던 것 중 하나는 시간이 지날수록, 사회 공동체가 커져갈수록 내 안의 꿈은 점점 작아지고 모호해지고 있다는 것이었습니다. 우리 집을 짓고 싶다며 학교 씨름장 모래밭에서 하루 종일 모래로 집을 짓던 아이가 대학생이 되어서는 성공을 바라보는 것이 아닌, 단지 후회하지 않기 위한 생각으로 아까운 시간들을 버리고 있었던 것입니다.

　4학년이라는 타이틀로 대학 생활을 마감한다는 것은 참 쉽습니다. 하지만 4학년이라는 타이틀로 어떻게 대학 생활을 마감할 것인가를 고민하는 것은 너무나 어려운 일인 것 같습니다. 대학교 4학년이 되어서라도 이렇게 나의 인생에 대해 고민해보고 자문해보기도 하며 나름대로 노후까지 설계할 수 있었던 기회를 얻은 것은 지금까지 제가 받았던 것 중의 가장 큰 선물이었습니다.

　취업반이라는 이유 하나만으로 뜨거운 여름이 더욱 뜨겁게 느껴졌던 2006년 여름, 우리는 그 뜨거움에 더욱 불타는 열정을 보태어 생애 처음으로 가장 뜨거운 여름을 보냈던 것 같습니다.

　처음 우리가 책을 낼 수 있을까 반신반의 하다가 인생의 퍼즐이 조금씩 맞추어져 가고 밑그림이 조금씩 눈에 보여지기 시작하던 중반, 단지 우리의 이름이 들어간 책이 출간된다는 사실이 아니라 '우리의 앞날도 이렇게 가치 있는 삶이 될 수 있구나.' 라는 깨달음을 얻었던 마지막, 그리고 비록 끝은 아니지만 이렇게 결실을 맺고 짧은 시간 동안이었지만 그동안 이루어온 것들을 후기라는 이름으로 표현하고 있는 지금, 저는 가슴이 조금 벅차 오르기도 합니다.

　일을 진행하는 중간 중간 우리가 더 이상 모이지 않아도 될 끝을 생각하면 왠지 모를 허전함에 마음이 슬퍼지곤 했습니다. 함께 저녁식사를 하는 도중 눈물을 보이기도 했습니다. 하지만 지금 현재 제 심정은 담담합니다. 아마도 이것이 끝이 아님을 알고 있기 때문일 것입니다. 저에게는 이보다 더 큰 결실을 맺을 인생의 후반부가 마련되어 있고, 먼 훗날 이 책의 주인공들과 함께 만나 지금을 회상하며 행복한 수다를 떨고 있을 것임을 알고 있기 때문일 것입니다.

이 책을 보시는 많은 분들이 이 책의 가격에는 비할 수 없는 고귀한 깨달음을 저처럼 많이 얻으셨으면 좋겠습니다.

– 브랜드 매니저 변현정

이브올루션의 탄생

4학년이 되자 취업에 대한 부담감이 상당했다. 어떻게든 대기업에, 졸업 하기 전에 취업을 해야 하는데 하고 싶은 것도 불분명하고, 나의 역량도 부족했기에 자신감이 없었다. 그래서 취업을 위한 준비를 하기 위해 '여성 취업 경력 개발' 과목을 수강하게 되었다. 담당 선생님과의 상담을 통해 휴학이나, 어학연수의 고민을 접고, 현재 내가 맡은 일에 최선을 다하자고 결심했다. 그리고 수업 마지막 시간에 취업 캠프에 참가하게 됐다. 그런데 그곳에서 훌륭한 선생님과 좋은 친구들을 만나게 되었다. 나와 함께 했던 조의 멤버 중, 한 명이 취업 스터디를 만들었다고 했다. 나도 취업 스터디를 하고 싶었으나 쉽게 용기가 나질 않았다. 함께 간 친구에게 살짝 "스터디를 하고 싶다."고 했는데, 친구가 "그럼 하자."고 흔쾌히 대답했다.

스터디를 만든 친구 유리는 우리 조 담당 선생님이신 임문수 선생님께 도움을 요청했고 선생님께서는 선뜻 응해주셨다. 이로써 우리 이브올루션(EVEolution)이 탄생하게 된 것이다.

취업 전략 수립 툴을 하고 나서

우리는 매주 일요일, 임문수 선생님께서 일하시는 대전 라이트 매니지먼트 사무실에서 스터디를 하게 되었다. 우리는 거의 석 달 동안 선생님께서 주신 취업 전략 수립 툴을 작성했다. 스터디 회장이 보내준 취업 스터디 툴과 툴 예제를 보면서 툴에 있는 내용을 채우는 것이었다. 처음에는 많이 어려웠고, 예제로 나왔던 그 사람이 대단해 보였다. 취업 전략 수립 툴을 작성하기 위해 내가 가고 싶은 회사와 닮고 싶은 사람을 알 수 있게 되었다. 또한 나의 비전에 대해서도 생각해보고, 나의 미래, 내가 가보고 싶은 회사를 생각할 수 있었다.

이것을 하기 전에 나는 그냥 막연히 대기업에 취직하고 싶었다. 그냥 네임 밸류 때문에. 그리고 무엇을 하고 싶은지 확실치도 않았다. 욕심도 많아 이것 저것 다해보고 싶었다. 그러나 어학연수도 못 가고 토익 점수도 낮아서 나는 영어 콤플렉스가 있었기에 취업에 자신이 없었다. 그렇지만 이를 극복할 수 있었다. 나는 노력하지도 않고, 그냥 영어 콤플렉스에 빠져 있었던 것이다. 조급했던 마음은 조금씩 여유로워졌다.

현재는 내가 가고 싶은 곳을 위해서 지금도 노력하고 있다. 취업 전략 수립 툴을 통해 나의 비전을 수립하게 되었고, 내가 어떻게 살고 싶은지 방향을 잡을 수 있게 되었다. 이를 이루기 위해서 나는 앞으로 노력할 것이다. 그리고 믿는다. 내가 이룰 수 있다는 것을!

이브올루션 멤버들

나는 기존 멤버들보다 2주 늦게 참여 했다. 매주 일요일마다 모이기로 했지만, 나는 용기가 나지 않아서 선뜻 참여하겠다는 말을 못했기 때문이다. 그리고 스터디 모임은 하고 싶었지만, 고민도 많이 했다.

현재 나는 ERP 연구실에서 활동을 하고 있는데, 연구실 활동과 스터디를 병행하려면 내 시간을 많이 할애해야 하는데, 솔직히 둘 다 잘해낼 자신이 없었다. 그래서 할까 말까 고민하던 찰나, 친구가 해보자고 이끌어줘서 하게 되었다. 그리고 이왕 시작한 거 절대로 포기하지 말자고 다짐했다.

처음 대전에 갔을 때, 너무 편하게 반겨주는 멤버들에게 고마웠다. 그리고 조금씩 멤버들과 친해졌다. 연구실 활동 때문에 가끔 모임에 빠지기는 했지만, 방학 동안 매주 일요일 마다 만났던 멤버들과는 짧은 시간에도 불구하고 서로들 아주 많이 친해졌다. 그리고 그들은 내게 소중한 존재가 되어버렸다. 밝고 명랑한 멤버들 덕분에 나는 쉽게 적응할 수 있었다. 그리고 내가 하는 말에 웃어주는 멤버들이 좋았다. 앞으로 이 인연이 계속 이어져갔으면 하는 바람이 있다. 우리 멤버들이 원하는 바로 모두 다 이루어졌으면 한다.

인생의 멘토를 만나다

여성 취업과 경력 개발 담당 선생님이신 정해영 선생님과 상담하면서 그분의 말투와 행동을 배우고 싶었다. 선머슴 같은 내게 프로패셔널한 선생님의 모습은 신선한 충격 및 감동이었다. 그리고 나도 선생님과 같이 변하고 싶었다. 그래서 몰래 선생님 말투도 따라해보았지만, 20년 정도의 오랜 말투를 바꾸기는 여간 힘든 것이 아니었다.

정해영 선생님은 4학년 초반에 방황을 했던 내 마음을 잡아주셨다. 처음 상담할 때 마음이 편해졌고, 덕분에 안정감을 얻을 수 있었다.

임문수 선생님은 우리에게 흔쾌히 주말 시간을 내어주시고, 좋은 말씀 많이 해주시던 분이다. 덕분에 내가 무엇을 해야 하는지 확실히 알게 되었고, 인맥 네트워킹이 중요하다는 것을 알게 되었다. 어느 순간부터 선생님보다는 아버지 같은 존재가 되었다고 할까. 잘못을 하더라도 따끔하게 혼을 내신 다음, 넓은 마음으로 이해해주시고, 항상 희생하시는 선생님의 모습을 보면서 늘 감사하고 죄송스러운 마음이 가득했다. 두 선생님을 만나게 된 것은 내 인생의 행운이다. 덕분에 내가 어떻게 살아야 하는지, 어떠한 자세를 가져야 하는지 알게 되었다. 두 분을 만나면서 나는 가정의 틀에서 벗어나 사회인이라는 것을 느꼈다. 앞으로도 닮고 싶고, 가르침을 받고 싶은 분이다. 그래서 난

두 분을 인생의 멘토라고 생각한다.

책이라는 동기 부여 때문에 취업 전략 수립 툴에 좀 더 신경 썼다. 계속되는 수정 작업에 지치기도 하고, 귀찮기도 하였다. 하지만 이제 와서 생각해 보니, 그래도 이를 통해 많은 것을 얻게 되었다. 그리고 이 툴에 쓴 것처럼 난 될 것이다. 그게 언제든, 꼭 이룰 것이다.

– 컨설던트 이희영

'시작은 미비했으나 끝은 창대하리라'

2006년 3월, 갓 4학년이 되었던 나의 모습을 회상한다. 취업은 나와 상관없는 이야기였다. 준비가 되지 않은 채 졸업한다는 걱정으로 한숨만 쉬고 있던 시설. 그저 편하게만 보냈던 지난 세월이 너무나 후회가 되고 앞으로 나의 모습에 확신을 가지지 못한 채 방황하고 있었다. 우울한 표정에 어깨가 축 쳐진 자신 없는 모습이었지만 '준비가 안 되어 있으면 준비하면 된다!' 라는 긍정적인 생각으로 면접 스터디를 결성하고 진행하고 있었다.

바로 그 때 접하게 된 취업 마케팅 전략 툴은 나에게 엄청난 변화를 일으켰다. '졸업 후'에 대해 계획 없이 준비되던 모습에서 점차 구체적이고 현실적인 인생의 목표와 비전이 생기게 되었다. 그렇지만 처음부터 이런 모습은 전혀 아니었다.

마케팅 전략 수립 툴을 접하고 직접 나 자신에 대한 마케팅 전략을 수립하면서 얼마 지나지 않아 나는 머리를 쥐어 뜯으며 고민할 수 밖에 없었다. 나에게 그나마 머리 속으로 대충 그렸던 계획들을 글로 표현하는 일은 결코 쉬운 작업이 아니었다. 하지만 그런 과정에서 슬라이드 한 장 한 장을 채워 나가며 구체적으로 그린 나의 미래는 어느새 내 미래에 대한 확신과 희망을 동시에 가져다 주었다.

지난 몇 달 동안 동기들과 같이 나의 취업 마케팅 전략을 수정하고 보완하면서 프레젠테이션 스킬을 함께 키울 수 있었다. 동시에 동기들과 서로 응원하고 격려하면서 발전할 수 있도록 도와주는 인생 최고의 동반자들이 되었다. 이 험한 취업난에서 날 응원해주고 뒷받침 해주는 든든한 여러 사람과 함께 하고 있다는 것은 실패해도 다시 일어설 수 있는 힘이 되어 주었다.

나는 내 자신을 믿는다. 지금 당장 눈앞에 보이는 결과들이 내 인생의 성공과 실패를 결정한다고 생각하지 않는다. 마케팅 전략 수립 툴을 접한 뒤 변화된 나의 모습들과 그로 인해 더욱 확신이 생긴 찬란한 미래는 나를 끊임 없이 발전시킬 수 있는 바탕이 될 것이라고 생각한다.

소중한 기회를 주시고 여기까지 이끌어 주신 임문수 선생님과 정해영 선생님께 너무나 감사하다는 인사를 올린다. 그리고 언제나 힘이 되어주는 이브 올루션 동기들! 너희들을 사랑한다.♡

－홍보 전문가 최유리